电子媒介发展史

杨嫚 著

科学出版社
北京

内 容 简 介

本书从媒介融合的总体视角来审视新旧电子媒介的竞争、合作与渗透，探讨电子媒介演变的内在逻辑。本书从内容上大致可以分为两部分，前半部分主要对各电子媒介的发展进行论述，包括广播、电视、互联网等；后半部分则从电子媒介的内容、广告、受众测量、电影和电子游戏产业、相关法律法规等角度出发，对电子媒介进行了更全面的探索。

本书可以作为普通高等学校新闻传播专业学生的教材，也可作为业内人士的参考用书。

图书在版编目(CIP)数据

电子媒介发展史/杨嫚著. —北京：科学出版社，2017.11
ISBN 978-7-03-055815-2

Ⅰ. ①电… Ⅱ. ①杨… Ⅲ. ①电子设备-传播媒介-历史-研究 Ⅳ. ①G206.2-09

中国版本图书馆 CIP 数据核字（2017）第 301007 号

责任编辑：任俊红　李丽娇 / 责任校对：蒋　萍
责任印制：吴兆东 / 封面设计：华路天然工作室

科 学 出 版 社 出版
北京东黄城根北街 16 号
邮政编码：100717
http://www.sciencep.com

北京中科印刷有限公司 印刷
科学出版社发行　各地新华书店经销

*

2017 年 11 月第 一 版　开本：720×1000 B5
2021 年 7 月第三次印刷　印张：13 1/2
字数：298 000

定价：89.00 元
（如有印装质量问题，我社负责调换）

序

从20世纪20年代广播诞生至今，电子媒介的发展已走过约100个年头。广播使信息可以通过无线信号快速传输，电视则牵动视觉、听觉多种感官，给人们提供了更为丰富的体验形式，互联网更是大大拓展了电子媒介的功能。如今，我们可以方便快速地获取新闻信息、进行线上聊天、观看海量视频。在这一个世纪的时间里，从广播到电视再到互联网，电子媒介的影响已渗透到大众生活的方方面面。电子媒介为人类传播带来的变革具有里程碑的意义。它以其特有的传播特征与方式，催生出新的媒介产业样态，建构出当今社会交往的特殊形态，推动了新的文化传播，形塑了人类新的生存方式。

正是在这重要的时代背景下，从媒介融合的视角重新审视电子媒介的历史与发展趋势显得尤为必要。2014年，湖北省委宣传部与武汉大学签署了部校共建协议，《电子媒介发展史》正是共建资助的成果之一。

该书以技术发展为主线，从多个角度出发，对电子媒介的发展史做了较为全面的探讨。全书共分为十一章，前半部分以时间线为逻辑，从媒介的诞生、主导地位的确立、发展演变等层面，分别对广播、电视、互联网进行了论述，观照其发展过程中最主要的议题与引发的争论，同时兼顾其他重要特征。后半部分则以专题的形式，聚焦于电子媒介的节目内容、受众测量、电影、电子游戏、相关法律规制等。如果说广播、电视延续了纸质媒介的信息流动模式，那么互联网的出现则改变了传统电子媒介中心控制的格局，个人开始拥有发布信息的渠道，通过移动终端，随时随地即可实现信息的接收与共享。因此，在该书的最后一章，作者紧跟时代步伐，讲述了电子媒介在当前社会的新形态——作为个人化媒介与社交网络的发展。

由于西方发达国家在电子媒介发展方面走在前列，而美国的情况较具有代表性，因此本书在阐述电子媒介发展时，将关注较多投向美国，同时观照中国电子媒介发展的历程，尤其是中国改革开放以来电子媒介的发展状况，以及互联网时代下电子媒介的发展趋势。

该书具有三个方面的显著特点。首先，从媒介融合的总体视角来审视新旧电子媒介的竞争、合作与渗透，探讨电子媒介演变的内在逻辑。当前，智能手机、平板电脑、各种可穿戴设备等已成为人们的新宠，而广播电视则迈入了"传统媒介"的行列，但这并不代表它们已经失去了自己的魅力与价值，在新的市场环境中，广播电视正进行着自身的数字化转型以适应社会的变革。新旧电子媒介之间的界限日渐模糊，呈现出前所未有的融合趋势。该书中，作者正是以媒介融合的大环境为出发点来探讨电子媒介发展历程的，这有助于我们更系统化、整体性地把握电子媒介发展的历史。其次，已有媒介史的研究多将视角集中于广播电视发展史或新闻发展史，专门以电子媒介为考察对象的著作尚不多。最后，该书不局限于传统媒介史的写作思路，引入电子媒介传播思想史的视角，将相关节目、规制、广告等作为媒介史的脉络进行梳理贯通。

杨嫚老师是武汉大学新闻与传播学院的副教授，这几年来一直关注媒介发展，特别是互联网媒介发展研究，有不少成果发表。该书是她这方面研究的新探索。祝贺她！是为序。

强月新

2017年9月

前　言

　　电子媒介是当今社会重要的媒介形态。我们不能想象没有电子媒介的生活。在今天的社会中，要完全脱离电子媒介的影响几乎是不可能的。我们已经沉浸于电子媒介信息之中，正如鱼生活在水中一样。电子媒介提供的信息，如天气、新闻、股票市场、影视、网络剧从各个方面影响着我们。

　　由于互联网的出现，电子媒介在过去的二十年间发生了很大的变化。传统的电子媒介，如广播，其影响力在日趋衰弱。听众不再花时间通过无线广播去听新歌。网络提供了乐曲、电视、电影等视听节目的多渠道来源，这些内容可以很方便地在计算机和其他移动设备上下载和分享。不但在私人家庭空间，而且今天多数公共场所，如机场、图书馆、公共汽车站，都提供互联网服务，极大地方便了社会交往、专业学习及娱乐活动。

　　技术的发展使新电子设备层出不穷。从 20 世纪 60 年代以来流行的多元立体音响系统和窄屏电视已经渐渐地退出了舞台。取而代之的是琳琅满目的移动式 MP3、数字电视、手持设备、个人计算机与智能手机，人们从中自由地选择个性化的娱乐方式。他们已经越来越熟练地以个人的取向去获取、编辑和讲述媒介内容。最终，推特（Twitter）或微博等社交媒体成了线上内容的提供者。

　　电子媒介经历了巨大的发展，但这并不意味着传统的电子媒介不再值得讨论。因为，数字时代不是无关且孤立的。了解过去并不仅仅是为了更好地理解现在，同时也有助于预测未来。媒介的竞争、合作与不断演化为我们社会的变动提供了持续的动力，并给未来以深刻影响。

　　广播电视孵化了有线产业，有线产业走向了卫星产业，最终两者塑造了一个数字世界。互联网的出现对电子媒介及传统非电子媒介，如报纸、杂志等进行了更进一步的整合，抹去了不同媒介之间的界限。传统的电子媒介系统不断创新，并且日趋适应了当代互联网时代下电子媒介的多平台体系。可以说，互联网整合、衔接起了所有的媒介，并通过重新塑造各个媒介在新兴的网络语境下的可能性而再度媒介化了这些媒介。①

　　对电子媒介的考察要超越仅仅将其视为大众媒体的考察，个人消费者为了获得信息和娱乐所选择的个人化的电子媒介也同样应该被纳入考察的范围。智能手

---

① 克劳斯·布鲁恩·延森. 媒介融合：网络传播、大众传播和人际传播的三重维度. 刘君译. 上海：复旦大学出版社，2012：2.

机、平板电脑这些能够上网、记录并传输录像、播放音乐,并能够方便地进行人际交流的设备已经改变了现代人的生活。在探讨电子媒介革命中,这些媒体必须得到应有的关注。数字摄像仪的出现,则改变了观众看电视的时间表。线上的沟通方式开创了一个随时随地娱乐的时代。

我们将考察传统广播电视和现代新电子媒介之间的关联,新电子媒介体现了视听、电子交流等方面巨大的包融能力。无论是正在融合之中的电子媒介,还是尚在分隔状态的电子媒介,我们有必要了解正在发生的变化,并且理解它们是如何影响产业的未来,以及它们对整个社会文化的影响。本书以美国为主要样本来分析电子媒介发展的历程,同时也观照到了中国电子媒介发展的情况,尤其是当下互联网的发展。

本书共十一章内容,第一章～第五章主要分章节对各电子媒介的发展进行论述,第六章～第十一章则从电子媒介的内容、广告、受众测量、电影和电子游戏产业、相关法律法规等角度出发,对电子媒介进行了更全面的探索。第一章主要是对电子媒介发展的概述,从它的诞生、发展动力、文化特点等方面进行分析,也提及了最新的电子媒介——互联网,电子媒介正迎来媒介融合的发展态势。第二章主要论述了广播的发展,内容包括早期的无线电广播到商业广播的发展,广播与报纸之间的竞争,广播节目的转型,以及广播在新时期的数字化发展。第三章以电视为主体,论述电视由诞生到发展壮大,并逐步取代广播成为主导媒体的历程,以及互联网对电视主导地位的冲击,使其不得不进行数字化转型。第四章讲述了有线传输与卫星传输,尽管广播和电视作为两大传统电子媒介的地位没有多大改变,但是技术一直在推动着它们往更高的形态发展,有线传输使得广播与电视信号能够传播到遥远的地区,极大扩展了电子媒介的受众;卫星传输则提高了信息传播的质量与效率,但是这两个传输方式之间也一直存在一些争论,如版权、经营权等。第五章主要论述了互联网这一新的电子媒介,它是如何由最早的阿帕网到万维网再到今日的互联网的。同时,互联网新闻与 UGC 新闻的出现,也打破了专业媒体对新闻生产的垄断。第六章探讨了电子媒介内容的发展,广播最初的节目类型多样,包括各种喜剧、肥皂剧等,但电视的流行使广播听众流失,为了寻求生存,广播逐渐以播放音乐和新闻为主,并发展出各种电台形式。电视节目凭借优势,节目类型更为丰富,主要分为叙述类与非叙述类。电子媒介上播放的内容不只是人们喜欢的节目,还有维持媒体运作的物质基础——广告,因此在第七章我们对各种电子媒介的广告进行了论述,它们各自有哪些类型?又有何优势与不足?广告搭建了产品与消费者之间的桥梁,一定程度上促进了经济的繁荣,但是它也使得信息过载,有时还会对受众造成误导。而广告商投递广告的多少、广告的定价等都与媒体的受众相联系。在第八章,涉及受众测量的相关内容,从早期简单的评级系统到专业化的调查公司,对受众的测量方法也越来越客观精准。第九章讲述了当前繁荣发展的电影和电子游戏产业，它们与传统的电子媒介有一定的关系，但又有所区别。第十章主要介绍与电子媒介相关的法律与规制，电子媒介作为社会信息系统，它的发展对一个社会的政治、经济、文化都会产生重要的影响，在信息时代更是如此。电子媒介诞生后不久，相应的法律规制也开始出现，并随着其发展历程，法制也会根据当时的社会情况不断地进行调适与改变。传统广播电视媒介主要被用来达至广泛的受众，但是今天，更新的电子设备和技术使信息的个人化、定制化成为可能。在本书的最后一章（第十一章），则讲述了当前个人化媒介信息系统与社交网络的发展，这有助于我们更加全面地理解当下电子媒介的发展趋势。

在本书付梓之际，我要感谢武汉大学新闻与传播学院部校共建平台为本书的出版提供了资助，我还要向为本书出版付出辛勤劳动的出版社编辑们表示感谢。要感谢的人很多，在此难以一一致谢，最好的回报唯有继续努力，得到你们的认可。

由于作者水平有限，书中难免有不妥之处，诚望各位专家和读者不吝赐教，以期再做修正。

作　者

2017 年 11 月

目 录

第一章　电子媒介发展概述 ··· 1
- 第一节　从口语到电子媒介 ·· 1
- 第二节　人类视听需求与电子媒介发展 ··· 4
- 第三节　电子视听媒介的特点 ·· 6
- 第四节　互联网：电子媒介新的发展形态 ··· 12
- 第五节　媒介融合：电子媒介的发展趋势 ··· 35

第二章　广播的发展 ·· 41
- 第一节　无线电广播的早期发展 ·· 42
- 第二节　广播技术的媒介应用之初 ··· 45
- 第三节　商业广播的发展 ·· 49
- 第四节　媒介竞争与广播的节目转型 ·· 52
- 第五节　广播的数字化发展 ··· 56
- 第六节　广播在中国的应用与发展 ··· 57

第三章　电视的发展 ·· 61
- 第一节　电视的诞生及其重要技术的发展 ··· 61
- 第二节　电视网的发展及其主导地位的确立 ······································ 65
- 第三节　电视的数字化转型 ··· 71
- 第四节　电视事业在中国的发展 ·· 73

第四章　有线、卫星和点对点传输 ··· 76
- 第一节　有线电视 ·· 76
- 第二节　卫星传输的商业化 ··· 78
- 第三节　有线及卫星传输引发的争论 ·· 81
- 第四节　点对点传输 ··· 85

第五章　互联网的发展 ·· 87
- 第一节　互联网与万维网的发展 ·· 87
- 第二节　互联网整合传统电子媒介 ··· 88
- 第三节　互联网新闻 ··· 93
- 第四节　互联网与 UGC 新闻 ·· 100

第六章 电子媒介内容的发展 ·· 103
第一节 广播节目内容 ·· 103
第二节 电视节目 ·· 106
第三节 电视节目的制作与分发 ···································· 119
第四节 电子节目网络化 ·· 123

第七章 电子媒介广告 ·· 131
第一节 广播广告 ·· 131
第二节 电视广告 ·· 135
第三节 互联网广告 ·· 143
第四节 电子广告的批判性解读 ···································· 147

第八章 电子媒介受众测量 ·· 148
第一节 早期评级系统 ·· 148
第二节 主流调查方法 ·· 149
第三节 受众测量指标 ·· 153
第四节 广告定价 ·· 157

第九章 电影和电子游戏产业 ·· 162
第一节 电影的诞生与发展 ·· 162
第二节 电子游戏产业 ·· 167

第十章 电子媒介规制 ·· 174
第一节 电子媒介规制初步形成 ···································· 174
第二节 20世纪80年代后：放松规制的趋势 ················ 181
第三节 对互联网的鼓励政策 ······································ 185
第四节 其他内容规制及伦理问题 ································ 187
第五节 中国电子媒介规制及其融合背景下的发展 ········ 191

第十一章 作为个人通信与社交媒体的电子媒介 ·················· 194
第一节 个人化的媒介 ·· 194
第二节 社交网络 ·· 197

结语 ·· 200

参考文献 ·· 203

第一章　电子媒介发展概述

电子媒介是指运用电子技术、电子技术设备及其产品进行信息传播的媒介，其中包括互联网、广播、电视、电影、录音、录像和光碟等。大多数电子媒介属于大众传播媒介，在20世纪，广播、电视曾是最主要的电子媒介，但随着互联网的发展与普及，手机、计算机等逐渐成为人们使用最广的电子媒介。它使人类传播实现了空间距离和速度上的突破，同时从人类社会信息系统的发展角度来看，它大大提升了人类知识经验的积累和文化传承的效率与质量。

从19世纪中叶开始，电子媒介加强了各种传播形式，并且允许我们将相同的信息远距离传输给个人或者是大众。传统的大众媒介都受一些共性因素的影响，如听众、时间、传输、距离和存储。电子媒介不再局限于时间和空间。电子媒介对受众的认知、情感、行动都产生了影响，并影响和改变着人们的生活。

第一节　从口语到电子媒介

自古以来我们都有着表达自我的欲望，但是成功达成这个愿望花费了人类很长的时间。人类文明如果按媒介的发展阶段来划分，可以分为三个时段：口语、书写时代，印刷时代，以及电子媒介时代。

一、口语、书写时代：局限的传播

大约在十万年前，人类发展出了口头交流的能力。在三四万年前，人类在岩洞里的墙壁上作画。欧洲的肖维岩洞中共有1000多幅壁画，可追溯到三万六千年前的石器时代，它们被认为是欧洲最早的人类文化形式。经过这些年代之后，我们用不同的系统来传递信息，如烟、旗语、鸽子及送信员，每一种传播方式都有其优势和劣势。每一种传输系统只在特定的条件下起作用，在某些情况下，其传播效果具有很大的局限。例如，通过释放烟来传递信息及用旗语来传递信息的方式无法在夜晚使用，因为接收者只有在白天才能接收到信号。在冲突和战争情况下，送信员往往速度很慢并且有被俘获的危险。鸽子传输的信息量很小，同时，在遇到自然界的猛禽和极端天气的时候非常脆弱。当我们越来越依赖于口语交流的时候，每个人的接触范围也逐渐扩大了，交流的手段也越来越精细。然而，这个过程并不是一蹴而就的。事实上，书写语言在五六千年前才被人们使用。有了文字之后，我们不用再仅仅依靠人脑的记忆了。

在公元前4000年，人们在黏土板上书写，这种材质在运输和读写时既方便又耐用。一千年以后，古埃及人使用纤维质的莎草纸作为原始的纸张。它由当时盛产于尼罗河三角洲的纸莎草的茎制成。古埃及人将这种特产出口到古希腊等古代地中海文明的地区，甚至遥远的欧洲内陆和西亚地区。在人类造纸术极其落后的古代，埃及莎草纸在干燥的环境下有千年不腐的特点，一度使其成为法老时期重要的出口商品，远销至古希腊、古罗马等欧洲国家，历时三千年而不衰。与此同时，一种用图画表达的象形文字产生了。大约在公元前2000年，古埃及人发明了包含24个字母的字母表。

在中国，最早的文字被称为甲古文，被刻在龟甲或兽骨上，出现在殷商时期，距今约三千年。商周是青铜器的时代，青铜器的礼器以鼎为代表，这时出现了金文。金文是指铸造在殷周青铜器上的铭文，也称为钟鼎文。在战国时期，出现了竹简，它是战国至魏晋时代的书写材料。它是由竹子削制而成的狭长竹片（也有木片，称为木简），牍比简宽厚，竹制成的称为竹牍，木制成的称为木牍。竹简是我国历史上使用时间最长的书籍形式，是造纸术发明及纸普及之前主要的书写工具。竹简对中国文化的传播起到了至关重要的作用，也正是它的出现，才得以形成百家争鸣的文化盛况，同时也使孔子、老子等名家名流的思想和文化流传至今。

二、印刷时代：传播时代的开启

到11世纪，中国北宋发明家毕昇在总结历代雕版印刷的实践经验基础上，经过反复实践，发明了活字印刷。通过使用可以移动的金属或胶泥字块，来取代传统的抄写，或是无法重复使用的印刷板。活字印刷的方法是先制成单字的阳文反文字模，然后按照稿件把单字挑选出来，排列在字盘内，涂墨印刷，印完后再将字模拆出，待下次排印时再次使用。活字印刷术也被称为中国的四大发明之一，同时也是有史以来第一次，一个拥有印刷设备的个人可以将思想通过制作精良的书本或报纸传达给大众。

在15世纪中叶，一个欧洲冶金工人奇奥尼斯·古登堡，发明了一套能够重复印刷纸张的可移动器械。通过运用这台经啤酒压榨机改造而来的器具，古登堡将单独的字母拼起来，最终印刷出一整本书籍。这些字母被涂上墨水，然后用压榨机压在纸面上。印刷的书本可以以高效率、低成本的方式大规模复制。尽管运用媒介技术进行大规模传播的理念在1400年古登堡改进印刷机之后就已经诞生，但是直到1690年，第一份面向大众消费的小册子才被广泛地印刷。1833年，第一份面向大众读者的报纸——《纽约太阳报》——得以创立。出版商本杰明·戴将报纸定价设为一分钱，因此，也被称为"便士报"。从此，价格低廉、以大众为读者对象的报刊大量出版印行。这在当时被称为"便士报"运动，即报纸以低廉的价格和通俗的内容去争取大量的读者，使报纸完成了大众化、通俗化的飞跃。当书和报纸逐渐流行起来的时候，面向大众传播的行为也变得日趋普遍。然而，这种一对多的传播模式并不是平衡的双向传播。受众很少有机会将意见反馈给传者。

三、电子媒介时代：传播时间与空间的重塑

1844年，山缪尔·莫尔斯发明了一套电讯系统，它使得人们在远距离范围的即时通信成为可能。电报可以通过点和线两种方式将信息从一处传送到另一处，一系列点和线的组合可以拼出一个字母。然而，电报只有在对方拥有相应设备，且操作者具有熟练的接收翻译能力时才能奏效。之后，亚历山大·格雷厄姆·贝尔发明了电话，这种当时的新设备只要求人们具备基本的口头对话能力。以上两种新发明都方便了远距离的人际交流。

1896年，吉列尔尼·马可尼发明了无线电报，可以将信息从一处传到另一处。该技术同莫尔斯的电报技术颇为相似，但是采用的是无线传输的方式。很快，无线电报就被投入使用，有的发明家设计了可以传送人声和其他声音（如音乐）的设备。无线传输标志着大范围广播时代的开始，最终导致了商业性电子媒介的出现。直到20世纪30年代，才出现了第一个商业性的电视广播，对广播的狂热推动了音乐与其他广播节目的出现。20年后，即1950年年底，这一技术才真正普及开来。作为唯一可以实现即时通信的电子媒介，广播的地位维持了三十余年。在这段时光里，广播发展出了大部分节目形式，享受了财政上的巨大成功，并塑造了美国大众文化。在第二次世界大战后，随着电视产业从起步到狂飙突进，广播业逐渐发生了变化。许多曾经盛行于广播网络中的节目纷纷转移到了电视上，以往节目的受众也纷纷转向了电视。

电视在近五十年来一直处于大众传播产业的核心，期间经历了多种形式的变化，从广播到有线电视、VCD、DVD，一直到如今在互联网上开设自己的网站，甚至通过私人手机也可以观看电视节目。互联网将计算机之间连接起来，使使用者以极低的成本去方便地查找信息、娱乐和社交。同时，互联网给旧媒介带来的创新也相当显著，它打破了以往电子媒介所持的方式。同其他电子媒介比起来，因特网的发展速度显得异常迅速。

每一种大众媒介都有着特殊的优势，并且能够适应独特的传播情景。例如，电视适合于将信息传送至大范围的、在地理上和人口统计学中彼此分散的人群；广播适合于将地区性的信息传送至人群，或者传送小众的信息至少量的人群；等

等。传统媒介在受众到达方面有着很大的区别。广播和电视属于单向传播的媒介，可以同时向大范围的受众进行信息传递，而其他媒介，如电话，一次只能同一人进行信息交流。传送和接收信息的方式是同步还是异步，也将媒体做了区分。采用异步方式的媒介，在信息发送与信息接收之间有时间差，报纸、书本、杂志都是属于异步传送的媒体。对于同步传送的媒体来说，在信息发送与最终被接收之间并无明显的耽搁。

电视、广播和电话发出信息之后，接收者几乎可以同时接收到信息。然而，采用同步传送方式的媒体并不意味着互动的产生。广播和电视采用同步传送方式，但是并不具有互动性强的特点。媒介在如何展示信息和如何传播信息上有着明显的区分。展示手段涉及用于展示信息的技术手段，如视频、音频和文本。信息传播则涉及将信息传达至受众所使用的方式。电视的音频和视觉图像往往依赖广播、有线传输、微波传输，或者实况转播卫星来进行传输。印刷媒体需要在物理空间中被传递到目的地，如果是远距离传送，则难免缓慢且成本昂贵。电子媒介往往通过无线电、电话线、光缆、卫星和光纤来传递信息，这使得电子媒介同印刷媒介相比获得了时间和成本上的优势。此外，信息存储受媒介本身存储信息能力的限制。例如，光碟、DVD、计算机的闪存和硬盘有能力储存上百万比特的数据，然而报纸出版商往往只有非常有限的空间来存储报刊。晶体管在电视设计方面也找到了自己的用武之地。观众无须再聚集在客厅中收看体积庞大的电视机播出的电视节目，随着电视体积的缩小，他们可以选择在更小的家庭空间中，尤其是卧室里收看电视节目。观看电视的行为越来越变成一种个人行为，电子媒介变得私人化了。

第二节 人类视听需求与电子媒介发展

在电子媒介发展的广播电视时期，它主要提供视听内容。人类对视听内容的原始需求，是电子媒介得以快速发展的原始动力。

人们对收看和收听某些特定的事物有着与生俱来的渴求。在人类发展的大部分历史中，这一渴求一直以来只是简单地通过观看和收听身边的自然事物来得到满足。但早期，人类的确有通过一些方式来满足他们对视听艺术的渴求，包括绘画、雕塑和戏剧等。然而，要想精于其道必须要具备天赋、训练和资源。对于手抄时代的大多数人来说，这些条件一个都不具备。他们对于高质量艺术来说，只是消费者，而非创作者。但是即便如此，普通民众也难以消费高水平的视听艺术产品。主要有两个原因，首先是经济方面的原因：真正质量上乘的代表作——制作精良的绘画、雕塑和戏剧——都十分昂贵。只有精英人士才能为其支付所需的开销，而大多数平民百姓则无力支付。第二个原因是即使精良作品得到了足够的经济资助,但是仍然面临着观众规模的限制,有多少观众能够收看仍然是一个未知数。

手抄时代的普通人们并不能随心所欲地收看和收听他们喜爱的节目。人们对视听存在着巨大的需求,却得不到足够的满足。

出版商们意识到图像可以帮助推行他们的文本作品。因此,他们用雕刻术对已经印刷好的文本进行补充。他们同样通过更加精良的图像将这一趋势推行更远。到了19世纪,人们开始掌握照相术。通过技术手段抓取肉眼所见到的事物,这一想法在当时是非常疯狂的。然而,到了19世纪,制作照相机所必备的两个技术——针孔照相技术和光化作用技术——都已经在欧洲盛行。尼瑟佛尔·尼埃普斯最终在19世纪30年代完成了这一任务。照片早在19世纪40年代,制作成本就十分低廉,到了19世纪80年代,照片可以被打印在报纸、杂志和书籍上。这开启了真正的图像时代。

在手抄时代,人们大部分的时间都消耗在家庭和工作中,人们大部分的交流也局限在这些圈子内。随着工业时代和大众传播时代的到来,情况逐渐发生了变化。工业化提高了生活水准,减少了工作时间,为我们创造了如今称为"闲暇时光"的空余时间。大众传播时代则为人们提供了从阅读中获取快乐的机会。商人们意识到,人们口袋中的闲钱和大把大把的空余时间可以提供赚钱的好机会,只要他们能为人们提供安全而整洁的娱乐场地。于是,娱乐工业产生了。

随着人口和财富的增长,娱乐方式也需要推陈出新。娱乐行业的企业家们需要找到廉价的视听消遣方式来满足广大人群的需求。他们完成这一使命所需的技术已经成熟,但是这些技术被深深地埋在了晦涩的科学发现和原始的技术模型中,以至于很少有人能意识到它们的重要作用。技术同其商业化应用之间存在着迟滞。第一台能够录音的设备由爱德华·斯科特发明,爱迪生在19世纪80年代发明了留声机唱针,柏林纳在19世纪90年代发明了唱机,从此以后,留声机开始了市场化的进程。在埃德沃德·艾布里奇于19世纪70年代末期开始"系列照相术"实验以前,电影的先祖——手翻书——流行了数十年。直到19世纪90年代,爱迪生和卢米埃尔兄弟才成功地将电影商业化。

19世纪,技术的发展终于使得商家们可以抹去传统的娱乐限制,并将其范围不断扩大。他们通过将高端消费品推向低端消费市场,以低廉的价格来吸引正在上升的中产阶级——有钱有闲阶级。这些商家开设剧院、专业的剧场、音乐厅。一起产生的还有歌舞杂耍表演厅、滑稽歌舞杂剧厅和歌舞厅。视听媒介开始以前所未有的速度扩张。对娱乐的需求还有很大的缺口,尤其是能够方便快捷消费的廉价娱乐。唱片音乐、电影、广播和电视产业都由这些广大的、未能满足的需求而催生。

贝尔、爱迪生等科学家们积极地寻求专利和经济支持，以使这些发明创造能够商业化。柏林纳、高德温和沙福诺铺设了视听媒介渠道，同时制作娱乐内容并通过这些渠道进行传输。成千上万的歌手、音乐家、作家、演员和技术师涌现出来，并以此为生。他们制作了无数的歌曲、电影、音乐剧和节目。并且生活水平和需求在同时攀升。

到了20世纪20年代，工业化时代的中产阶级家庭中，唱机和唱片成了寻常之物。虽然音乐产业在大萧条和第二次世界大战期间发展迟滞，但是到了20世纪60年代，立体声广播已经无处不在。同样的故事发生在电影行业，在20世纪30年代，看电影已成为美国人的生活方式。影院的观影人数在大萧条时期跌入了谷底，在1933年开始复苏。第二次世界大战后，随着电视的繁盛，观影率开始下降。在第一次世界大战后，各种形式的观影行为（看电影、看录像等）数量有所上升，看电影的生活习惯也蔓延到了全世界。到了20世纪中期，生活在发达国家中的人们的生活已经发生了巨大的变化，不再需要"自娱自乐"，收听音乐、看电影、听广播、看电视，这些成了人们每天花费数小时从事的娱乐活动。电子媒体的兴起带来了娱乐产业的极大发展，也"制造"了更为广泛的大众。

虽然，视听媒介如此迅速的扩张和渗透的根本原因在于人们喜爱收看和收听的行为，但是现代国家和公司为大众提供廉价服务的能力也在其中起到了至关重要的作用。

第三节 电子视听媒介的特点

从1895年年底电影的诞生算起，至今已100多个年头，在这逾一个世纪的时间里，视听媒介不仅在技术上以难以置信的速度发展，同时，作为一种不同于印刷媒介的信息载体，其已经深入人类文化与生活的各个环节。传统电子视听媒介发展出了特殊的视听文化，并且其特点鲜明。

一、视听媒介的可用性

对于电子媒介的可用性可以从两个方面来看：信息的制作者和发送者。信息始于发送一端，发送端通常被认为是电视台或者广播站。制作和传输视听信号的工具和技能都十分昂贵，设备包括摄影棚、麦克风、镜头、传送器、信号塔、卫星等，这些设备需要大规模的投资。另外，即使你有装备精良的摄影棚，也有设备来传送信号，如果不经过特殊训练，也无法传输信号，因此，还需要拥有一个精于电视或者广播产品的专业人士。视听媒介需要由大型团队来制作和传输。在这种环境下，是不存在个人化传播的，其高昂的代价无人可以承担。

在接受者一方，接受并理解视听媒介的工具和技能门槛很低。所需要的设备，只是一个"接收盒子"，它可能是收音机，也可能是电视机。这些技术在20世纪以来越来越成熟，价格也越来越低廉。这也是电子视听媒介最终得以普及的物质基础。最终，即使收入一般的大众都有能力支付。今天，广播和电视随处可见。你不需要学习如何去听广播，或者看电视。

视听媒介在发送一端是不易得的，而在接收一端则具有易得性。如此，视听媒介建立了一个双头网络。在发送一端，这个网络是集中式的：制作和传输视听信号的只有数个节点；而在接收一端，这个网络则是分散性的：在这个网络中有数量庞大的人群都有能力接收信息。这个网络也被称为"一对多"的传输网络，这意味着少数节点可以将信息传送给许多节点，而多数节点却并不回传信息。这个描述十分恰当地形容了视听媒介的信息传输形式。

在视听媒介网络中，少数节点控制着视听信号的所有制作和传输环节，这种传播图式也被称为"中心控制式"，这与印刷时代的传播图式十分相似。我们可以在其中看到大众和大众社会的基本形态。在手抄时代和印刷时代，有许多差异性很强的受众：有的精于读写，有的精于口头表达，有精英，有普通民众。在19世纪，随着面向大众的印刷发行机构的出现和大众文学的普及，情况开始出现了变化。正如当时的许多观察家所指出的那样，数量上前所未有的读者群体开始形成。比如，在1932年，奥特加·加塞特将这些人称为"易受大众媒介影响的人"。视听媒介的快速传播，尤其是在第二次世界大战后，加速了"大众化"的趋势，几乎全世界的人都能够接触到视听媒介。手抄时代和印刷时代中那些数量相当稀少的受众聚合成了"大众"，他们以"收听者"和"收视者"的面貌出现，他们之间互相平等。这种现象同样为观察家们所关注，例如，在1956年，怀特·米尔斯将这种经典的现象描述为"大众社会"。他认为，在现代社会，随着大企业的增多和组织官僚化的程度越来越高，出现了更多的白领阶层，而他们不拥有任何资产，在高度合理化的大企业组织面前，他们常常抱有一种失落感或无力感，这使得他们对政治不感兴趣，而在业余生活中则"逃避"到大众传媒提供的消遣和娱乐领域，他们本质上是被排斥在统治势力之外的，他们与蓝领劳动工人一起，构成了美国社会中的"大众"[1]。可以这样认为，电子媒介已经成为改变社会结构与社会特性的重要力量之一。

---

[1] 百度百科. 大众社会理论. https://baike.baidu.com/item/%E5%A4%A7%E4%BC%97%E7%A4%BE%E4%BC%9A%E7%90%86%E8%AE% BA/8268043?fr=aladdin[2017-02-13].

二、视听媒介生产的公共性

印刷品的流通往往是公众行为,而阅读则是私人行为。同样,视听媒介也是如此,传播是公众行为,接收则是私人行为。

视听网络在发布一端是相互连接的:发布者数量很少,且相互认识,他们共同组成了一个团体。相反,在接收一端则是分散的:接收者们是数量庞大的人群,且并不相识,被称为原子化的"受众"。这样的网络结构可以开放发布端,因为想要隐藏传播源是不可能的;与此同时封闭接收端,因为隐藏接收端是十分容易的。在社会历史中,这样一开一合的运营方式被视听技术所采纳。

制作并且传播视听产品是一项公开的公众事务。这成了一种新的公共主义,电影、广播和电视被认为是一种公共财产,或者是半公共财产,无论是资本主义国家媒体还是社会主义国家媒体,媒体内容都具有无法推卸的社会责任。在西方,广播媒介必须符合所谓的公共利益。并且,电子视听媒介的接收门槛很低,不需要任何文化水平,从儿童到老人都无限制,因此,对其内容进行监管是必需的。并且,在接收端,它们要体现与生俱来的公共性。针对广播电视的规制应该以各种方式保护儿童、教育公众、保护优良传统、促进文化发展、保持中立、限制商业主义等。这些原因可以归结到一个信念上,即视听媒介是一种共享资源,它属于每个人。视听媒介几乎从一开始,其传播者们就以一种开放的姿态来运营。三大领域中的美国媒介公司——电影、广播和电视——飞速地增长、合并,在全国范围乃至全世界范围内扩张,其速度之快引起了公众对公共安全的关切。在国会再三要求审查之后,电影行业于1922年组建了美国电影制作者与传播者协会,并且于1930年颁布了自我规制的《影片法案》。同电影相比,广播和电视并没有成功地将政府的规制挡在门外,很大原因是美国联邦政府对稀有频率的国有化。成立于1927年的联邦无线电委员会(Federal Radio Commission,FRC)有分配稀缺频段,颁发广播许可证的权力。1934年,它改名为联邦通信委员会(Federal Communications Commission,FCC)。

三、视听媒介的生动性

视听媒介与印刷媒体在感染力上最大的区别在于视听媒介能使我们感到身临其境,尤其当前的VR技术日益成熟,所能给受众带来的感受在未来会是以假乱真的。当人们"收听"音乐的时候,就像是真的坐在了演奏现场;当人们在欣赏电影的时候,就像是真的在目睹真实的生活。相比阅读文本来看,收听和收看视听媒介则显得自然得多。要想读懂文本,你必须要学习如何解码,而要想看懂视听作品,则不需要。因为我们接收到的视听信号是视觉的,而手抄物和印刷品则是符码，它们除了一串串字符以外，并不代表其他视觉上的东西。但是录音则同真实的自然声音十分相像，拍摄的照片也同自然的真实图像相契合。它们并不"代表"真实存在之物，但它们看起来就是真实的。

视听媒介有一个同印刷媒介类似的特点：它们的内容可以以低廉的成本大量制作。对录音、电影、磁带、录像带这样的视听媒介来说，"再生产"这个词十分贴切，因为这些事物都可以很容易地大量复制。视听媒介将声音和影像信号传输出去，几乎同时就可以在许多不同的地方被接收到。基于此，至少可以说，被传输的信号是"原本"，而接收到的是"复制品"。

视听媒介具有高保真性，至少在传输声频和音频时如此。高保真媒介搭建了图像网络，这个网络搭载的信息无须在接收端进行解码。图像视觉信号并不需要"阅读"，只需要"辨认"；不需要"解码"，只需要"体验"。

通过图像和声音的可移动化，视听媒介使得曾经的"高接触性"行业变成了"低接触性"行业。在视听世界中，刺激物不再必须是物理空间中的实体本身。视听媒介不仅使得曾经的接触行为变得更加安全，也使得这种行为更加廉价。视听媒介的内容可以机械化地复制，因此相对廉价，且更具有民主色彩。在视听媒介时代，数以十亿计的普通百姓经常在自己家中收看电视。他们观看类似亲身体验的节目：浪漫剧、恐怖片、喜剧片、谈话秀、时尚演出、厨艺节目和每日赛事。

四、视听媒介的巨大容量与易存储

测量演说、手抄品和印刷品容量的简便方法就是统计文本中的字符数量。演说和手抄品，这两者都无法大量生产，它们的数量都很低。然而对于印刷品来说，则具有很高的容量。虽然单册的数量有限，但是如果将复制品的文字也计入其中，这将是个天文数字。这个公式对于视听媒介则不好使，因为它们的"内容"并不单单是文本。换句话说，它们的内容中充斥着声音和图像，而声音和图像并不那么容易统计。一个人可以说出某个特定视听信息中包含的比特数，但是这个数据并不能从实质上反映听众和观众接收到的信息数量。一个经过压缩后的小型电子文档其音质可以同未经压缩的大型电子声讯文档一样高，这完全取决于用于压缩的软盘。因此，我们无法通过比特数来计量电子媒介的容量。

对于视听信号来说，可以源源不断地向外传输，衡量视听渠道容量最好的方法就是计算"频道数"，也就是说，面向大众源源不断地传输视听信息的信号流。起初，它们数量十分稀少，频率也相对有限。20 世纪初期，录音和摄影行为尚未普及，电影院和剧院也比较稀少，那时还没有商业广播和商业电视。到了 21 世纪，所有这些媒介都同时承载很多频道，其中的一些媒介能够影响数百万人之多。如今，世界上有成千上万的设备都在通过磁带、录像带、光碟放送视听信号。据第三方数据统计机构 IDC 的数据,2016 年全球智能手机总销量为 14 亿 7060 万部[①]。2013 年,苹果 iTunes 音乐商店卖出的音乐数量超过了 25 亿[②]。全世界电影的数量非常庞大,难以统计。如果包括互联网上网民自制的视听产品,这将是个天文数字。

视听媒介的信息容量异常大,它们通过数以千计的频道源源不断地将信息传递给数十亿的听众和观众。随着网络新技术的出现——尤其是光纤和下一代卫星,它们具备了将更多频道传送给更多用户的功能。高容量的媒介导致了不受约束媒体的出现,这些媒体具有大量的闲置信道。视听媒介的出现,为人们创造了以低廉的价格使用媒介进行娱乐的机会。

视听媒介的录制品可以轻易地传送至更多可靠的媒介,因此可以长久地保存下去。其复制品可以被迅速而廉价地再造,因此视听媒介的内容也可以在大量的复制中得以保存。在电子媒介领域,技术更新很快,播放唱片和磁带的设备则很快被淘汰,但是重新录制解决了这一问题。你可以将过时的视听格式重新转换为新的已经普及的格式。数字化不仅帮助这些公司保存他们的产品,而且使他们能够将产品再次出售。另外,对于视听媒介公司来说,新的技术几乎可以使每个人都能够对公司产品进行再造和传播,因此公司基本失去了再次盈利的机会。

视听媒介具有很强的持久性。20 世纪 70 年代迪斯科唱片会消失,但是迪斯科音乐本身不会消逝。后续媒介的产生增加了载体,在更多的媒介载体中,数据快速地积累。在这样的网络之中,史前的古器物在今天重新被构建,这使历史变得可视化,并且更具有操作性。

视听媒介还将社会行为历史化。但是无论是手抄品还是印刷品,都无法"听到"或者"看到"以前发生的事情,视听媒介改变了这一情形。它们可以将过往的视听信息传送至今,这样过往发生的事情通过信息流可以"重现",而每个人都可以接收到这些信息。如实地以声音、视觉形式重现历史的能力对民众具有强大的吸引力,每个人都对"重新经历历史"倍感兴趣。在 20 世纪早期,"纪录"由文献学家们第一次提出,代表了"信息的积累、分类和传输"。这个词最初的描述对象是纸张,或者是指纸张上的数据。但是这个词很快就被用来形容非小说类的电影,被称为"纪录片"。1932 年,英国教育与电影委员会的报告中要求"纪录片必须反映真实生活,在尽可能不排演的情况下,反映实际发生的事情"。视听纪录片开始成为一种精英现象,这个任务往往由电影制作者和政府资助的音乐家来

---

① 网易. IDC 公布 2016 年智能手机出货量数据 苹果第二小米未进前五. http://mobile.163.com/17/0203/15/CCC3GOUK00118023.html[2017-02-03].

② http://www.enet.com.cn/article/2013/0218/A20130218245577.shtml 硅谷动力. iTunes 音乐购买和下载量突破 25 亿次.[2017-02-09].

进行。但是随着照相机和记录设备的价格在第二次世界大战后逐渐降低，视听纪录片成了一种大众化的现象。

五、视听媒介的到达力

电磁波，包括广播和电视信号，可以传输非常远的距离。宇航员们在从距离太阳132亿光年的外太空仍然能够探测出红外线。电磁信号能够在太空中传播是因为它们是直线传播的，并且中途没有太多的干扰。好的商业广播电台可以将信号在10~50千米之间传输，此范围内的任何一个收音机和电视都能够收到信号。但是如果你想收到跨国信号，则需要购买一个卫星碟子或者有线。只要在信号发送的范围之内，只要拥有合适的设备，都可以收到传输信号。这意味着该信号将会覆盖很大的受众群。

1960年9月26日，约有7000万人收看了尼克松和肯尼迪的总统竞选辩论①。如果是在广播中收听这场辩论，你会认为两个人旗鼓相当，不分高下。但电视观众们看到的却是另一番情景——一脸憔悴的尼克松与阳光活力的肯尼迪。许多人认为电视辩论是美国总统选举过程中最具观赏性的环节。1969年7月20日，大约有6亿人收看了尼尔·阿姆斯特朗登上月球的第一步②。大约是当时全球人口的五分之一，通过实况转播，见证了那动人心弦的一刻。1997年9月6日，数亿人收看了戴安娜王妃的葬礼。周期性的赛事，如橄榄球超级联赛和世界杯，往往能够吸引5000万至1亿的观众。日常的黄金档节目能够吸引数百万甚至更多的观众。

视听媒介有着广阔的传播范围。在一般情况下，演讲可以达至数百听众，手抄品可以达至数千读者，印刷品可以达至成千上万的读者。然而，视听媒介可以达至分布在世界不同地域的成百万的受众。视听媒介可以带来新的信息传播网络，在这种网络中，信息可以大量地远距离传输，影响巨量的人群。我们可以设想，这个信息传递网络将会使得社会行为和伴随于其上的价值观变得多样化。同其他体型小且功能单调的媒体相比，视听媒介使陌生人之间的大幅度的跨界交流变得稀松平常。结果就是，机构和世界观变得多样化，至少对多样化有了更强的包容。

印刷品相对来说难以扩散，并非每个人都识字，都能理解文中的内容，同样，在不同文化之间也有许多相互无法解码转译的文字符号。因此，文字的影响能力是有限的。广播和电视的影响力可以扩散到任何地方：信息的传输脱离了物理性

---

① 人民网. 美国候选人梦碎电视辩论：尼克松因形象输给肯尼迪. http://history.people.com.cn/n/2012/0719/c198306-18554560.html.

② 环球网. 奥巴马发声明哀悼阿姆斯特朗. 称其为美国英雄. http://world.huanqiu.com/exclusive/2012-08/3069377.html.

空间传输的限制。文化之间的隔阂也被大大缩减：视觉对全球来说具有普遍性，而听觉对娱乐来说并非必要。

第四节 互联网：电子媒介新的发展形态

世界历史中的某些新发展使得现存的媒介体系言谈、手抄、印刷和视听媒介对一些组织来说，变得效用不足。这些组织急需扩展现存的技术容量就这样，联网的计算网络成了新的媒介。尽管因特网的大范围使用还不到20年，但是它已经不可思议地成了我们日常生活中重要的一部分，这要归功于因特网的一部分，这部分使得图像、音频、视频的使用更加便捷，其被称为互联网。

一、互联网的诞生

互联网是计算机的全球性网络。每天全球数以百万计的人从因特网上下载或上传信息，一个普通人就可以创立网站。当一个媒体被称为真正的大众媒介时，往往需要在受众量上到达一个临界值，这个值一般认为在五千万左右。因特网以前所未有的速度成为一种大众媒介。广播受众达到五千万花费了38年的时间，电视则花费了13年。而因特网的受众在1997年年末或者1998年年初的时候达到了五千万，距互联网的出现仅仅5年的时间。

互联网的现代形式构架在16世纪的欧洲已经被构想出来。这个构想基于科学进步的目的，试图架构一个能够对知识进行收集、分类和传输的系统。这个系统有三个组成部分：第一个是藏书系统，这使得科学信息能够在一个地方不断地积累，并且能够为普罗大众所了解；第二个是检索系统，检索系统能够使得藏书信息得到检索；第三个是传输系统，科学家们能够远程交换信息。整个系统是一个环路：科学家们编写的杂志充实了图书馆，这些杂志由文献学家进行编码处理，以便于索引。

图书馆是信息的集中点，这固然很好，但是它们在聚集信息的同时，也分散了信息，因为图书馆本身就是一个信息孤岛。这个问题得到了关注，早在18世纪，哲人们就尝试着寻求方法来提高学术交流的手段，为真正需要他们的人带来有价值的知识。德尼·狄德罗、让勒朗等人发明了百科全书的形式。他们花费了大量的时间精力，以便把所有有用的真理集合在一个地方，结果是多达35卷《百科全书》的诞生。然而《百科全书》和它的模仿者们（尤其是《大不列颠百科全书》）却为媒介所限制，也就是印刷。这些大部头尽管内容丰富，但不能很好地检索，即便经常更新，也仍然未能跟上社会潮流。

为了更方便地寻找到文本信息，法国文献学家和信息科学家保罗·欧特雷，用检索卡片来对书本进行记录,从每个标准的科学印刷媒介中,抽出其包含着的每一个具体的信息。根据欧特雷的计划,这些特殊的信息将会被记在小卡片上,根据索引进行分类。他将自己的索引称为"通用十进制分类"(universal decimal classification,UDC)。

  印刷品最明显的一个问题是信息传播的载体,即纸张的容量和重量。从 1839 年路易斯·达盖尔发明实用型的摄影术以来,微型文本才取得了事实上的突破。到了 20 世纪 40 年代,政府、大学图书馆和公司开始将他们手中的存档用微缩胶片记录下来。在第二次世界大战中,许多城市整个地被从地图上抹去,而政府存档、学术图书馆和公司档案也全部被毁。当时的罗斯福总统强调,美国需要将一切事物都用微缩胶卷记录下来。

  20 世纪 50 年代末,正处于冷战时期。当时美国军方为了使自己的计算机网络在受到袭击时,即使部分网络被摧毁,其余部分仍能保持通信联系,便由美国国防部的高级研究计划局(ARPA)建设了一个军用网,称为阿帕网(ARPAnet)。阿帕网于 1969 年正式启用,当时仅连接了 4 台计算机,供科学家们进行计算机联网实验用。到 70 年代,ARPAnet 已经有了好几十个计算机网络,但是每个网络只能在网络内部的计算机之间互联通信,不同计算机网络之间仍然不能互通。为此,ARPA 又设立了新的研究项目,支持学术界和工业界进行有关的研究。研究的主要内容就是用一种新的方法将不同的计算机局域网互联,形成"互联网"。

  20 世纪 90 年代,万维网的诞生是互联网发展史上的重大事件。瑞士物理实验室的提姆·伯纳斯·李为了使科学家之间的合作更加简便,他开始设计了一种将计算机作为有效合作交流手段的方案。这套系统被用来存储、接收和发送文档,他将这个发明称为"万维网"。在万维网中,你可以在不同的文档中来回穿越,可以阅读你需要的内容。人们马上意识到这个网络非常有用,他们将其作为网络的标准。在这个系统中,每个有用的事物,都被称为一种"资源";并且由一个全局"统一资源标识符"(URI)标识;这些资源通过超文本传输协议(hypertext transfer protocol)传送给用户,而后者通过点击链接来获得资源。

  但即使如此,使用运行在计算机之上的互联网仍然不容易。计算机行业的员工们将其作为独特的谋生手段,年轻的计算机迷们将了解熟悉网络作为一项学习先进技术的任务和挑战。当计算机架设者们忙于为科学家们组建计算机网络时,伊利诺依的一群学生们有了一个伟大的构想。他们意识到个人电脑将要普及,这些个人计算机中运行的往往是 Windows 系统,而非 UNIX 系统。这些个人计算机可以通过电话线接入互联网。而此时,英国人伯纳斯·李已经发明了一种软件,能使文档在互联网上更容易发送、接收和存储,尽管他的系统有些粗糙,远非完美。这些大学生们着手为个人计算机用户创设一个真正简单、清洁、支持多媒体的"网络浏览器"。这个浏览器像是一个杂糅不同内容的杂志——充满了图像和文本——也像一个家庭定制内容的电视，它使得互联网更容易理解。1993 年，这些大学生兼企业家们开始将浏览器正式发布，并将其命名为"马赛克"。它不仅方便了接入互联网，同时也便于在网络上浏览内容。到了 20 世纪 90 年代中期，"网上冲浪"变得像读报纸、听收音机或者看电视一样，尽管同报纸、收音机和电视有着天壤之别。

从这个意义上讲，互联网是对信息简易、有效的收集、存储和筛选追求的产物，这个过程已经延续了 4000 年。信息资本主义是互联网最终得以诞生的主要动力。随着资本主义的发展，企业发现，对探索和研究的投资可能会带来巨大的回报，尤其是法律对知识产权做了保护，并且对经济框架进行了调整，允许公司迅速扩张。这两个变化使得信息生产、操控与存储变得重要起来。知识是力量，而信息则是金钱。公司开始对"赚钱机器"产生了浓厚的兴趣。

计算工具从 18 世纪开始就遍地都是，法国人帕斯卡和德国数学家莱布尼茨都制作了计算器。到 19 世纪 80 年代，这些计算工具被纳入商业生产之中，到 19 世纪 90 年代，它们在发达世界的办公室中变得十分普遍。那些制作计算器和其他早期数据处理机器（穿孔机、制表机和分类机）的公司现在仍然存在：IBM 公司、NCR 公司和博勒斯公司（现在是 Unisys 公司），他们为新产品的检索和研发投入大量资源，并持续地提供资金，以寻求使生产更有效的方法。1930 年，美国科学家范内瓦·布什造出世界上首台模拟电子计算机。1946 年 2 月 14 日，由美国军方定制的世界上第一台电子计算机"电子数字积分计算机"（electronic numerical and calculator，ENIAC）在美国宾夕法尼亚大学问世。ENIAC 是美国奥伯丁武器试验场为了满足计算弹道需要而研制成的，这台计算器使用了 17840 支电子管，大小为 80 英尺×8 英尺（1 英尺=$3.048×10^{-1}$ 米），重达 28 吨，功耗为 170 千瓦，其运算速度为每秒 5000 次的加法运算，造价约为 50 万美元。ENIAC 的问世具有划时代的意义，这表明了电子计算机时代的到来。在以后的 60 多年里，计算机技术以惊人的速度发展，没有任何一门技术的性能价格比能在 30 年内增长 6 个数量级[1]。它们很长时间以来，对大多数商业来说都十分昂贵。随着 20 世纪 60 年代通过拨号连接的分时系统的出现，更多的商家开始使用计算机干预生产。但是直到 20 世纪 70 年代，个人计算机出现后，计算机才成为真正的办公用品。

个人计算机的扩张是商业界对互联网兴起的一大助力，这使得计算机生产商们有动力去制作成本低廉、便于携带、易于使用的计算机，他们使计算机成为大多数民众能够消费的工具，这为 20 世纪 90 年代互联网的腾飞打下了坚实的基础。

---

[1] 百度百科. 计算机. https://baike.baidu.com/item/%E8%AE%A1%E7%AE%97%E6%9C%BA/140338?fr=aladdin [2017-03-08].

另外，国家的需求也是互联网发展的重要驱动力。福利国家计划在微观层面上为它的国民们提供商品和服务。然而，为了完成这一任务，需要收集并归类大量的数据。IBM 发家于为政府制造处理 1890～1900 年人口普查的数据排序机器，政府在整个 20 世纪都是商业数据处理机器的最大消费者。美国国防部大力资助了第一部计算机、第一个美国计算机网络的研究和互联网前身阿帕网的研究。迄今，这些投资是最强有力的因素，在 20 世纪后半叶使网络变为了现实。

二、互联网的特性

尽管手抄品和印刷品的扩散速度都很慢，但是视听媒介在短短几十年中就扩散到了全球。有趣的是，互联网腾飞的速度比视听媒介要更快。在短短的几年中，它便扩散到了全球，并且渗透了地球上的每个国家。预先存在的视听媒介设施可以解释其扩张速度如此之快：互联网踩在了其他媒介的肩膀上，不必等着像视听媒介一样建立一套新的网络。互联网为何能如此快速地扩散，这与它的一些独特之处是分不开的。

（一）冲浪与分享

网上冲浪就像我们日常在街上无目的闲逛。当使用互联网时，从一个链接跳到另外一个链接，用户发现了越来越多的信息。然而，随着用户不断地点击，他们会发现新的问题和困扰，这些问题把用户引向了新的方向。书本是一种凝聚注意力的媒体，而互联网则是分散注意力的媒体；书本可以将你的思路从一处带向另一处，而互联网则将你的思路从一处带到未知的地方，迷失正是互联网的乐趣所在。我们大多数人都有在搜索引擎上检索的经验，在一个多小时甚至更长时间后，我们会发现自己身处一个无法想象的网页上，学到一些我们甚至不知其存在的知识。事实上，你未必就真的弄懂了当初检索的那个问题。

互联网聚集了大量通俗与刺激性的内容。这些概念包括对权力、财富、冲突和暴力等的展示和描述。互联网中充满了反常事物与繁杂的困惑。对追求反常性的人们来说，互联网绝对是一个新鲜、光怪陆离的好去处。这些刺激总是本能地吸引人们的听觉和眼球。虽然，我们的理性告诉我们这些内容并无营养，但我们还是不由自主地点击进去。但是无论是哪种情况，这都是一些感觉，或者说是刺激，可以触及至深层的心理层面。互联网如此迅速、彻底地俘获了我们的心，因为它契合了我们的天性。

除了冲浪，互联网还为人们提供了偶然"相遇"的机会。那些以链接面目出现的网站能够盛行也有另外的原因，同样出于人的天性。我们不仅仅需要找出"相关"链接，同样还受同他人分享的欲望驱使。世界如此之大，人们从事不同的工作，绝大多数的人都无缘结识，但互联网为我们提供了结识的渠道。我们通常通过谈话来共享，但是互联网为我们提供了更大的平台，在这个平台上可以展示我们的所得。互联网解放了被长久压抑的"合作欲望"。发生在互联网上的交流和合作是自然天性的驱动。

（二）互联网与平权

互联网是一种可以提供高效沟通渠道的新媒介，可以通过数种渠道快速地制作、传输信息。互联网同样是一种高速率的媒介：一些人可以快速地制作发送信息，另外一些人则可以对信息做出回应。这一点超出了以往任何形式的媒介，包括广播、电视。充分、及时的交流，为民主、平权提供了更多可能与想象的空间。高速率媒介产生了一个对话网络，在网络中信息可以在节点中快速而简便地传输和交换。这种网络中的"周转时间"非常短暂，你可以及时地编辑并发送信息。这些信息可以立即送达，并且便于理解。接受者再次对信息进行编码，并做出回应。

从可用性来讲，互联网是一个奇迹。在过去的几十年间，计算机的"可用性"和"连接性"都在不断地提升，使用起来也更加方便。如果你想要得到并使用它，你就可以得到。如今许多计算机做到了真正的"即插即用"，技术精英称霸的年代尽管尚未完全消逝，但起码已经大为褪色。计算机和互联网的经济成本、技术门槛双双下降。垄断者们要想使互联网接入成本更贵，几乎不可能。因为互联网的逻辑链条不再是可供剥削利用的狭窄瓶颈。

互联网形成了一个庞杂的网络，在这个网络中，数量庞大的人群都具备传输和接收信息的能力。分散的网络为每个人提供了发送、接收信息的平等权力。这样，很难出现特定的信息发送者或接收者垄断传播的情况，或者通过控制传播来获得特权的情况。

互联网的加入会理所当然地改变视听文化的社会实践和价值观，在不断形成的互联网时代中，自然地形成一种区别于传统媒介的互联网文化。广泛分布的互联网可以使社会实践平等化，并且形成趋向一致的价值观。

然而，我们依然要注意数字鸿沟的存在。数字鸿沟是信息社会中新的不平等的重要表现形式。数字鸿沟这一说法来源于政治与电信政策视角。1995年，美国国家电信管理中心的报告提到了互联网在低收入人群中的低普及率问题。1996年，Amy Hamron 在《洛杉矶时报》中使用了这个词，用来描述那些身处赛博文化与无缘赛博文化的人之间的裂痕。在后来的两年里,这个词又被使用到更多样的语境中,包括移动电话网络、数字电视、电影、卫星转播和种族歧视等。

数字鸿沟不仅用来形容信息富人与信息穷人之间的不平等,同时,也反映了不同国家和地区在经济、科技、文化教育等方面的巨大差距。数字鸿沟表面上是接入问题或者说是不同群体在拥有和运用计算机、网络等数字化工具上的差异,实际上反映了各群体在信息时代所面临机会的差距。那些无法充分利用互联网的人群将失去许多参与政治、经济、教育及社会活动的权利。这种不平等将导致他们无法充分地发挥天赋和能力,并会加剧贫富分化与社会失衡,引发一系列的社会问题,最终损害社会自身。因此,政策制定者和学术界都把数字鸿沟作为一个急需解决的问题来看待。数字鸿沟在本质上是一种不平等,是由于信息通信技术(information communications technology,ICT)持续发展而带来的新的不平等形式。但是,这一系列新的不平等还没有被大众充分认识①。

另外,互联网是一个相对"民主"的媒介。信息快速和简便地通过网络进行流通。对话式的网络使得日常社会经验"民主化",通过"民主化",决策更加精确,带有了"共议"的色彩。人们喜欢谈话,也喜欢被倾听。对话式网络为二者提供了机会,且成本十分低廉。

实际上,所有的虚拟社会活动都会给人带来"比现实世界更加公平"的感觉。然而,这并非现实,有两点原因:首先,现实世界的影响会延伸至虚拟世界。个人在现实生活中的声望将会为他在线上世界赢得核心地位。其次,荣誉和名望在线上世界同样重要。但是尽管如此,互联网或许是世界上最民主的"地方",至少从社会实践公平化的意义上来说是这样的。相对传统媒体而言,互联网可以算是最"民主"的媒介。在现实世界中,个体的性别、种族、阶级特点难以改变,这些特点和面向是社会分层的指标;然而,在互联网上你同别人一样,都是"用户"。

每个人都身处互联网之中(或者将很快加入其中),在互联网上,人们或多或少都是平等的。随之而来的是极端的自由主义,将产生于印刷时代的"观点市场"变为了现实。在印刷文化中,从理论上讲,每个人都拥有发声的权利,但是实际上,只有那些有意愿表达并且能够付得起印刷费用的人才能够表达自己的观点。当时的共识是,对发声的权利进行控制是有益的:流通中的观点只有具备经济根基和知识根基才能具备一定的流通合法性。在互联网文化中,每个人——或者说几乎每个人——都具有发声的权利。表达的成本如此低,每个人都能够表达自己的观点。"观点市场"的概念在这种嘈杂的环境中难以存活,因此需要为人人发声寻找新的合理性。

---

① 杨嫚. 数字鸿沟界定及其政策选择——以美国为例. 新闻与传播研究,2008(6):2-10.

（三）互联网内容的包容性与整合性

许多人认为互联网是一种完全新型的传播媒体。在某些方面的确如此，但是从其他方面来说，互联网并非一种完全新型的媒介。可以拿数据传输来做个比喻，就言谈方面来讲，你可以通过使用 Skype 来同别人谈天；就书写方面来讲，你可以通过电子邮件来同别人应答；就印刷方面来讲，你可以在网络上阅读所有种类的印刷媒体；就视听媒介来说，你可以在网络上收听音乐、浏览照片、收看视频。互联网就好像是电话、邮局、图书馆、广播、影集和电视的集合。这里没有一样内容是新的，"新"的标准应该是能够传递新的品味、新的味道和新的感觉。尽管鼓吹者们一直在吹捧互联网，但是就数据类型来说，互联网仍然是旧瓶装新酒。互联网有时更像一个大杂烩，它汇集了多种信息的形式。尤其在互联网发展的早期，网上内容多半是传统媒体内容的搬迁与复制，而少有创新的内容形式。这让我们不得不思考，它的创新点到底在于何处。

至于互联网所传输的内容，总体上是由各部分组合起来的。互联网不仅传递文本，还有图片、音视频文件。文本需要对符号进行相对复杂的解码，而图片与音视频文件则无需如此。互联网是双重网络，兼具二者功能。

但是，这些功能并不新鲜。视听媒介同样可以承载两种形态的内容：一个电视制造商可以传输文本和图像。第一个将这两类内容很好地平衡的是印刷品。一些光鲜亮丽的杂志几乎都对两种渠道游刃有余。你可以阅读文字，也可以欣赏图片。你几乎不会遇到那种纯粹是文字，或者纯粹是图片的杂志，即便在文本型的书面杂志中，如《大西洋月刊》、《纽约客》或《经济学人》。这些观点得出了一个看起来令人尴尬的结论：互联网"华而不实"，其实同杂志的运行方式类似。很难找到只有文字或只有图片的网页。你几乎总能在网页上阅读文字的同时欣赏图片。大体上来说，在印刷品中，文本占据主导地位，因此印刷网络主要是象征符号体系，最显著的效果是对社会实践和价值观进行概念化。

近十年，互联网已发展出具有自身特色的信息样态。它整合了传统媒介的各种优势，发展出适合互联网传播的内容样态，如互联网新闻专题、多媒体信息报道、微信与微博等。这些内容，都不再是传统媒介内容的在互联网上的照搬了，而是发展出了独特的传播方式。这说明，在几十年间，互联网日益发展成熟。

（四）互联网传播的便宜性

视听媒介带来了"廉价刺激"的社会实践，也就是便宜、低成本的娱乐。网络通过削减这些"廉价刺激"的生产成本和消费成本,将这一趋势推动下去。一些形式十分新颖——如多媒体在线游戏机——但是很多形式依然继承了传统,也就是图像、音乐或者视频。在生产一端,互联网使得几乎每个人都能够创作,或者至少是复制图片、音乐或电影,这些内容可以通过"共享"网站分散给数以百万计的人。因此,我们在互联网上可以发现成千上万不受版权保护的"廉价刺激"作品,也可以看到受版权法保护的专业作品。在消费一端,几乎任何作品都可以在网上找到,无论是否受版权法保护。所有这些免费的"廉价刺激"可以被私下里消费,而不必顾忌公众的目光。互联网时代也是前所未有的娱乐大爆发的时代。如果你寻求刺激,那么可以在互联网上随时随地免费得到,数量之多、种类之杂超乎想象。

互联网通过简单的复制和共享就可以绕过付费环节,这正是数百万的用户正在做的事。这一现象同样导致了许多有见识的人产生了这样的疑问,这种复制、共享行为能不能算作偷盗?他们集结了一大批辩论者来支持这一观点。他们声称,版权已经变得不那么必要:即便不受版权保护,"创作阶级"仍然能够创造出优质的作品。他们为共享行为辩护:你不能占有一种观点,因为它属于每个人。基于此,他们得出这样的结论:对版权的破坏并非偷窃。如果这种行为对每个人,同时也对版权所有者有利,那么怎么能够被称为偷窃行为呢?21世纪初期,字幕组对日本动漫的互联网传播正是这一观点的最好注解。日本动漫制作者默认这种灰色地带。受众获得了他们想要的内容,而生产者也获得了更大的利益。虽然,不是从动漫作品本身中获得的,但是动漫周边所带的利益也是巨大的。它包括以游戏为主概念的玩具、食品、饰品等实物,同时也包括音乐、图像、书籍等文化产品。这些不同形式的产品,在游戏周围构成了一个庞大的产业链。

(五)互联网的巨大容量

视听信息往往以信息流的形式出现,源源不断的数据流以同样的尺寸流出来,信息流数量越多,总体的容量也就越大。广播传输音频,电视传输音频和视频,印刷品传输文本和图片,网络传送的内容则无所不包,往往将内容集中在一个网站上甚至一个网页上,这样便模糊了传统媒介间区间分明的界线。

我们应该如何来衡量互联网的容量呢?与报纸、广播、电视都有所不同,互联网不必再受到版面、频道数量的限制。在互联网上,有数十亿的频道等待选择。你可以随时随地收看它们。而视听网络在世界范围内也只有数千个频道,你只能在特定时间、特定地点去收看。典型的视听频道拥有的观众要比互联网频道多得多,但是互联网整体来说,其受众比视听频道要多得多。随着视听频道本身迁移至互联网(被称为媒介融合),网络的主导地位将变得无可撼动。

互联网的容量可以趋向无穷大。同传统媒体相比,网络最大的优势在于其受时间和空间的限制较小。广播和电视的内容传输都要受到传送时间的限制,印刷品则受到可用栏目、页数的限制。这些限制在网络上都统统消失了。网络上的新闻和娱乐并不像电视和印刷品那样被有限的传输时间和有限的栏目空间所限制,而是拥有大量自由流动的、可以被作者和网站设计者共同决定的内容。

与此同时,互联网则经历了一个由信息包向信息流转变的过程。并非所有的信息都是结块形式。例如,IP电话将特定尺寸的数据封包持久地传送出去。但是互联网将手抄品和印刷品都转化成了信息流的形式。尽管网页总是以封包的形式出现,但是几乎感觉不到。你在网上浏览时感知到的是源源不断的信息流。当一个内容吸引了你的注意力的时候,你将视线停留于其上,看完之后继续浏览在网络上有着数以百万计的频道,至于具体有几百万,没有人知道。由于每个网站都有许多网页,因此,网页的总数量可达数十亿甚至数百亿。一个粗略的估计是在可检索的网络中,大致有几百亿个网页。这仅仅是网站搜索引擎可以检索到的。被掩盖起来的"隐藏网络"数量或许更加庞大。

互联网具有十分庞大的容量。如今互联网中包含着难以计数的信息渠道,而这些渠道的数量仍然在以难以想象的速度扩张。我们在此谈论信息容量已无意义,我们需要正视的问题是信息过载。人们可以获取的信息量空前巨大,这一切超出了人类大脑的处理能力。于是又出现了信息过载问题。信息不再是有价值的,而成为信息垃圾,消耗着人类的时间和精力。我们需要做的是,重新对这些信息进行整理、加工,我们需要有"信息代理人"来为我们处理这一重要事务。信息代理人包括记者、通讯社、评论员、股票公司等,他们为我们选择、处理、过滤、整合信息。所以,从这个角度来说,在互联网时代,记者不是越来越不重要,而是越来越重要了。但是,在这个信息泛滥成灾的时代,对信息代理者的要求更高了,我们不仅仅满足于信息的获得,我们更需要的是深层信息,对信息的解读,以及如何用信息来为我们工作和生活中的决策提供依据。

每个拥有计算机、有些想法要表达的人都融入了电子信息海洋之中。高容量的媒体产生了一种不受限制的网络,在这个网络中,每个人都拥有足够的空闲信息空间,交流所需的必要信息空间也得到了满足。互联网有着巨大的空余信息容量,因此,将会对社会实践和价值观进行重新组构,人们会利用互联网来进行更多的娱乐活动。事实也正是如此,互联网提供了如此多的娱乐产品。

视听媒介信息容量的扩张为社会创造了一个"娱乐化的空间",这个空间中充满了娱乐性的视听材料。互联网拥有更加宽阔的信息容量,因此我们不必惊讶于互联网创造娱乐的强大能力。其创造娱乐的方式有两种：第一，改变娱乐的方式，第二，改变传输的方式。

至于娱乐，互联网时代兼取两者：我们自我娱乐，但是我们使用媒介或者说是网络从事这项行为。这并不是说我们不再雇佣别人来为我们提供娱乐。所有的传统娱乐公司，如出版公司、录像公司、电影公司、广播电台和电视台，将它们的作品纷纷搬到网络上，并且免费提供。相对而言，印刷和视听媒介没有那么多的容量，因此，只有大型公司才能够为其支付费用。互联网则拥有几乎无穷的带宽，因此每个人都可以参与进娱乐中。

接下来，再来看传输方式。在视听媒介时代，我们考虑娱乐的方式是"即时"。然而，在互联网上，娱乐无处不在。你不必在特定的时间段和空间中享受节目；你可以随时随地欣赏节目，你可以决定视听的地点和时间，而非制作节目的大型媒介公司。然而，娱乐时间和地点的自由有特定的效应，它使得娱乐占据了所有非工作时段和使用传统媒体以外的时间。这些时段非常短暂，公交上的几分钟或者办公室中短暂的休息时间。因此，"短""碎片化"也正是互联网内容的特点。文章、图片、音乐、游戏、视频可以在几分钟内收看完毕。结果就是互联网延长了人们用于"娱乐"的时间。

（六）互联网的传播范围

当我们谈论互联网的时候，我们往往是指万维网。前者是传输系统，后者是流动在管道系统中的多种数据——超文本标记语言文档。大多数人同等地使用"互联网"和"网络"术语。"网络"这个词更加具有视像性，因为它暗喻着同我们相似的事物相互连接的观念如织网、纤维网，甚至蜘蛛网。可以容易地将互联网想象成一张涵盖地球的巨大蛛网，通过丝将一切事物连接了起来。当然，这个"网"并不新奇。在数百万年前，一个人同另外一个人交流时，这个网就已经存在了。人类发明了新媒介，并且使用这些媒介组成了新的网络，每个新网络都空前巨大，它们涵盖了旧的网络：手写网络涵盖了言谈网络，印刷网络涵盖了书写网络，视听媒介网络涵盖了印刷网络，最终互联网络涵盖了视听媒介网络。尽管互联网或许在地理上的涵盖范围要比视听网络大，然而两者可到达人群的数量实际相差无几。

互联网拥有全球到达的达至范围，具有无与伦比的覆盖率。它可以影响每个地区，可以使信息很快达至每个人。这些特点使得互联网能够创造一个大型的网络，这个网络将不同的地区和人聚在了一起。大型的网络使得社会实践和价值观变得丰富多彩。在大型网络中，陌生人相互结识、相互学习、相互模仿。经过长期磨合，经常会导致冲突的钝化及对多样性的包容。

毫无疑问，互联网以一种新方式将事物融合了起来。互联网促进了跨国与跨文化的传播。

人们在网络上可以寻找到大量信息。我们或许可以将其影响称为"跨文化主义"。跨文化主义重新唤起了印刷时代和视听时代所产生的宽容原则。跨文化主义是许多历史和文化的混杂体。跨文化主义允许，甚至鼓励新的独特认同。包括线上和线下的行为，这些"真实"同样也是"想象"。新的认同具有极强的可塑性，只要它不明显触犯"有害原则"，就可以被接受。或许跨文化的认同在线下的亚文化中最常见到，如摩托手文化、哥特派文化、朋克摇滚和嬉皮士等。由于互联网使得认同比线下世界更容易产生，使得互联网成为产生亚文化群体的阵地。

（七）互联网信息的持久性

互联网可以记录的信息几乎是无穷的。然而，许多人疏于对自己的文档进行备份，对信息丢失的恐惧随之而来。不过，无须担心，有些强大的机构可以确保任何信息都能得到保存和修复。比如，大型公司或许会雇用专人来确保电子档案能够定期存档。有专人会负责互联网的存档工作，自从1996年，互联网公司就已经开始定期拍摄网络"快照"，并且使这些存档信息能够为公众使用。尽管互联网存档并不完整，但是仍然十分庞大。据估计，一个学术调查机构——拥有数百万本书——拥有大约2 TB的信息。美国国会图书馆，号称世界上最大的图书馆，其中的印刷物大约有10 TB的内容。"网页快照"也是一种存档的方式，当搜索引擎在收录网页时，对网页进行备份，存在自己的服务器缓存里，当用户在搜索引擎中点击"网页快照"链接时，搜索引擎将Spider系统当时所抓取并保存的网页内容展现出来，称为"网页快照"。有时网络被删除后，我们依然能在一定时限内通过网页快照获取信息。

互联网是一种持久性的媒介。网络将会使社会实践和相随的价值观具有历史色彩。这意味着历史意识和历史重要性都被放在了重要的地位。历史通过网络能够同现在进行频繁的对话。

互联网将我们几十年来的线上活动信息都记录了下来。但是更重要的是，网络将前互联网时代的信息同样做了拷贝。从数十年前至今，各种类型的机构都忙于将那些生在"非电子化时代"的旧物推向数字化的道路。这个项目的规模非常庞大，每个政府、每个企业、每个办公人员都卷入其中。谷歌计划扫描上千万本图书，并将成果对大众开放。这些成果看起来包含很多信息，并且个人和家庭也开始参与其中。人们已经将家庭相册扫描并上传到了网络中，不久以后，他们会将旧书信、个人文本，甚至家庭圣经都上传上去。互联网就像一个可无穷容纳的黑洞，将过往存入了庞大的记忆库中。历史的数字化将会搭上信息数字化的快车。所有的"往事"都会在电子档案中无缝对接。

互联网使我们能够保存更多的历史，通过为每个用户提供大量的永久性记录，互联网也提高了对大众监控的能力。你发送的每封电子邮件，访问的每个网站，进行的每次检索，浏览的每个文档，阅读的每篇文章，下载的每篇文档都能够被记录，并且存储在"日后参考"中。为了能够向顾客销售更多的商品，一些公司也对人们在互联网上的行为和习惯进行搜集记录。他们通过使用"追踪Cookies"——下载到人们计算机上的小软件——来对人们进行监测。例如，谷歌的 Cookies 会告诉总部你检索的内容、检索时间、你选择了哪个检索结果等。他们将这些数据保存下来，并且同其他用户数据糅合起来，以便将对应的产品向你推销。互联网用户活跃于持续性的记录活动之中。虽然，这些信息的收集者向我们保证，这种行为是安全的，所收集到的信息也不会被用于恶毒的目的，但这的确有可能涉及对个人隐私的侵害。

由于互联网信息的永远保存，还涉及一些特殊情况，如已故者的网络信息所有权。如果一个人去世了，那么他在网络上留下的信息，如博客、微博等信息应该如何被处理呢？对于已故者网上信息的处理问题，目前各国都没有出台统一的政策标准，但这个问题越来越突出：提供服务的网站究竟是该继续保留它们，还是有权删除它们，或者采用其他方法对待这些数字信息？这些问题应该有一个明确的规定。这是一个新问题，不同网站的处理方法也不尽相同。Facebook 允许已故者的家属或朋友把死者的账户变成一个"纪念碑"。它保留了用户的网络账户，其他人可以进入这个用户的网页，阅读与他或她有关的事情，留下自己的帖子，以示纪念。对那些天天挂在网上的人来说，没有什么比网上的东西突然消失更可怕的事情了，他们希望那些故去的朋友能在网上"永生"。推特则删除逝者的"足迹"，当人们去世后，将简单地删除他们的"足迹"。

此外，互联网信息的持久性也带来了一些副作用。互联网世界似乎被设置成了记忆模式，遗忘成了例外，互联网记录着一切，个人信息一旦被传到网络上就很难再被删除，这种记忆可能会对个人自由、人身或家庭形象造成破坏，也可能对当事人的就业、私人或公开的活动造成直接或间接的影响。鉴于此，欧盟委员会提出了一种权利"数字遗忘权"，即个人信息应该有使用期限，当信息提供者认为不再需要那些个人信息的时候，或当这些个人信息不再满足信息被收集时的用途的时候，有权利要求有关机构完全删除它们，并阻止数据进一步传播。

互联网的持久性与传播范围的无限扩大意味着它已超出了时空对媒介的限制。对从固定时间的传播到跨越时空的传播以人类的最初两个传播革命为标志：狼烟和火把跨过了遥远的距离把不同地点联系起来；陶器上和岩壁上的图案穿越了时间,把信息传递给后人。文字的出现,让我们跨越了时空的界限;而互联网的出现则是使时空的距离被消除了①。

(八)互联网内容的可检索性

可检索性对于互联网来说至关重要。存储大量的信息,但是却不能快速检索,也是没用的。手写品、印刷品和视听档案的存储信息非常庞大,但是很难检索。因为我们并没有特殊的工具来检索数据。相反,计算机可以存储更多的信息,也拥有特殊的工具来检索。计算机将数据存储为 0 或者 1——数字信号。检索指令命令计算机检索由 0 和 1 构成的特殊字符串。从功能上讲,与在页面、书本和图书馆中寻找字符的过程是一样的。我们建立了索引库,索引库可以告知我们想要的信息所在的地方。计算机所做的事基本相同,但是其速度非常快。图书管理员手工地建设索引库,可以告知我们每本书在图书馆中所处的位置。通过模拟,计算机自动地建立一套索引库,可以告知我们每个字在每本书、每个图书区的位置。从某种意义上来讲,检索系统就像计算机一样。它"爬"过整个互联网来收集信息,并用这些信息建立起大型检索库。

互联网是一种十分适合检索的媒介。搜索引擎可以根据以往的数据来预测你要寻找的内容。搜索引擎将每个人的检索内容和得到的检索结果记录了下来,这样可以形成基于点击率的检索排序。点击率只是检索排序中的诸多考察因素之一。网站的流量、网站内置链接数量和用户使用网站的平均时间,在网站上浏览的网页多寡以及用户的回头率都是确定检索排序时考虑的因素。在检索算法中,这些因素都会被考虑在内,你在检索框中键入某个词后,这种算法公式会推测你最有可能查找什么内容。它的门随时敞开,拥有非常详细的检索系统,并且检索速度非常快,检索结果具有高度的相关性,且具有高度的可用性。这种网络使得社会实践"业余化"。通过允许每个人能够寻找想要知道的内容,它们阻止了专家想要垄断特殊知识,并将其作为专业化基础的尝试。业余者和专家之间的界限也变得模糊起来。

在 20 年前,如果想要自己学习一些特殊的专业性知识,会非常困难。大多数人无法接触这些智库和研究性图书馆。即使他们能够获准进入,他们也不具备相关的背景知识,无法找到想要的内容。即使他们确切地知晓想要哪本书或者文章,如果没有特别允许,他们也不太可能将书取走。然而,这些情况在今天不复存在。在一些时候,正是这些控制智库的机构自身在推动这种"知识民主化"的进程。尽管一些机构持有抵抗的态度,如图书出版商,但最终这些都无关紧要,因为信

---

① 简·梵·迪克. 网络社会新媒体的社会层面. 蔡静译. 北京:清华大学出版社,2014:4.

息会从多种渠道"流"出来。为了寻求这些知识,人们所需要的只是有效利用搜索引擎检索的能力。搜索引擎知晓人们倾向寻求的知识,并且会将你引向那个方向。如果"大众的智慧"无法帮助你,你可以依赖个人智慧来告诉你答案。正如我们先前指出的那样,互联网上有数以千计的团体,团体成员们相互交换不同的知识。在这些网站中你可以询问非常生活化的问题,也可以询问专业化的问题。如果你仍然没有搞清自己所需的知识,那么你可以采取终极步骤,直接去询问专家。在网络上有着数不胜数的提供意见的认证专家,也有不少社会化知识问答社区,如Quora、知乎等。

(九)互联网内容的用户生产

互联网时代,一个新的名词"产消者"突显出来。人们使用互联网来解决问题。这种个人主义的行为被冠以一个奇特的称谓:产消主义。"产消者"这个词是"生产者"和"消费者"的结合,用来形容那些同时卷入产品生产和消费过程的人。这个词在1980年由未来学家埃尔文·托夫勒提出,但是直到20世纪90年代中期才被用来指称互联网上的信息行为。其核心观点是:互联网上的产消主义并不需要刻意地将生产者和消费者分开;每个人应该都是"合作者"。进一步讲,产消主义同样指不应该将"专家"和"业余者"清晰地分开;每个人都掌握不同领域的知识,并且乐意同别人共享。这种哲学被80年代的自由软件运动所推崇,在90年代的开放源代码促进会的努力下得以定型,在21世纪初期,被维基百科所采纳,并成了今日"用户生产内容"运动的信条。

互联网内容的用户生产带来了一些新问题,如版权的问题。这些新问题的出现,需要我们在法律与制度层面做出创新。其中,Creative Commons(简称CC协议)是解决方法之一。

CC协议,在我国被译为"知识共享"或"创作共用",是网络上的数字作品(文学、美术、音乐等)许可授权机制。美国斯坦福大学法学院教授莱斯格(Lawrence Lessig)等于2001年创建的Creative Commons是一家非营利组织,该组织主要负责推动及修改CC协议。2002年知识共享组织发布了第一版CC协议许可协议,该协议的核心条款根据美国宪法制订,主要内容是帮助作者在一定条件下授权使用者自由使用。目前,知识共享组织已经和近70个国家和地区建立了合作关系,参与CC协议的国家和地区主要有美国、澳大利亚、加拿大、法国、德国、中国和日本等。

在美国,通常熟知的唯一版权声明方式"保留所有权利"(all rights reserved)已经被广泛应用,很长时间没有人怀疑过它的合理性。当网络时代到来的时候,资料、资讯的复制和传播变得越来越容易,对于网络作品来说"保留所有权利",

使任何人都能触犯版权法律。人们只知道在自己的所有作品,包括那些本身也是在别人的成果基础上再创造的作品,都无以复加地声明为"保留所有权利"。这样做的结果一方面并不能保证原创作者所有的权利不受到侵犯;另一方面使很多优秀的作品,无论是艺术作品、文学作品、个人思想还是其他数字作品等都无法得到最大价值的利用或最广泛的传播。同时,《著作权法》所实行的是"请求允许,签订合同,支付报酬"的著作权行使制度,在网络环境下,这一制度使得人们获准使用信息的难度远远超过了人们获取信息的难度。

CC 协议的根本宗旨在于鼓励人们运用网络技术带来的便利积极创作,鼓励人与人之间的协作,希望通过互联网带来的海量信息,激发人们的创作激情。该协议同时鼓励作者间的交流和作品的共享,期望任何具有创造性的作品都有机会被更多的人分享和再创造,共同促进人类知识作品在其生命周期内产生最大价值。对于愿意与别人共同分享的人,CC 协议将帮助他们妥善地解决著作权问题。CC 协议鼓励作者灵活地运用著作权,通过放弃部分权利,促进作品更好地流通。而作者选择没有放弃的这部分权利,将受到《著作权法》严格的保护。CC 协议被称为是一种双赢的解决模式:从创作者来讲可以保留部分权利,最大限度地传播作品;于公众来讲,可以获得对相关内容的免费使用和再使用,最终促进了作品的传播和丰富。

CC 协议机制提供 4 种基本授权:署名、非商业用途、非派生作品、保持一致。任何作者都可以通过选择不同组合声明自己的作品授权,实际上可以有 11 种常见的组合方式[①]。CC 协议本身内容由知识共享组织免费提供,任何人都可以到其门户网站下载使用,并形成计算机可读的协议,这种形式使计算机可以收集、过滤信息,发现当中的权利信息标记,如雅虎和 Google 都提供在网络上搜索以知识共享协议发布的内容。在司法实践中,知识共享也有了开创性的案例,西班牙法院首次承认存在不受著作权集体管理组织管理的音乐,该法院判定一家迪厅的所有者可以使用知识共享许可协议授权的音乐,而不必向西班牙最主要的著作权集体管理机构西班牙著作人和音乐人协会(SGAE)缴纳使用费[②]。

CC 协议对知识创新的促进机制在于其目的:让任何创造性作品都有机会被更多的人分享和再创造,共同促进人类知识作品在其生命周期内产生最大价值,从而促进整个社会的知识创新。CC 协议对知识创新的积极意义具体说来,有以下几个方面。

1. 降低生产成本保障作者创作的积极性

以前作者降低著作生产成本的方法主要是从公共领域中提取素材或与其他作

---

① 宋学超. "CC"应当缓行参加"简体中文版知识共享协议发布会"后的思考. 法律适用月刊,2006(10):85-87.

② 韩永军. 知识有偿共享:如何变为现实?http://www.cdcc.cn/item/2006-12-12/1999.html[2007-08-27].

者交换作品。现在 CC 协议的存在增加了可以免费使用的作品数量,从而降低了创作的生产成本。作者创作作品必不可少的因素有两方面:一个是创作冲动,内心的创作激情;另一个是创作收益与创作成本。创作成本的重要内容之一就是获取前人作品所需的代价,一旦创作收益过低或者创作成本偏高,入不敷出,作者就可能会停止创作。2004 年,在戛纳国际电影节上有一部名为 *Tarnation* 的影片,影片的成本是 218 美元,该作品的作者将许多电影片断进行重新剪辑做出了这样一部电影,后在 Los Angeles 国际电影节获奖,但如果他想获得所有剪辑片段的版权,则需支付 40 万美元天价[①]。《著作权法》重在激励和保护[②],保证作者的收益权;知识共享协议则作用于共享和互助,确保作者能够得到足够的创作原料以降低成本。这两者并不矛盾,而是从不同方面共同来保障作者创作的积极性。

2. 优化知识生产方式

普通的经济资源正好相反,知识蛋糕不会因为分享而导致每个人"切分"到的蛋糕变小。同时,一整块知识蛋糕在被分享的过程中很可能在质上更优,在量上更大,每个分享的人可以同时得到这一整块更优更大的蛋糕而不是切分到一小块。尤其值得注意的是,分享本身就是这块蛋糕变优变大的前提条件。任何知识(及有用信息)都有隐形的"倒钩刺",这是由知识活动的反馈机制决定的,一个有健全头脑的人在接受知识时,从来不是听任传播者把知识推给(push)他(即被动地接受知识),而是被知识激活,他在把知识从传播者那里"拽出"(pull)的同时,他的脑力在不知不觉中被"拽出",汇入原初他所介入的知识共同体中。既有的知识不是作为一种固定的实体而首先是作为知识的酵素动态地存在着[③]。梅特卡夫定律说得更明白:网络资源的丰富程度与索取资源的人数成正比。可以这样理解,知识共享本身就是一种知识生产的过程,是一种知识集合生产的过程。所有对作品关注的人都有机会对其进行完善、纠错和创新。知识只有被共享,才能被不断优化和升级。建立和维护一个知识共同体,是一种知识生产的前提条件。

3. 有助于理顺网络著作权关系

传统法定的"签订合同,获取允许"的方式已经不适于网络传播的速度,这就导致许多网络内容服务商无视法律的规定,大量进行未经许可的无偿转载。

[①] 中国大陆知识共享组织. 中国大陆版知识共享许可协议发布会(节选之一). http://blog.edu.cn/user4/ccChina/archives/2007/1836876.shtml[2007-08-27].

[②] Richard J,Euan C. Creative commons licences and English folk music. International Review of Law Computers and Technology,2005,19(3):259-275.

[③] 吴伯凡. 博客与"蝴蝶"——对博客现象的管理学分析. http://blog.techcn.com.cn/authorEdit/www/article.php?id=1252[2007-08-27].

采用 CC 协议授权，是通过事先声明的方式阐明作者的意图和作品使用者的权利和义务。首先，这种方式保护了作者的权利。作者在授权协议中已经明确声明使用者必须署名，必须按照作者要求的方式使用著作。一旦使用者违约使用，作者将其诉诸法庭就有明确的证据证明其侵权。其次，这种授权方式解决了在互联网上大范围授权的问题。不管著作已经经历了多少次传播，每一个作品的使用者，都能在不与作者直接联系的情况下明确自己的权利和义务。避免了由于多次传播带来的著作权纠纷。CC 协议的应用有助于理顺网络著作权关系，通过事前许可的形式，作者与互联网上大量未经谋面的使用者达成了协议，解决了互联网传播范围广、速度快、作者无法一一授权的问题。同时，协议也明确了作品使用者的权利与义务，有效地保障了作者的著作权（特别是精神权利），达到了作者希望扩大声誉的目的，并为以后一旦产生著作权纠纷提供了明确有效的依据。

4. 充实公共领域可利用的资源

公共领域作品是指任何人不付任何代价即可以使用、复制、演绎的作品。这类作品包括超出著作权保护期的作品和在著作权法立法之前创作的作品，如曹雪芹的《红楼梦》、莎士比亚的《哈姆雷特》等，都属于公共领域的作品。公共领域存在的目的是公开人类智慧的结晶，便于后人学习、借鉴。

然而，沃利认为，自 1976 年以来版权法屡次延长对著作的保护期限及著作权的自动取得，公共领域资源实际已经枯竭，因此公共领域资源必须加以充实[①]。著作权的自动取得，是指著作权因作品创作完成、形成作品这一法律事实的出现而自然产生，不需要再履行其他任何手续，如审批、登记等。CC 协议虽然不是直接将作品释放至公共领域，但其效果与公共领域有异曲同工之妙。它同样鼓励作者将作品公开，许可他人进行学习和利用，从这个角度来说，CC 协议有效地扩大了公共领域中可以利用的资源[②]。更重要的是，作者通过 CC 协议可以保留部分著作权，根据自身需要决定放弃权利的程度，使得作者在保留权利与放弃权利之间有了另一条可以选择的路径，与完全放弃著作权的公共领域相比，这使得有更多的作者愿意加入知识共享的行列中来。例如，部分作者希望能够通过作品获利，因此不愿将其作品加入公共领域，但他可能愿意用"非商业性使用"的条款来保留自己的获报酬权，与此同时将作品分享给他人作学习研究之用。因此，CC 协议增加了作者与他人共享作品的积极性。

---

① Conhaim W W. Creative commons nurtures the public domain. Information Today，2002，19（7）：52-53.

② Barbara F S. Creative Commons：An opportunity to extend the public domain. Online Journal of Issues in Nursing，2004，9（1）：20-24.

（十）在线虚拟社区

"在互联网上，没有人知道你是一条狗"，而在现实世界中，每个人都知道你是谁。然而，在互联网中，人们开始能够决定自己的身份，只需注册一个新的名字，就可以虚构一个新的形象。而且还可以同时拥有好几种形象，仅仅需要注册另外一个新的用户名，就可以获得另外一个虚假形象。当然这并不意味着你可以不被跟踪，除非你是技术专家，否则你还是可以被找到的。

在互联网上，人们可以达到匿名效果：在线下你仍然可以保持自己的隐私，而在线上，个体"化身"则为每个人所见。当人们处在匿名状态的时候，他们的所作所为不会同线下活动联系起来。如果人们想要部分参与"第二人生"，只需注册一个假名，如果想要完全生活在"第二人生"中，那么可以在网络上随处找到这样的地方。在网上，人们不需要担心别人对自己的看法，因为网上的那个"你"同真正的"你"的行为是分离的。如果人们不必为他们的行为负责，那么他们就会做出在真实生活中不会做的行为。这带来了一些风险，但这并不影响互联网空间发展成为人们活动的另一大空间。

虚拟现实空间并非浸入式的环境，而是我们可以生活于其中的一系列网页。在这些网站中，我们可以同陌生人谈天，可以约会；我们可以读书，可以看电影，可以打游戏；我们可以去图书馆，可以出国游玩，或者登月；我们可以去学校，工作甚至付款；我们可以购买物品，也可以销售物品；我们可以成为专家、律师、医生，至少知道这些专业人士所知道的内容。我们可以同时扮演这些角色，从事这些事务，而身体不必离开电脑桌前。当然，正如柏拉图指出的那样，这些都是幻象。尽管如此，网络仍然是真实世界的反映。互联网是一种新媒介，但同时也是一种媒介。因此，它的物理属性同样使人们以特定的方式去使用它，并摒弃了另外一些可能性。我们认为，这种逻辑特点自然地塑造了一种特殊的媒介网络。

虚拟空间的产生使虚拟社群体获得了发展。这些迷社群的出现在某种程度上颠覆了我们通常对社区及社区成员的看法。下面我们以网上迷社群为例来讨论虚拟社群的运转及其特点。

1. 虚拟空间中身份的重构

迷社群是发展、表达与增强初级关系的社会空间，具有较强的封闭性和认同感。迷在社群内部结成亲密、交往频繁的关系，并清楚地认识到他们与非迷群之间的区别，并在网络迷群中享受着一种新的状态和身份规则。在网络社区中，传统社会中作为认同之源的地域、工作等因素已失去了原有的意义和价值。网络空间可以打破受众年龄、教育、经济地位的阶层，形成身份的流动，这一特性使网络成为受众展演自我、建构认同的新场域,个体获得了自我呈现与自我塑造的主动性。线上的迷都乔装打扮(通过注册用户名 ID),其网络身份更加脱离于他们的"现实"生活。在网络迷社区上获得的认同弥补了现实生活中带来的缺憾。当网络使用者离线后回到真实的现实生活,他甚至可以将现实生活视为另外一种窗口。同人小说写作如同一场游戏,暂时离开真实世界的义务与责任,提供暂时的满足,并具有隔离的特性,能使个人进入一种陶醉的心理状态。

2. 虚拟空间中的信息生产

迷的信息生产。书写或其他方式的信息生产成为区别自己与他人辨认的标识[1]。比如在同人小说社区里,迷们放弃线下的面貌长相、身体性别、地理历史等物质资源,转而将个人认同建立在书写上。在书写中,身体与话语成为可以分离的不同存在形式。自我的构成就不再像口头媒介中那样依赖于身体。书写产生了主体的分离技术,独立存在的语言符号再现或重塑了自我。写作主体能够感到他的更持久的生命慢慢地进入语言、文字符号独自构成的世界。或者说,主体不仅在被书写所"分散",也正在被它所构成、所塑形。书写成为他/她的另一个更持久的"身份"[2]。通过写作,迷们发展出了自己的线上人格,写作是其风格的来源,也成为迷群辨识他/她的依据。

3. 虚拟空间中信息生产的动力

再以同人小说虚拟社区为例,迷对原文的把握水平有高有低,其创作的素质也各有不同。迷的再创活动并不能对他/她的事业有所帮助,也不能使他/她在阶级地位上获得晋升,来作为投资的回报。我们无法用传统的经济学理论来对这一行为进行解释,迷的文本生产受制于一种非经济的投入产出机制,其投资回报率既非(至少主要不是)经济性的,也非(至少主要不是)伦理性的,而是心理性和精神性的。同人写作是一种包含了很多可能性的、具有无限空间的文化尝试,可以称为一种文化的探险。同人小说的写作会给作者带来巨大的满足感和对自我的发现及认同。在网络同人写作中,作者非常容易看到结果,得到反馈,并及时对其进行诠释与理解,并且具有理想、非功利性的性质,其成果能够成为"迷"们自我评价的标记。同人写作为迷在包含可解释性反馈信息的社会场景中发展个人认同提供了特别的机会。群体的存在为个体的自我认同提供了一个比较归类的标准、归属感及大量的赞同资源。例如,哈利波特爱好者论坛中的"falling"同文就得到了迷们的广泛认同,回帖多达六百多条,并毫不保留他们的赞赏:"好文!!

---

[1] 张玉佩. 从媒体影像观照自己: 观展/表演典范之初探. 新闻学研究, 2004 (82): 41-85.
[2] 耿占春. 书写与自我建构. 天涯, 2005 (2): 171.

话说楼主的文采好棒呀~~排比、倒叙用得恰到好处哎""写的超好的说,是难得一见的绝好同人文""同意将此文尊称万年佳作,无论我看过多少次,每一次,我都会深深被它打动"等,这些赞扬也成为同人作者进行写作的动力之一。在这个意义上,迷群体认同的存在和建构是个体自我认同的建构能够达成的必要条件。如果没有囊括这些因素存在的群体,个体的自我认同无从达成。

4. 虚拟空间中传受双方界限的模糊

在传播学研究领域,受众研究一向是研究的焦点。受众一词从起源开始就与"听""看""接受"等从外在感官的注意及反映到内心的理解和接受有密切关系。受众从宏观上来看是一个巨大的集合体,从微观上来看又体现为具有丰富的社会多样性的人。身为信息接收方的受众行为,以及媒介内容对受众造成的影响,是传播研究的旨趣所在。然而,当代媒介景象日趋复杂,媒介消费泛滥,并与日常生活交叠,这使得传统受众的概念不足以指陈当代受众所处的特殊情境。工业社会中的受众是信息的接收者。而在信息社会中,受众与信息生产者的界限日渐模糊,主客关系产生内爆。按照"说话"和"受话"这一表面现象划分两者已难以把握角色的内在不稳定性和复杂性,受众研究因此势必出现不同以往的场景与内涵。后现代媒介景观中人们的身份是多元流动的,面貌是复杂多样的。从传统大众媒介到新媒介,人们的媒介使用与消费有了更多主动的空间。迷群以网络为平台,以拼贴文本获得快感;追踪偶像文本,往返于虚拟与现实之间,投射自我于偶像文本,在媒介消费中寻找自我;在虚拟社区中形成在线人格与独特风格,并寻找认同。在媒介景象与日常生活机理相互交织的当代社会,每个人都在媒介超级真实的笼罩下,成为扩散受众的一份子。受众不再是受众、阅听人,而是用户、是内容的生产与创造者、是想象空间中的表演者和观看者,也就是我们自己。受众之为人,其一切活动最终都指向自我,即"为我",而以受众为目标的研究也必然打破原有"信息接受者"的框架,并呈现出更为丰富多元、多面向的特质。

(十一)互联网与亚文化传播

互联网具有多面向的传播特性,一方面,它本身已经成为一种主流传播方式;另一方面,它也具有另类媒介的作用,为小众文化提供交流的空间。互联网的包含性为各种亚文化提供了充分交流的可能。在这样的情景下,许多以互联网为载体的亚文化层出不穷,如弹幕、字幕组、表情包、网络恶搞、耽美文学等。网络亚文化与网络主流文化相对应,是青少年的一种创造性活动,也是他们进行自我表达的独特方式。

我们以表情包的传播为例,来检视互联网是如何成为亚文化传播阵地的,互联网上的亚文化又呈现出何种丰富的样态。

自 20 世纪 80 年代第一个美国信息互换标准代码（American standard code for information interchange，ASCII）字符表情"：-)"开始，这种由标点、数字和字母组成的模拟人体表情体态的小符号（emoticon），历经颜文字、绘文字、表情包的发展，如今已成为网民人际沟通的日常工具。从拟图像到图像，最初因弥补网络交流中现场感缺失而产生的表情符号，其形象意义正逐渐淡化，象征意义逐步增强。与以往表情符号相比，表情包具有更加鲜明的青年亚文化特性，它以娱乐为目的，调侃等级和权威，强调个体与个性，并可以传达更为丰富的意义与内涵。表情包不仅是身体语言的替代品，更是自我情绪、态度和意见的表达工具，这也使得它从日常人际交往扩散到了更为广泛的公共领域，并试图通过其独特的亚文化风格，传达出青年人对严肃议题的态度与情绪。从这一角度来说，表情包亚文化的确已成为中国青年谈论公共议题的一种日常方式。它的话语与传播特点使得网络公共领域呈现出更为多元化的话语模式，但另外，也正是其亚文化风格使得青年人对严肃议题的探讨极易滑入娱乐化、虚无化的境地。

1. 日常文化实践中的符号创新与个性表达

表情包是一种新的、极具风格化的网络表情符号。它的生产与传播发生在日常生活中，出于表达情感与追求个性的目的。它不仅是网络时代中青年人肢体语言的替代品，也是一种日常文化实践。

从生产者来看，表情包一部分由专业人士或团队进行创作，例如，微信表情商城里提供给用户下载和使用的表情，比较受欢迎的有兔斯基、长草颜团子；另一部分由网民自己创作，例如，斗图神器上用户自己制作和发布的表情，比较热门的有金馆长、教皇小黑。自制表情包的应用频率远远高于微信官方发布的表情包。自制表情包的门槛极低，网民可通过手机图像编辑软件、公众号完成图片编辑工作。这些都使得表情包更新极快，同时又生生不息。表情包以静态图片或动态 GIF 形式呈现，图文结合是其最常用的形态。素材主要来源于现实生活中的热门话题，从内容上可以分为明星类、时政类、游戏类、动漫类、影视类、证书类、文字类。表情包通常有一个或多个"主人公"。这些"主人公"可分为三类：第一类是二次元中的虚拟人物，如暴走漫画表情包、网友自创漫画、动漫人物等；第二类是现实人物，如影视明星、网络红人；第三类是二次元与三次元的结合，这类表情包是指网友手绘明星的 Q 版漫画或将二次元的虚拟人物形象与真人头像进行整合来恶搞。

表情包的使用平台主要为微信、QQ、微博、贴吧、斗图神器等社交网络平台，并且使用频率极高，已成为青年互联网络日常表达的重要形式。表达自己的情绪、比打字方便、比用文字聊天好玩、与朋友保持更亲密的人际关系、表达平时不敢说或不敢做的事情是表情包使用的主要原因。表情包是人们在社交网络中的人格面具。从拟剧论的角度来看，网络是一个进行自我表演的舞台，通过对文本与图片的选择，青年人塑造出希望展示出来的自我角色特征。通过表情包收藏、分享和斗图，网友不但获得趣味和认可，还可借此表达对某件事情的看法、观点和情感。比如，张翰"邪魅狂狷"的微笑被用来恶搞；张继科、宋仲基等帅哥的表情包用来表示仰慕；里约奥运会后走红的傅园慧表情包用来卖萌。图片配上意想不到的文字，会展现出新的意义、产生惊喜，甚至从侧面反映出人们的向往追求和价值取向，如美女证、录取通知书等。表情包将真切的情感和体验，通过刻意模糊化的、图像化的形式引入网络空间，以在虚拟世界获得另一个自我与意义表达的空间。通过自制、传播与表达，表情包成了中国青年的日常生活方式，也成了一种广泛的文化实践，并源源不断地给社会主流文化输送大量的再生性文化符号。

2. 游戏场景中的恶搞、狂欢与相互认同

表情包的人际交流以游戏情景的确认为前提，以这一逻辑来审视表情包的话语风格，有助于我们理解为何表情包中一些文本会展现出一种出奇张狂的、粗糙乃至粗俗的特点。游戏场景形成了人际交往的一个缓冲空间，它就像双引号，借用第三者的表情、姿态和语言，仿佛你是不需要负责任的，在表情包的语境氛围里，我们表达在现实社交中因约束而不敢展现的一面，并且不必为此种"任性"付出成本。恶搞是表情包常用的手法。

表情包常用的恶搞手法有卖萌、耍贱与自嘲。"萌"有可爱之意，卖萌是指故意做可爱状，打动别人。备受年轻人追捧的宋民国系列表情包中的主人公是一个3岁小男孩，由于在韩国综艺节目《超人回来了》里面可爱呆萌的形象而成为网络小红人。孩子的天真与萌可以表达出聊天者轻松的心情与友好的态度，拉近双方的关系，营造轻松的聊天氛围。耍贱则是指故意做出一些毒舌、无厘头、耍宝式的行动，以刺激甚至惹怒他人，如"你听妈妈一句劝""怎么跟你爸爸说话的"等。在现实生活中，长幼无序的称谓是不为社会规范所允许的，自称"爸爸"成为一种仅可以在表情包中被原谅的无礼和失礼。还有如"在我脸上看到了什么——美""好烦、帅到睡不着"等，则是故意用自夸引起他人的"反感"，表达"气的就是你，反正你也打不到我"的"贱"气质。此外，表情包的另一个恶搞手法是自嘲自黑，甚至互相嘲讽。从网络流行语到表情包，再到日常生活中，这些毒舌或粗口已经从粗鲁不雅变成"习惯的情绪表达方式，与礼貌和素质无关"。自嘲是对批评的防御，它转弯抹角、逃遁，它是最自我保护的形式，使人能够躲避责任。

对于表情包亚文化社群中的人而言，深植于情境和文化的解码过程会使彼此产生心照不宣的默契与喜悦，而对于圈子外的群体，表情包则更像是场灾难。如果说表情包亚文化中有一个强力的黏合剂，那应当是对表情包制作这种文化资本的共同掌握，以及对快乐游戏和百无禁忌气氛的默契。

3. 亚文化意义重构中的挪用与反讽

表情包文化所实现的不仅仅是一些流行的段子和图片的组合，它具有既解构又建构的创新能力，通过挪用、拼贴、同构、颠覆、破坏，传达出富有意味的"反讽"风格。

编辑表情包的素材涵盖主流文化中的各色明星偶像、政府官员，甚至政治标语和国家政策，都可以拿来作为素材。表情包成为非主流群体最常使用也是最有效的手段，既对主流文化做出适应，又表达了自己的态度。以新的语境挖掘被人们忽略的矛盾与张力，是一种安全和巧妙的解构手段，而素材的丰富性，也使得表情包的资源和战场可以无限地延展和放大，在各种场合、各种语境，它都能发挥其解构与再构建效用。

表情包通常是一图配多组文字或一组文字配多个图片，这种媒介载体的灵活性使得表情包"传达信息"的功能被模糊化。由于网络热点随时更新，表情包对"聊天语境"的喜新厌旧的速度，早已不是新闻图片故事或传统网络表情符号可比的。与其他直白简单、力求传播效率的传统网络表情符号不同，表情包的含义并不十分明确。表情包的情绪传达追求深意，是言有尽而意无穷的，具有极强的拓展性。对表情包的解读层层叠叠、曲径通幽，不经意间犹如误入迷宫。这样的语境为"反讽"提供了场域。通过后现代特有的修辞风格——拼贴和戏仿，撕裂能指、所指的惯性结合，以反讽的意图重新组合。

表情包借助于已有的物品体系和意义系统，通过对这些物品的挪用和对意义的篡改，在物品上刻写了自身的经验，改变了物品原来的意义系统，从而实现了亚文化的反抗潜能。

4. 亚文化风格下公共讨论的另类路径与反思

青年在日常文化实践中，为了突显自身差异化的存在，主动创造文化符号表达青年亚文化特有风格的同时，也为社会总体文化符号创造提供灵感。表情包不仅被用来表达态度与情绪，也被青年当作讨论公共事务的一种方式。每当国内外有重大事件发生时，都有相应的表情包产生。例如，菲律宾与我国发生摩擦时，大量关于外交部与菲律宾的表情包出现在微信之中，如"做人不要太菲律宾""信不信我把你卖到菲律宾""你这么菲律宾找不到对象的""你是吃菲律宾香蕉长大的吗"等。

新技术环境下，媒介由单一语言文字符号、声音符号和影像符号，向综合的数字符号转变,实现了青年亚文化表征符号的"脱胎换骨"。表情包的互联网传播及其功能实现意味着互联网已经成为当代亚文化产生的新场域。

第五节 媒介融合:电子媒介的发展趋势

媒介融合乃大势所趋。在过去 20 年间,最主要的趋势之一便是融合。融合一词关系到不同电子媒介之间界限的模糊。媒介和其他远程交流设备,如语音电话和在线设备,在传统上是相互区隔的,它们使用不同的方式连接它们的观众和使用者,同时也使用不同的平台,如电视设备、电话机和计算机。有了电子技术之后,你可以在一个设备上同时使用不同的媒介。通过智能手机,人们可以传递或者接收短信消息、数字图片和视频,或者存储播放 MP3 音乐文档,或者网上冲浪。

新的电子媒介形式与应用层出不穷,旧电子媒介的生存空间被挤压,这使得他们不得不重新审视自己,努力求生存。在这一过程中,新旧电子媒体一起发展、演化,进而相互依存。它们之间的关系不是谁取代谁的问题,而是如何共存、竞争与合作的关系。同时互联网作为一个新兴的电子媒介正在整合所有媒介,包括传统纸媒及传统电子媒介。我们现在还可以区分什么媒体是传统媒体吗?所有媒体都被卷入互联网时代媒介融合的大潮流中来。

自 2005 年开始,报纸的销量就逐年下滑,相较于广播电视,方便携带、易于收藏、精于深度报道等都曾是报纸的生存优势,但是,网络的发展,将这些优势一一瓦解,一个手机即可代替报纸,海量信息,无需购买,随时可看。年轻一代逐渐远离传统的纸上阅读方式,形成网络阅读习惯。对中国 70 个城市的报纸零售终端(包括报刊亭、报摊、便利店、超市、书店等)的监测数据显示,2015 年,中国各类报纸的零售总量与 2014 年相比下滑了 46.5%[①]。广播、电视等视听媒体的情况同样不容乐观。当广播听众和电视观众更青睐线上传输时,它们也必须提供线上内容。但是仅仅提供线上内容是远远不够的,它们必须找到在数字时代中生存的方法。

现代媒介的发展证明,新媒介的出现并不会导致旧媒介的消失。广播在经受广播电视、有线电视、录音、磁带和音乐视频的冲击下存活下来,但是它能够在互联网时代继续存活吗?即使收听空中广播的听众数量巨大,美国的听众仍然每天花费一定时间来收听广播。随着广告主们纷纷转向线上,广播业者也紧密跟随。未来的格局是面向每一个人进行广播。广播必须利用数字技术带来的巨大红利,这种新技术能够使得用户定制自己的节目。MP3 播放器和计算机

---

① 今日头条. 中国都市类报纸的困境与出路. http://www.toutiao.com/i6200185922030977537[2015-09-30].

仅仅是传送音频的新手段，并不应该被视为广播接收器的敌手，应该仅仅被看作是达至受众的新手段。的确，那些收听在线广播的人同收听空中广播的人同时存在着，广播听众并不是简单地抛弃了广播，而是采用了新的在线方式来收听广播。

网络和其他视频传输系统正在形成一种新的文化，在这个文化中，分享电视收看经验或许已经成了过去时。网络电视必须找到一种能够维持观众，并将其转换为利润的方式。电视台为商业网站提供全剧、并支持手机设备下载，这一举措能够吸引观众和收入。或许提供更多的幕后花絮、未经编辑的新闻、访谈视频或者为观众提供创作新故事的手段将会使电视网、电视台、在线网站更加有趣，更加具有吸引力。不应该将电视、广播视为将要灭绝的媒介，而是应该将其视为一种传播内容的有趣的新方式。

万维网整合了传统媒介的许多属性，正因如此，它对传统媒介来说是一个可怕的竞争对手。当我们讨论传统媒介的时候，每一种都可以根据其固有的优势或者弱势来进行辨识。广播往往易携带，在忙于其他事务的同时也可以进行收听活动。收看电视则往往调动人们的听觉、视觉，给人以强烈的代入感。印刷品（杂志、报纸或者书本）容易携带，可以随时随地地阅读。网络则具有一些同传统媒介相同的优势。例如，人们在忙于其他事务的同时可以很方便地收听在线广播，他们可以随时阅读他们喜欢的信息，他们也可以沉浸于视听节目之中。更重要的是，因特网可以提供传统媒介无法提供的福利：利用电子邮件、社交媒体、网络互动可以进行双向交流活动。

互联网是融合的产物，可以这样理解它：用电子的形式将所有形式的媒介融合起来，包括电子媒介与非电子媒介。或者，也可以这样来理解，通过融合的电子媒介将交流和信息整合起来。因特网正是这样一种媒介，它融合了以往所有传统媒体（文本、图像、视频、音频）不同的特点，并整合成一种独特的媒体。年轻人沉溺于在线交流，并且将其视为行为的一部分。博客和视频播客正被用来创造这样一种交互文化，这种文化也为网络世界所标榜。用户并不满足于仅仅作为新闻的接收者——他们想要创造新闻、报道事件。传统媒体环境下，新闻发布的渠道一直掌握在媒体机构手中。网络最大的优势就在于它给人们提供了一个自由表达意见与交流意见的平台，通过即时通信与微博、微信等社交平台，网民可以轻松便捷地与来自世界各地的网友交流，也可以将现实生活中的社交关系延伸到网络中，并通过网络加以维系稳固。网络既成为用户收集外界信息的窗口，也可以是他们对外展现自我形象的平台。

就像笔记本电脑曾经将我们从台式电脑中解放出来一样，手机和其他手持设备的移动连接将我们从笔记本电脑中解放了出来。移动设备很快成了接入网络的主要方式。他们的移动性和低价格使得它们成为保持社会联系和接入互联网、媒介和现实世界的最佳选择。截至 2016 年 12 月，中国手机网民规模已达 6.95 亿，网民中使用手机上网人群的占比由 2015 年的 90.1%提升到 95.1%[①]。

保罗·莱文森曾提出过补偿性媒介理论，他认为人类在媒介演化过程中，不断地进行着理性选择，任何一种后继的媒介，都是一种补救措施，都是对以往的某一种先天不足的功能的补救和补偿。面对"全能"的互联网媒体，传统的电子媒介似乎无任何招架之力，只能任由受众流失。但是，不可否认的是，尽管互联网拥有着众多优势，但层出不穷的虚假新闻、谣言等，却逐渐使人们陷入"众生喧哗"的迷雾中，失去方向与选择。当互联网深陷海量信息与虚假新闻泛滥的困境，而传统媒体也面临着受众大批转移至网络的尴尬境地时，对新旧媒体而言，要想继续向前发展，需要相互借鉴与学习，融合之路便成为大势所趋。

"媒介融合"（media convergence），最早由尼古拉斯·尼葛洛庞蒂提出，美国马萨诸塞州理工大学教授浦尔认为媒介融合是指各种媒介呈现多功能一体化的趋势。其概念应该包括狭义和广义两种，狭义的概念是指将不同的媒介形态"融合"在一起，会随之产生"质变"，形成一种新的媒介形态，如电子杂志、博客新闻等；而广义的"媒介融合"则范围广阔，包括一切媒介及其有关要素的结合、汇聚甚至融合，不仅包括媒介形态的融合，还包括媒介功能、传播手段、所有权、组织结构等要素的融合。也就是说，"媒体融合"是信息传输通道多元化下的新作业模式，是把报纸、电视台、电台等传统媒体，与互联网、手机、手持智能终端等新兴媒体传播通道有效结合起来，资源共享，集中处理，衍生出不同形式的信息产品，然后通过不同的平台传播给受众[②]。不同的学者对媒介融合有不同的理解，但无论如何它至少有以下几个层面的内容。

（一）媒介形态的融合

人们通过社交网站来同他人分享自己的个人经历、爱好和感悟。博客使用者开设个人网页，将焦点投注于政治事件和世界动态，并且致力于让人们了解他们的观点。无数的发展趋势改变着媒介产业和我们使用电子媒介的方式。融合将不同的媒介整合了起来，并且抹除了不同媒介之间的界限。互联网以惊人的速度成了一种新的大众媒介。它很快得到普及，并且将不同形式的媒介融合了起来。互

[①] 中国互联网络信息中心（CNNIC）. 第 39 次《中国互联网络发展状况统计报告》. http://www.cac.gov.cn/2017-01/22/c_1120362500.htm[2017-01-22].

[②] 百度百科. 媒体融合. https://baike.baidu.com/item/%E5%AA%92%E4%BD%93%E8%9E%8D%E5%90%88/9469283[2017-04-05].

联网使用低成本到达大面积受众成为可能。电子化伴随着数字化的过程简化了信息传播的方式。

媒介内容的数字化或许是自印刷术出现之后最具革命性的发明。一般的陈述或许只是单纯的文本延伸，但是数字化改变了媒体本身，同时也改变了人们使用媒介的方式。将模拟信号转化为经过压缩的二进制的不连续信号意味着信息可以被更简单地存储和传输。采用二进制的形式之后，大量的数据可以被存档并且方便取回。此外，数字化的材料可以经过微缩，放到移动设备上，如手提电脑、智能手机、iPod 或者电子书。数字化的词典、百科全书、纽约时报 10 年合集都可以装进口袋。在美国，所有的电视广播站在 2009 年之前从使用模拟信号转移到使用数字信号。人们走进了这个新媒介图景之中。我们发现，很难再区分什么是电视内容、什么是报纸内容，而什么又是网络内容。

数字化同样改变了读书的方式。我们会购买一个 Kindle 平板电脑或者其他种类的电子阅读器，下载数以百计的书籍。我们不用再拖着一大背包的书，而是只需要带一个书面大小的电子阅读器即可。当我们可以把书本下载到计算机或者电子阅读器中时，书本仍然会被我们视为印刷品吗？显然，数字化融合已经模糊了不同媒介之间的界限，因此，这些媒体的传统定义需要被重新评估。

虽然不少学者都声称互联网的出现极大地威胁到传统媒体的生存，尤其是报纸媒体。然而，传统媒体或许不必对互联网和融合媒介过于恐惧，回顾以往，一个新媒介的出现从来不能完全取代旧媒介。广播出现以后，印刷品并没有从地球上消失，电视也从未完全取代广播。然而，新的媒介会侵蚀现存旧媒介的受众数量，从而影响它们获取广告收入的能力。旧媒介必须适应读者和听众新的品味与行为方式。如果传统媒体想要存活下去，必须学会适应新的竞争环境。许多媒体通过将内容搬到线上来拓展它们的销路，或者通过扩大现有的设备，或者对内容重新进行定位。对年长者来说，互联网仅仅是对现有媒体的补充，而非是取代它们的一种手段。然而，对于那些成长于网络时代的年轻人来说，他们对传统媒体的使用行为越来越少。有的报纸为了适应时代需求，则干脆取消了其纸质版，只留下了网站，完全成了一家网络媒体。英国四大报纸之一、影响力巨大的英文报纸《独立报》就在 2016 年停止发行纸质版，只保留网络版，成为英国第一家关闭纸质版的全国性大报。

在中国，各种传统媒介，包括广播电视的媒介融合转型一直持续着。这一过程中将更多传统非电子化的媒介包括进来。以《人民日报》为例，它已经由最开始的一张报纸发展到如今的报纸、杂志、网络、微博、微信、客户端、手机报、手机网、网络电视、电子阅报栏等十几种载体，覆盖现有各类传播形态。同一条信息，媒体工作人员可以通过不同的平台传播给大众，并且会根据各个新闻发布渠道的特点，从不同的角度撰写新闻，而不是简单地把报纸上刊登的新闻直接拉到客户端或网站上。

（二）媒介组织的融合与兼并

媒介公司都面临着将信息传送至目标受众的挑战，这些受众往往被不同的娱乐所割裂开来。当受众使用互联网时，这些媒体公司也相应地在互联网上开设自己的网站。当受众转移至智能手机时，媒介公司对受众紧追不舍。当受众开始使用社交媒体网络时，媒介公司相应地开设了他们自己的社交网络群组。媒体为了追逐目标受众，他们不得不开拓一块又一块的新媒介版图。如果他们不能做到这一点，将会惨遭失败，失去观众的心。随着观众的流失，广告费也会流走。投资新电子和数字媒介的举措会在一定程度上诱使观众重新关注他们的节目。电子媒介公司正在艰难地寻找补偿广告收入的途径，他们尝试着将内容生产货币化，或者通过新的传输方式来增加收入。

媒介融合在组织结构上的显著表现就是公司之间的收购与兼并。世界范围的媒介公司都在致力于这种转型。新闻集团拥有福克斯广播网，但它还在购买其他类型的媒介，如 MySpace.com 和 SkyTV（卫星电视公司）。大型电子媒介公司并不满足于整合，它们也在不停地收购报业。早在 2000 年，美国华纳与美国在线就在进行着这样的尝试，美国在线斥资 1650 亿美元收购时代华纳。时代华纳在这次合并前曾急切尝试开展网络业务。并购的愿景是如此美好，通过美国在线，时代华纳将获得一千万新用户；作为回报，美国在线可以使用时代华纳的有线电视网络及内容，并为后者的业务提供所谓的"用户友好"界面，这项并购是"革命性的"。然而，这种并购的确具有相当的风险。完成合并没几个月，网络泡沫即告破裂，经济陷入衰退，广告收入化为泡影。2002 年，美国在线出现了订阅用户流失，订阅收入不断下降的局面。该公司的市值随即从 2260 亿美元降至 200 亿美元。2009 年年底，美国在线和时代华纳分拆，一场美国式的肥皂剧宣告结束。不过，这并没有阻止媒体之间的并购。2015 年 12 月，中国互联网三巨头之一的阿里巴巴集团就斥资 2.66 亿美元，收购了中国香港老牌的英文报纸《南华早报》。此举被认为是模仿美国亚马逊掌门人贝索斯 2.5 亿美元收购《华盛顿邮报》。

（三）媒介内容生产与消费融合

一些趋势直接导致了技术上的变化，例如，计算机产业借助于电子技术和更快的运行速度获得了腾飞，同时也使得个人可以在自己的计算机上为电子媒介生产内容。媒介内容的生产者与消费者之间的区别模糊了。如今的受众自己生产内容并且将其上传至网络,这些内容可能被成千上万的人所浏览。自 2005 年开始,全世界的人们便将视频上传到 YouTube 上。使用 Flash 和 MPEG-4 软件可以非常迅速地将几乎任何形式的视频上传至网上。这成了那些热衷于剪切视频的年轻人的最爱。在 2006 年被谷歌收购之后,这个网站每天吸引上百万的流量,他们至少会花几分钟的时间来观看用户自己录制的内容。

  YouTube 依靠用户自己来生产内容的方式见证了视频生产行业发生的变化。在最近的十年中,越来越多的节目制作通过计算机得以完成。尽管还有质量上的差距,但是小型计算机可以完成许多曾经只有标准的大型设备才能完成的工作。人们可以在计算机上编辑音频和视频,这样就可以在自己家里制作电视和广播节目。制作和展示家庭录像的简便性使得电视广播网络重新考虑他们的节目制作策略,并对节目时间表进行了调整,他们或许对节目的长度进行相应的调整。电视网络和有线网络或许会发现一种新的盈利方式,不必再采用传统电视节目的昂贵制作方式。

  近年来,中国传统媒体在融合发展方面积极探索,已涌现出一些具有鲜明时代特征和科技元素的互联网舆论平台,开发出一些面向各类用户需求的应用服务产品,逐渐形成了蔚为大观之势。但是,在媒介融合的过程中,也出现了思维落后、体制僵化、难以盈利等问题,因此,还需要媒体、政府等各方的不断摸索与配合。在当下,中国的媒介融合正处于"现在进行时态"[①]。

---

① 丁柏铨. 媒介融合:概念、动因及利弊. 南京社会科学,2011 (11):92-99.

第二章 广播的发展

传播模式在近些年来发生的变化,是对人们交流渴望的回应。从20世纪开始,人们发展出新的技术,使得信息在几秒钟之内就能在远距离达至对方。开始出现的有线电报和电话,后来出现的无线电报和电话,这使得人们能够进行一对一交流,也能进行一对多的交流。使用无线电进行一对多交流的能力标志着电子媒介时代的开端。

像古列尔摩·马可尼、李·德·弗雷斯特这样的企业家和发明家,他们将广播从一个试验性的系统改进成了一个产业。广播从1920年开始发展到1950年受众数量达到顶峰,成了大众媒介。美国政府在广播产业的发展进程中扮演了重要的角色,保证了对广播的控制权保留在美国公司的手中。在第一次世界大战期间,虽然美国对所有大功率电台传送进行了控制,但是在战后并没有延续这种控制,而是解除了管制。从那时起,广播产业就变成了商业性的企业,被市场因素所引导,而非政府。从广播诞生至今,它给其他媒介带来挑战,同时也面临着新媒介的威胁。

开始的时候,广播站经历了许多技术上的困难,比如对频率的共用。政府很快纠正了错误,通过《1927无线电法案》(Radio Act of 1927),并成立了联邦无线电委员会,在同一市场中为广播设立了互相区隔的频率。依据法案,广播站必须根据"公众利益、便利性和必要性"的原则进行运营。广播网NBC蓝、NBC红和CBS从20世纪20年代晚期开始到20世纪40年代,一直提供广播节目。然而,为了保证广播市场的多样性和竞争性,NBC被联邦通信委员会强制出售其部分广播网(最终成了美国广播公司)。这些广播节目多年来为节目质量树立了标准,获得了听众的忠诚和赞誉。事实上,许多节目类型被移植到了电视上,一直播放到现在。通过提供免费的娱乐和信息,向听众展示名人、政府官员的真实声音,广播极大地影响了美国社会。同时,广播也削弱了受众对报纸的兴趣。

在第二次世界大战后,电视逐渐被引入生活,AM广播的娱乐节目网遭到了破坏,也不再能够独占听众的心灵。但是AM广播通过发展由广播员主持的音乐节目得到了重生。FM广播在联邦通信委员会改变其频率而引起衰退之后,得到了反弹性的发展。在20世纪60年代立体声广播出现以后,FM广播在音乐节目领域独占鳌头。到了20世纪80年代,FM广播的听众数量超过了AM广播的听众。AM广播重新改造自身,它将焦点更多地放在了访谈、新闻和地方新闻上,而不再是音乐节目上。20世纪90年代后，互联网的发展使广播受众进一步碎片化，伴随着经济和规制方面的问题，广播行业面临着挑战。一种媒介产业几乎不可能完全消失，但是它们不得不周期性地重新改造自身，以适应新的受众口味和经济条件。广播曾经处在困境中，然后在那里又一次发现了自我。

第一节 无线电广播的早期发展

19世纪中叶之前，远距离之间的交流意味着在发送方和接受方之间有着很长的间隔时间。古代用狼烟来传递信息，这的确可以克服距离的问题，但是很难快捷有效地传递大量的信息。

19世纪80年代早期出现的电报是有史以来第一个在远距传播中同时对距离和时间进行改进的发明。然而，这种传播方式对电线的依赖使得它在面对蓄意破坏和事故时如此的脆弱，因此其可靠性一直备受质疑。一种能够传输大量信息、不依赖于线路并且能够远距离传输的传播系统最终诞生了，这就是广播。19世纪是世界技术大爆发的时代。在这个过程中，无论是在美国还是在世界的其他地方，许多交流的技术不断地被发明，这些都导致了广播的出现。

一、电报技术

山缪尔·莫尔斯是一位有名的美国艺术家。出于信号传输的目的，他对电磁铁的使用产生了浓厚的兴趣。在1835年，他发明了电报。通过电流的脉冲来影响电磁铁，据此接受者可以在一条纸带上制作出相应的代码。次年，他改进了系统，信号用点和线来表示，后来被称为莫尔斯电码。这种电码使得电报员能够将信息快速地传送到远方，并能被电报接收员共同翻译出来。

莫尔斯在1840年为电报申请了专利，美国政府为这种新技术的普及提供了支持。一条电报线路在华盛顿特区和巴尔的摩之间被建立了起来。在一系列的技术问题被解决之后，第一条正式的信息"上帝究竟创造了什么"通过电报得以传输。政府允许私人资本运营这种新的电子传输产业，随后更多的传输技术被发明。1861年，第一条横贯大陆的电报线架设完成，这使得信息在全美国可以方便地传送和接收。

尽管电报克服了间距和时距的困难，但是仍然面临着一些挑战：在发送者和接收者之间需要架设昂贵的电路系统；只有电线运行正常的时候，电报系统才能够工作。这也就意味着，罪犯可以切断两点之间的电报线，阻止有关火车抢劫者的信息传送到警察局；电报是一个严格的系统，是需要经过训练的，熟知莫尔斯电码的电报员才能胜任。联盟公司在商业中独占鳌头，它控制着所有的信息传送；

当信息被解码之后，将其送至合适的接受者也是充满困难的过程。接受者的地址必须被找到，报送者需要从电报局跑至接收者的家中，或者是其他的商业场所。人们是按照发送的字数来收费的，因此信息往往被尽可能地压缩，信息变得晦涩不可解，失去了具体的意义和情感内涵。

二、电话技术及应用

尽管有种种缺陷，电报仍然是当时远距离传输中最快捷的工具。然而，亚历山大·格雷汉姆·贝尔提出了一种更便捷的双向交流的工具，没有经过特殊训练的普通人也可以使用。他发明了电话，这种发明结合了两种科学上的原理，实现了将电传导声波模式转向电线传播模式。在1876年5月10日，贝尔通过他的实验系统给他的助理打了第一个电话："沃特森先生，快来这里，我想见你。"一年之后，波士顿和马萨诸塞州的萨默维尔市架设起了第一条电话线。

通过电话，人们可以不经过特殊的编码解码设备就能实时地同他人进行远距离交流。最初，架构电话系统的支出和后续开销阻止了电话的大规模使用。同电报一样，信号只能在有电线的地方进行传送和接收。即使是那些已经架设起电线的地方，也有可能出现问题，比如恶劣的天气会破坏电话线或者损坏相关设备。然而，尽管有着这样或那样的缺陷，长距离间的交流仍然得到了稳步的增长，电话很快融入了人们的生活。

三、无线传输

无论是电报还是电话，都是被设计用来方便点对点之间的交流。人们随便使用两者中的哪一种，都能够实现远距离的信息传递。信号在电线中的传输速度和光的速度是一样的，这意味着信息的发出和接收几乎是同时的。电子化的点对点的交流在许多情景下证明了它的价值，如通告驿站马车和火车的到达。在19世纪晚期，生产商和商人往往依靠通知他们原料和产品何时到达的电话电报来更新他们的生产日程。同样，天气预报员可以通过电话中继站来获得风暴来临的信息和天气突变的状况。当线路畅通时，这些系统运行得相当出色，但是如果线路不畅时，他们也会束手无策。

这一时期海运日益发达，人员和货物抵达的时间是非常重要的信息，因此产生了一种对海上船只抵达的强烈期盼。但是因为电报和电话都需要点对点的线路连接，所以当船只在海上航行时，既无法发送，也无法接收信息。这个问题激发了对无线电通信的强烈兴趣。考虑到海运商业和相关潜在的巨大利润，科学家、创造家和发明家都在寻求一种用无线通信系统来传递信息的可能性。

来自世界各地的科学家纷纷为广播的发明贡献自己的力量。苏格兰科学家克拉克·麦克斯韦于1873年，在他发表的文章中描述了不可见的一种辐射波。这种波后来被称为无线电波，并在相关理论中被视为可以作为信息远距离传输的载体。这个理论就是著名的电磁理论，用数学公式展示了电和光的相似性，它们都以恒速在空间中传播。在1886年，德国科学家海因里希·赫兹运用赫兹的理论建造了一个原始的电波探测器。赫兹建立了一个能够在两个金属球之间产生高压火花的设备。在不远处，他放置了两个较小的电极。当大的电火花在两个大金属球之间产生的时候，赫兹在第二组金属球之间也观察到了小火花的出现。这证明了电磁能通过空气传递，造成第二次的火花。赫兹从来没有提出运用这种电磁波可以传递信息的可能，但是他的前期工作仍然被视为对利用电磁波传递信息至关重要。事实上，电磁频率的基本单位——赫兹，就是用他的名字来命名的。

在19世纪90年代早期，英国科学家奥利佛·洛奇发明了一种能够调和传输器和接收器之间频率的方法，这样可以使信号强度大大加强。另一位对电磁波探测器和天线做出重要贡献的是俄国科学家亚历山大·波夫。有趣的是，波夫本来致力于改进探测和预测风暴的方法。意大利发明家古列尔摩·马可尼往往被认为首次在实用层面上证实了信号的无线传输。在阅读了赫兹的实验之后，马可尼用电磁波传输了莫尔斯电码。他不仅仅证实了赫兹的发现，同样也提出地面天线有助于提高信号质量。

然而，当马可尼向意大利地方政府申请专利并寻求财政上的资助时，他们表示毫无兴趣。幸运的是，马可尼找到了英国邮政局分管电报的负责官员威廉·普利斯，这名官员曾经也做过一些无线电实验。英国政府认可了马可尼的专利，并且为他进一步改进无线通信系统提供了资金上的支持。在1899年，马可尼将信息传送到了英吉利海峡对岸，两年后，他将一条信号从英国传送到了北美，证实了信息可以通过无线的方式进行远距传播。然而，1901年前后，这种系统仅仅被设计用来传输点和线，或者莫尔斯电码，并不能传输人类的声音。当时距离电话的发明已经二十余年，人们已经习惯了通过语音进行远距离交流，因此希望无线电同样也能够传输声音信息。

加拿大电气工程师雷金纳德·范森顿和来自通用电气的工程师恩斯特·亚历山大松，建造了一个高速同步发电机（一个可以产生射电能量的设备）来传输声音信号。在1906年圣诞节前夕，雷金纳德·范森顿从他位于马萨诸塞州的家里，向停靠在美国东海岸的一艘船上传输了一个声音信号。他向所有可以接收到声音信息的人传送小提琴演奏的音乐、圣经的朗读和节日的祝福。这些报务员收听到的就是人类历史上第一次无线电广播的实验性播放。1899年，美国的发明家德·弗雷斯特获得了耶鲁大学的博士学位，他的论文探讨了无线传输的相关问题。在1900年，他发展了一种无线传输系统，同马可尼的产品展开竞争。此外，德·弗雷斯特建造了一个能够将微弱信号放大的设备。他们的发明是在英国工程师乔治·弗莱明的基础上改进而来的。弗莱明在一个封闭的玻璃管中制造了一个无线电波探测器，被称为弗莱明阀或者二极管。这个看起来与家用电灯颇为相似的器具可以探测到含有人声的无线信号，但是并不能放大信号。德·弗雷斯特在二极管上加了第三个元素，做成了一个三极管，后来被称为三极真空管。这个设备将声音放大到可以使声音通过无线电来传播。德·弗雷斯特在1906年为他的发明申请了专利。德·弗雷斯特非常擅长公关，他曾经策划在巴黎埃菲尔铁塔上广播唱片，在500千米外都能收听到。但是他并不是一个精明的商人，尽管遭受了许多经济上的挫折，但是他仍然花费了很多时间去探索无线电产业中可行的商业模式。在专利问题上，他也面临着很多法律上的问题，其中最有争议性的一个便是1914年再生式电路的发明，几乎同时，另一个无线电发明家艾德文·阿姆斯特朗也成功地发明了这项技术。无线广播技术在当时是科技的前沿，世界各地都有发明家们热衷于此。

第二节 广播技术的媒介应用之初

在20世纪早期，广播还是新生事物。尽管许多业余爱好者在无线电试验上倾注了大量的心血，在集市和百货公司里，广播也以公众利益服务者的面貌被频频展示，但是仅仅有两家公司采纳这种新技术。官方出于公众健康和安全的考虑对广播投注了更大的注意。早在1903年，先进工业国家的政府代表就开始举办年度会议来商讨无线广播的人道使用和跨国界的使用。到了1910年，许多国家建立了规则来规制广播的使用，尤其是在出海时的使用。美国国会通过了《1910船只无线电法案》，要求50位乘客以上的船只必须配备能够联系到100里以外的无线电。船只上也必须有能够操作无线电的船员。尽管美国将许多人道上的考虑加入了《1910船只无线电法案》，但是仍然不能将无线电会议上通过的所有议题都纳入其中。仅仅两年后，泰坦尼克号悲剧的发生提示了配备无线电的重要性。

1912年4月中旬，被称为"不沉之船"的豪华航班泰坦尼克号从英格兰出发，开始它的处女航，目的地是美国。其乘客大多是富有并且闻名的上流人士，他们期待乘坐有史以来制作最精良的航船，体验一场穿越大西洋的豪华旅行。泰坦尼克号集合了当时最先进的技术，包括无线电，还拥有受过良好训练的船员。4月15日午夜，泰坦尼克号在北大西洋海域撞上了一座巨大的冰山，船体被撕开了很长的裂口，并且导致海水迅速地涌进了船舱。

泰坦尼克号的无线电接收员本应收到有关冰山正在不断靠近船只的危险警报，但是他并没有注意。相反，接收员正在为泰坦尼克号上来自欧洲和美国的达官显贵传送他们的私人信息。撞击事故发生在午夜，这片海域中其他船只的无线电接收员已经不在岗位上。十多千米以外的美国船只加利福尼亚号本来应该及时对冰冷的海水中的幸存者展开营救，如果船上的无线电接收员在岗位上再坚守十分钟的话。因为《1910船只无线电法案》并未要求无线电岗位24小时值班，所以加利福尼亚号并没有收到泰坦尼克号的紧急求救信号。只有卡帕西亚号上的操作员收到了信号，并且紧急赶往泰坦尼克号，尽管如此，卡帕西亚号也只能从泰坦尼克号沉没时落水1500多人中，救起700人。一位在马可尼公司任职的年轻人沙诺夫，由于成功报道该事件而一举成名。当海难发生时，沙诺夫正在值班，此后的三天三夜里，他在电报室将生还者名单接二连三地发出，无形中所有人的希望都寄托在了他的身上。

在无线电发展史上，这件事是一个重要的里程碑。这件事向世界证明了无线电对安全是必不可少的。此后，有史以来第一次，海上的船只获得了同世界其他部分即时通信的能力。泰坦尼克号的悲剧显示了无线电将信息迅即传送给大众的能力。公众围绕泰坦尼克号的关注使得政府重新审视了无线广播的角色，并且导致了《1910船只无线电法案》的增补。

范森顿和弗雷斯特做了一些声音传输行为，加强了人们对新发明的关注，但是他们都没有为观众制定一个节目收听单。而且，在当时几乎没有人拥有广播设备，拥有广播设备和相关设备的人往往是无线电广播的业余爱好者，他们用无线电广播来同其他人进行交流通信，这些交流方式往往是一对一的，且依赖于莫尔斯电码。没有有趣的节目，广播很难吸引听众，如果没有听众，广播也没有动力去创作有趣的节目。

广播实验者意识到无线广播对那些电话和电报线无法到达的地区来说，会成为非常有效的信息传送手段。例如，船对陆地，船对船的传播，以及那些不利于架设电线的地形，受恶劣天气、高海拔和大面积水域影响的情况。通过广播信号来传送信息至普罗受众这一方式在当时尚未浮出水面。

1909年，加州圣何塞的查尔斯·赫洛德博士开始在固定的时间点用声音传输节目。当时赫洛德传送了一些流行音乐、演讲和其他谈话。在某种意义上，这个广播站是第一个真正意义上的广播站。因为它按照一定的时间表来运营，提供音响传输，并且面向普罗大众（尽管很少有人拥有广播设备）。同样，它也是第一个大学广播站。赫洛德的广播站是在《1912广播法案》颁布后第一家得到批准的广播站，并且一直运营到第一次世界大战。后来广播站被卖掉了，然后搬到了旧金山，在那里它发展成了KCBS-TV。

在第一次世界大战后，技术得到了很大发展，在战争期间获得广播使用技能和经验的人们开始对广播实验产生了兴趣。但是商业领域稍显滞后，对新技术并未表现出强烈的兴趣。一些有关商业广播的早期工作在1909年赫洛德博士运营试验性广播时就已经完成。在1916年，一个名叫弗兰克·康拉德的西屋公司的工程师，开始从他位于匹兹堡的家里同时传送声音和音乐节目至大约五里开外的西屋公司。后来，节目变得受欢迎，于是他决定在星期三和星期天的晚上播送音乐节目。康拉德的广播站，在当时被称为 8XK。战后，康拉德被批准继续从事他的广播事业。他的广播是面向大众的，兼具信息性和娱乐性，在 1920 年被并入西屋公司，即 KDKA 电台。到了 20 世纪 20 年代中叶，康拉德说服了他所在的西屋公司的上层，公司可以通过向受众出售预制的广播接收器来盈利，公众可以用广播接收器来收听西屋公司制作的广播节目。KDKA 电台的首秀是播送 1920 年的总统选举。在 1920 年对总统选举进行报道之后，康拉德定时地安排其他的广播节目。

沙诺夫是马可尼电台的收发报员。1912 年 4 月 14 日，当他值班时收到正在沉没中泰坦尼克号船发出遇难的信号，他迅速把这一消息发送出去，并在随后的 72 小时内不间断地接收这方面的消息和发送出去。沙诺夫在这一事件上的出色工作，一时让其成为新闻人物。他所在的马可尼电报公司声望大增，他也因此受到公司的嘉奖。在传送泰坦尼克号灾难新闻以后，他意识到了广播的巨大潜力，并将广播作为了他的事业。到了 1916 年，他已经成了美国马可尼公司（英国马可尼公司的附属公司）的商业经理。沙诺夫提出，可以通过将广播接收器卖给普通大众来赚取高额利润，而不是收取节目订阅费或者广告费。但是事实上，这个建议在当时并没有引起马可尼公司和其他广播行业公司的注意。沙诺夫"广播音乐盒"的想法并没有抓住受众，出于种种原因，比如听众只有戴上耳机才能收听到信号，当时的广播设备非常复杂并且稳定性差，而且公众对这种新设备也毫无兴趣。同时，在当时主持广播行业的多为工程师和商人，他们对大众的兴趣并不敏感。

美国在 1917 年参加第一次世界大战时，联邦政府使用广播来帮助军队内部和盟军之间进行信息通讯。此外，出于安全原因，政府阻止外国广播在美国境内从事广播行为。因此，联邦政府控制了国内所有的大功率电台，包括美国马可尼公司拥有的点对点传送接收站。在 1917 年，它甚至关闭了业余者和实验性的电台，这一举措挫伤了广播作为娱乐媒介的进步性尝试。但是政府的行为为广播业带来了两个重要的发展机遇，首先，战争期间的电台运营使政府培养了大量人才；其次，在战争期间，政府控制了所有有关无线通信的专利，并且调用大量科学家和工程师对其进行集中性的攻关。这些举措刺激了广播技术的发展，最终有利于战局。反过来，这些技术的发展刺激了广播业的成长，尤其是在 1918 年战争结束之后。

第一次世界大战之后，美国政府计划继续其无线电管控的计划，但是缺少执行这一计划的熟练操作者。而且，来自美国电话电报公司、马可尼公司、通用电气公司和其他曾经在战时为政府专利攻关计划投入甚多的公司，还有业余电台的操作者都拥有足够强的话语权，迫使政府让步，让其允许广播产业掌控于私人企业之手。于是在1919年组建了一个联合持股的公司——美国无线电公司，将战时技术攻关阶段所产生的专利运用到点对点的广播站上。

美国无线电公司在1919年10月开始运作，并且开始运营广播站，这些广播站大部分属于美国马可尼公司。沙诺夫被委任为总经理，他决心再创出成绩，要进一步靠近自己的奋斗目标。经过深入的调查和观察，他发现美国人十分喜爱拳击赛。于是，他通过自己的无线电台，第一次播出了当时美国最有名的拳击赛现场实况，使美国轰动一时。善于经营的沙诺夫利用这一轰动效应，大肆宣传其无线电台将继续播送各种拳击赛、篮球赛、网球赛等。接着，公司大量推出收音机。结果，他一下销售了8000万美元的收音机，获得了巨额的利润。

在接下来的几年里，广播设备专利的所有权引发了很多法律上的争端。从1919年至1921年，通用电器、美国广播公司、西屋公司和电话电报公司签署了一项专利共享的协议，使得这些公司有能力将广播行业进一步推进。到了1922年，通用电气、西屋公司、电话电报公司等成了美国广播公司的联合拥有者。有了这样的协议之后，大约2000件专利被投入了专利池之中，一项有关广播接收器的高效制作和市场计划由通用电气公司和西屋公司来负责，美国广播公司则占有排他的销售权，电话电报公司则依靠传送和接收信息来收取费用。

在1920年，西屋公司仍然在销售由它制作的广播设备，并且在寻求扩大销售的方式。公司决定制作并播送一档夜间节目，以期望培养人们在夜间使用广播的习惯，最终目的则是销售广播接收器，提高西屋公司的知名度。

战争的结束重新燃起了人们对广播的兴趣，并且娱乐节目也重新被列入节目单。费城的KDKA广播站是美国第一家得到批准的广播站。但是在KDKA之后，广播站的数量增长缓慢。事实上，直到1922年1月1日，得到批准的广播站仅仅增加了30家，在那年的5月1日，这个数字增加到了218，到了1923年，一共有556家运营的广播站。在1923年，超过500 000件广播接收器被美国厂商制造出来，这增加了对广播节目和广播站的需求。

百货商场和旅馆为了吸引客户，建立了自己的广播站。这些商人往往异常活跃，因为他们占据了能够为天线提供绝佳位置的高大建筑。音乐直播是最受欢迎的广播娱乐节目，尽管一些体育赛事，比如重量级的拳击和全国范围的棒球比赛，也吸引了多达近百万的观众。还有一部分听众则被政治节目所吸引，比如总统在华盛顿特区阿灵顿公墓前的退伍军人节的讲话。

到了1921年，广播接收器已经遍及美国的每个家庭。一个制作精良的接收器需要60美元，一个简陋的只需要10美元。当时一个普通工人的日工资大约是1美元，很少有美国人能够负担起一个制作精良的广播接收器，但是大部分家庭能够负担得起比较便宜的款型。

在 1922 年，埃德温·阿姆斯特朗发明了超外差式收音机，它是指输入信号和本机振荡信号产生一个固定中频信号的过程。如果把收音机收到的广播电台的高频信号，都变换为一个固定的中频载波频率（仅是载波频率发生改变，而其信号包络仍然和原高频信号包络一样），然后再对此固定的中频进行放大、检波，再加上低放级、功放级，就成了超外差式收音机。这个设备极大地提高了广播远距离传播的能力。这一年的后期，发送于伦敦的广播信号在纽约的 WOR 广播站被接收到。

到了 1923 年，产生了数量庞大的广播站。在这一年里，超过 600 家电台被批准运营，但是其中许多电台只运营了很短的时间。西屋公司看起来在广播行业获得了巨大的成功，或许至少有一部分原因是其销售广播接收器。其他的广播商则无法为广播站的持续运营提供开销。大部分广播站的所有者是广播接收器的制造商、销售商和电子设备的修理商。在大多数情况中，运营中的广播站仅仅扮演着为公司主业摇旗呐喊的旁观角色。

在 1923 年，联邦政府采用了四字呼叫信号规则，密西西比河西侧的广播站被指定使用字母 K 为其第一个字母，密西西比河以东的广播站被指定使用字母 W 为其第一个字母。需要指出的是，匹兹堡的 KDKA 电台是个例外，因为它在规则生效以前就已经被批准运营。许多学院和大学在 1923 年期间设立了电台，以期对教学提供帮助。

第三节 商业广播的发展

在 20 世纪 20 年代早期，广播站的建立往往是为了促销广播站所有者所拥有的商品或服务。然而，这一举措往往并不奏效。尽管广播接收器的需求在不断扩展，但是就算拥有数量庞大的听众也无法确保商业上的成功。然而，广播行业很快便提出了一条补偿广播成本的道路。有趣的是，互联网网站的所有者在 21 世纪早期也面对同样的困境，他们寻找如何通过网站赚取足够的钱，以支撑网站的开销的方法。

一、商业广播经营模式的探索

在 1922 年，WEAF——一家由电话电报公司拥有的纽约电台——为广播商提供了一条新型的盈利道路。部分借鉴了电话系统的盈利模式，WEAF 公司为意欲到达受众的广告商和表演者们提供广告时段。这个被称为"广播通行费"的过程，类似于在远距离电话通话时，向打电话的一方收取费用的模式。正如拨打电话的一方，广播商将为广播时段付费。这个模式为广播事业提供了重要的经济支持。

它为广播者提供了资金,以支撑日常运营开销,并且帮助广告商向受众推销商品和服务,同时为受众提供免费的广播节目。

在 1923 年,WEAF 提出了另外一种广播运营方式。在这一年的开端,WEAF 电台就通过电话线将一款音乐节目传送至波士顿的广播站,音乐节目几乎被两个广播站同时播放。这种相互间的联系被称为联播,尽管这个名词在当今并不常见,但是仍然出现在法律规定中。现在更常用的是"广播网",但是在 1926 年以前,则被称为联播。在当时另一种节目形式也出现了。信息类的节目变得普及,提供演说、新闻、政治消息和天气预报、宗教信息。体育广播同样吸引了大量的听众。

政治家抓住了通过广播媒介达至众多支持者的机遇。在广播出现以前,他们必须依赖报纸来精准地传递他们的主张和观点。然而,报纸并不是一种理想的媒介,报纸报道者、栏目主编和主编来撰写相关的文章,而非政治家本人。政治家更倾向于投票者能直接听到他们言论的媒介,而非通过报纸写作者间接地传送信息。广播使得政治家的言论在出口的同时就能被广大投票者听到,同时也将政治家的声音同他本人联系了起来。广播使得政治家和其他政府官员获得了前所未有的即刻达至受众的能力。广播同样通过播放政治家的演讲、访谈,使得他们为听众所熟知。

在 20 世纪 20 年代,美国广播接收器的数量大幅增长。在 1923 年至 1924 年仅仅一年的时间里,广播设备的数量成倍增长。产生如此巨大的增长幅度的部分原因是生产厂商推出了价格便宜的设备,使得大部分家庭可以负担。此时,广播成了真正意义上的大众媒介。

二、针对广播的国家规制体系的建立

在 1927 年初期,国会通过了《1927 无线电法案》,并根据此法案设置了联邦无线电委员会,它就是后来的联邦通信委员会的前身。这个委员会的角色是组织并管理国内的无线电,其承担的独特责任是发放执照,为各种广播站分配频率,并为私人电台安排特殊频率,以及标明电台功率等级。为了获得批准,电台必须有能力证明其能够提供足够支持运营的资金,并有能力控制其节目质量。联邦无线电委员会有权利拒绝为试图垄断专营的电台发放执照。此外,如果电话公司所拥有的电台试图控制广播站,或者广播站试图控制电话公司,这种情况下联邦无线电委员会有权拒绝发放执照。委员会同样具有为广播站和广播网制定规划的权力。根据《1927 无线电法案》,美国商业委员会被授权审查广播站,批准电台运营和分配呼号。

最初,无论是听众还是广播者都对《1927 无线电法案》持欢迎态度,他们认为这个法案将有助于清除干扰性的困难，使得广播更容易被听众收听，广播站也更容易运营。但是法案同时规定，广播站必须基于"公众兴趣、便利和必要性"来运营，这些多少有些模糊的字眼成了广播者和规制者争论的焦点。联邦无线电委员会和后来的（1934 年以后）联邦通信委员会热衷于对节目和内容进行规制和管理。

《1927 无线电法案》的另一个特点是所有的广播执照在其使用期结束的 60 天之后会自动失效。这个要求强制所有的广播站按时重新申请执照，这一举措使得联邦无线电委员会能够重新分配频率，使对广播频率的干扰降低至最低。结果便是强势的广播站待遇优渥，得到了理想的频率，而弱一些的广播站则分配到了比较弱的频率，其他广播站，如大学广播站，在商业和政治上几乎没有影响力，直接被强制关闭或者被商业广播收购。

三、广播巨头初现雏形

国家广播公司在经济上的成功使得其他人考虑同广播网展开竞争。在 1927 年，一个名为联合独立广播的组织，取得了有限的成功，主要原因是没有得到足够的资金支持。事实上，电话电报公司并不会将互连线租赁给联合独立广播团体，原因是出于对赖账的恐惧。联合独立广播被哥伦比亚留声机公司拯救。当时，哥伦比亚公司已经同另一家留声机公司——胜利者留声机公司，展开了直接的竞争。这两家公司的竞争最终对无线广播网的发展起到了重要的作用。胜利者公司计划同美国无线电公司（国家广播公司的伙伴）合并。由于对美国无线电公司巨大的商业能量和名誉的忌惮，这一举措愁坏了哥伦比亚公司。同样，哥伦比亚公司惧怕胜利者公司会将其唱片投入商业性广播中，这样会给后者带来巨大的优势。哥伦比亚公司决定通过同独立广播联合来融入广播行业，最终成立了哥伦比亚广播公司，因此可以在自己的系统上播放唱片。

一个雪茄公司的执行官威廉·佩里，对广播网上广告的效果印象深刻。因此，在 1928 年，当哥伦比亚留声机广播系统公司遭遇到经济困难时，佩里购买了这个系统的大部分控股权，成了它的总裁。最终，这个公司和它的广播网络被称为哥伦比亚广播网，或者 CBS。佩里控制 CBS 一直到 1983 年，成了美国历史上最有名的电子媒介大亨之一。

到 1928 年，美国已有三个国家级的广播网：NBC 红、NBC 蓝和 CBS。人们对广播接收器的渴望持续高涨，设备的销量也持续攀升。大约有 1500 万美国家庭拥有广播接收器。1927 年，有人提出一个新点子：将广播接收器放进汽车的仪表盘中，这为广播带来了重要变化。因为当时市面上的办公设备都是靠电池供应电力，因此将其置于汽车中是一个合理的想法。这个发明使得当时的汽车司机可以更方便地收听广播。汽车的移动性帮助广播成了一种独立的媒介，这一情况一直延续超过了 80 年。

1934 年，国会通过《1934 通信法案》，否决了非商业制度的法案。美国广播电视体制从此走上了私有商业体制的道路。之后，又有新的成员加入了无线广播。除了 NBC 和 CBS，其他广播网在 1934 年加入了大图景之中：共同广播系统（Mutual Broadcasting System，MBS）。这是一个联合节目网，它并不拥有任何广播站。广播节目来自广播站的成员，并通过广播网传播出去。其中最著名的广播节目来自底特律的 WXYZ 电台——孤独的漫游者。共同广播系统并不拥有大牌明星，也不拥有能同 NBC 和 CBS 相比的受众规模。

第四节 媒介竞争与广播的节目转型

广播所提供的娱乐诱使人们来体验传送和接收广播。许多爱好者建立他们自己的广播接收器，许多人也对广播传送有所涉猎。那些想要传送信息的人通过业余爱好者专用的频率来进行点对点的交流。印刷媒体也与广播产生了联系，比如，许多报纸开辟了专版来报道广播节目单、节目评论，甚至是为了得到更好的收听效果的一些小建议。

广播将美国听众置于娱乐和信息节目的影响之下。尽管报纸非常便宜，但是广播节目是免费的，并能够被广播听众无限制地享用。更重要的是，它并不要求人们具有读写能力。广播鼓励人们待在家里，收听免费节目，而不是去当地的剧院收看歌舞杂耍表演。唱片行业不得不面对听众的新需求，他们可以通过广播收听免费音乐，而不是收听昂贵的唱片。

一、广播与报纸的新闻竞争

广播改变了报纸的命运。当广播日益盛行时，美国报纸的读者量和日报的订阅者有所减少。尽管许多因素导致了这一结果，但其中一个重要的原因是广播开始播送新闻。随着受众日益依赖于广播，广播站和广播网将新闻加入节目当中，以此来吸引受众。新闻广播开始于 20 世纪 20 年代，但是 NBC 在 1930 年才开始在 NBC 蓝上播放第一档定期的夜间新闻节目，这档节目由著名的新闻播送者厄威尔·托马斯播报。NBC 的第一档夜间节目标志着广播将影响扩大至严肃的新闻。

1932 年，NBC 和 CBS 成功地报道了总统竞选活动。广告商开始把目光转向广播，报纸收入明显下降。报纸试图迫使广播站和广播网限制它们的新闻播送。当时，虽然报纸和广播都派遣自己的通讯员，但是他们为了获得大量的新闻，依然严重依赖于通讯社。通讯社同报纸和广播签订了契约，将事先写好的稿件传送给报纸和广播站,然后被插入报纸版面中,或者插入广播时段中。从 1933 年开始,美国报刊人发行协会决定不再向广播提供新闻,同时,美国报纸业也给通讯社施压,要求其只为报纸提供服务,并且停止将稿件传送给广播站。报纸开始拒绝无偿刊登广播节目单,作为报复,广播行业雇佣自由撰稿人来收集新闻。1933 年秋,NBC 和 CBS 开始自己采集新闻并组建新闻社。双方势不两立的局势驱使广播、报纸、通讯社三家于 1933 年 12 月在纽约举行联合会议,达成一项协议。这项协议实质上是限制广播新闻的发展,条款极其苛刻:①解散 CBS 新闻社;②NBC 不再组建新闻社;③由广播网提供经费成立报纸广播局,以便向电台提供简明新闻,每条新闻不得超过 30 个字,必须在早 9:30 播送 5 分钟;晚 9:00 或稍晚时间再播送 5 分钟;④电台成员不能评论从现场发生的新闻,新闻事件发生 12 小时后才允许电台播发、评论。但最终,广播的发展是大势所趋,"协议"逐渐失效、瓦解,广播与报纸之间的对抗无法继续下去。两家通讯社(国际通讯社和合众社)决定接受广播站的生意,并且使他们的新闻更适合广播播报。

第二次世界大战期间,广播记者利用无线电短波技术先于报纸从现场发回战事新闻,是报纸无法企及的。美国人在广播的帮助下,对发生在世界其他地方的战争可以持续关注。"新闻联播"报道形式在第二次世界大战前夜诞生,开创了广播新闻自成一体的风格。在 1941 年 12 月 7 日,日本进攻了珍珠港,广播网打断了它们的日常节目,播放了攻击事件。第二天,富兰克林·罗斯福总统向 6200 万人民发表了演说,这个受众规模在当时非常庞大。他将这次攻击视为"每天生活在耻辱之中",从那时起,这个演说就成了最具影响力的演讲之一。经过第二次世界大战的洗礼,广播记者队伍得到了成长。其中以 CBS 著名记者爱德华·默罗组建的全明星记者队伍最为优秀。

从报纸与广播对新闻报道的竞争中,我们不难发现,独特的媒介样态是新媒介能生存并发展起来的必要条件。

二、广播广告的增长与消退

加入第二次世界大战后,美国政府立即采取行动支持战争。业余广播被关闭,为了避免对军用信息传输造成干扰。西海岸的日常广播时段被缩减,以避免敌人的飞机通过广播信号对美国的城市进行定位。所有能够传送跨洋信号的短波广播站都被政府控制,广播设备的生产商被要求从消费品生产转向直接有助于战争的设备生产。在战争期间,新广播站停止了建设。所有被用来建造广播站的材料都被政府视为稀缺资源,直接被用来支持战争。在 1942 年至 1945 年,有为数不多的新广播站投入了运营,但是政府停止了对这个产业的大部分支持。

尽管美国人面对了几年艰苦的时光,广播仍然继续保持其流行态势。它能够提供廉价娱乐,并且使人们得知世界其他地方发生的事情。广播在紧张的时刻提供娱乐和轻松的节目,因此吸引了一大批热心的听众。在战争时期,税收减免政策进一步促进了广播业的繁盛。出于对一些公司通过政府的战时政策获利的担忧,法律制定者对美国产业征收90%的利润税。这个税意味着公司每赚一美元,就必须以税收的形式缴纳90美分。这样,他们倾向于用他们的利润去做广告,通过这样做,便可以以战前的税率来缴纳税款,即大约10%。这样,即使是在战争时的艰难时期,公司也有巨大的动力去做广告,为了使自己的产品和公司的名字持续吸引受众的注意,这些公司仍保持了庞大的广告开支。

另外,报纸主要为政府的战时努力而服务,新闻印刷品变成了一种稀缺资源,因此,同战前相比,留给报纸编辑们自由发挥的版面几乎没有。广播则可以24小时不停地播放商业声明和节目赞助商的广告。在这一情形下,广告商们纷纷涌向了广播,报纸受到了很大的损失。

到了20世纪50年代,广播网仍然在持续地为广播站提供节目,这种格局在电视出现以后,发生了变化。电视成了同广播争夺受众的最大的竞争者。一些表演和节目在广播和电视上同步播放,这种行为被称为"同播"。然而,当大多数美国听众能够更方便地使用电视时,这种格局便结束了。如果一部节目在收听的时候感觉很不错,那么很有可能收看起来感觉也很好。最终受众更倾向于电视,这使得广播变得难以盈利。

到1955年,广播站把更多的焦点投向了国内和国际新闻,这些新闻由国家广播或者电视网提供。广播网在地方电台上每隔半小时或者一小时投放一次主要新闻。具有爆炸性的新闻往往以标题的形式被广播,然后在稍后的节目中会被详细报道。

三、流行音乐成为广播的重要内容

电视出现之后,大多数使广播流行的因素已经发生了变化。广播被迫寻找留住受众和赚钱的新方法。它无法再承担雇佣作家和演员来创作剧本或者喜剧节目的成本,尤其当电视同样开始这样做的时候。广播站开始采取播音员个人负责整段节目的措施,这些播报员被称为唱片操作员,因为他们大部分时间都在播放唱片。许多电台都试图在竞争激烈的市场中凸显自己,挑选具有特殊风格的音乐。最终,电台音乐形成了这样几类:乡村音乐、西方音乐、非裔音乐(因节奏和布鲁斯而有名)、古典音乐和流行音乐。广播站开始依赖于音乐产业。有关唱片销售的信息由商业出版物提供,广播节目制作人乐意接受在他们节目中播放"什么是热门的"。这个趋势产生了广播音乐的流行榜。

广播站、唱片播放员和唱片公司的关系对流行音乐非常重要。如果一个身处大商场的唱片播放员听到并且喜欢上一首歌,那么这首歌有可能被播放,并在听众中流行起来。在广播上的播放次数越多,唱片的销路越好。唱片公司注意到了唱片播放员和热门音乐之间的紧密联系,然而最终却导致了问题的出现。在1959年,联邦通信委员会开始审查指控,这一指控声称全国的唱片播放员都在受贿,以将特定的歌曲在特定时段播放。一些唱片播放员的确因出卖他们对受众的影响力而获罪,这一事件被称为"贿赂丑闻"。在当时试图影响购买和销售决策的不良行为被揭发了出来,许多广播播放员(不仅仅是唱片播放员)都被指控出卖他们的影响力,或者为产品和服务做免费广告。

四、FM 广播的兴起

AM 是一种将音频信号和传送波结合起来的方式,从广播天线发出,被接收者的天线接收到。AM 通过调节波段的波长(振幅)来将音频和传送波结合起来。AM 在广播早期就被研发出来,但是并不完美。AM 容易受到风暴和其他电子设备的静力干扰,将会在接收者一端产生噪声。其保真性受到很大限制,AM 并不能传送频率很高的声音或者频率非常低的声音。

埃德温·阿姆斯特朗是超外差收音机的发明者,他试图通过减少静电,提高广播信号的保真度来改进广播。经过多年的实验,阿姆斯特朗的专利最终在 1933 年被批准。1935 年阿姆斯特朗为它的产品进行了一次公众展示,将其称为频率调制(FM)。他对每个波段的频率如何被调制做了解释,并且展示了 FM 广播优于 AM 广播之处。FM 提供了更好的音质,并减少了静电,但其发展非常缓慢且坎坷。在 20 世纪 60 年代,才得到了重视。阿姆斯特朗的一个重要发现就是频率调制需要更多的带宽。不像 AM 广播频道只需要 10 千赫,FM 每个频道需要的带宽是前者的 20 倍,也就是 200 千赫。政府从 1941 年 1 月 1 日起,开始为 FM 广播置出了 42~50 兆赫的波段。到了 1941 年年末,大约有 40 家 FM 广播站在运营,但是其中许多广播站面临功率不足的问题,一些则是试验性的运营。到了 1941 年,仅仅有大约 40 万的听众收听 FM 的广播信号。

在第二次世界大战期间,人们对 FM 广播的兴趣衰减了,仅仅有几家新的电台投入运营。政府决定以往为 FM 广播留置的波段需要为政府提供服务。接下来,FM 便被移置到了最初的电子频谱中,这个频谱曾经是电视 1 台所占用过的甚高频波段。在 1945 年,FM 波段被分配至 88~108 兆赫,在 1948 年,42~50 兆赫波段的 FM 广播停播了。结果许多拥有 FM 收音机的听众无法收到 FM 信号。FM 广播站在一些时候并不能有效地获利,直到 1948 年所有 FM 频道的收入才超过 100 万美元。20 世纪 50 年代，FM 广播因为缺少财政支持而走下坡路。这个趋势在 1961 年得到了扭转，当时联邦通信委员会批准 FM 进行立体声广播。美国年轻的一代开始注意到这种 FM 广播拥有高清音质，来自德国和日本的廉价接收器使得这种广播的可用性大大增强，FM 广播的听众开始增长。20 世纪 60 年代对新广播站的需求促使联邦通信委员会批准了很多 FM 广播波段。然而，汽车生产商将 FM 广播纳入新款车型中的行动却非常缓慢。在 20 世纪 60 年代，国会通过了一项要求汽车广播有接收 FM 信号能力的法案。在当时，联邦通信委员会否决了一项有关 AM 立体广播的提议，标志着 AM 广播长期、缓慢地下滑，以及 FM 的扩张。

在 20 世纪 60 年代后期，随着反主流音乐和受众的盛行，FM 广播在 20 世纪 60 年代后期和整个 70 年代得到了稳步的发展。高保真立体广播变得流行。FM 立体广播的高质量，加上节目转向了更流行的音乐及可以在汽车中收听 FM 广播，种种因素帮助 FM 广播在听众中流行开来。然而，这个流行趋势并没有立即为 FM 广播带来利润。尽管在 20 世纪 60 年代早期到 70 年代中期，整体收入得到了攀升，从 1000 万左右上升至 30 倍，但是更多的 FM 电台在赔钱。直到 20 世纪 70 年代末、80 年代初期，FM 广播才取得了同 AM 广播一样的地位。1978 年，FM 的听众第一次超过了 AM 广播的听众。到了 20 世纪 80 年代末，FM 的听众数量远远超过 AM，几乎占了美国所有听众数量的 75%。几乎所有的汽车都可以方便地接收到 FM 频段，使得同 AM 广播比起来，FM 广播更容易收听。此外，听众也充分意识到 FM 广播的高清音质。

第五节 广播的数字化发展

当电视接替广播吸引了黄金放送时段的大部分受众时，广播需要对其自身重新改造，以保证生存。数字化是这一过程中的重要环节，但是关键在于通过这些新技术传送新的内容。广播站需要为听众提供节目和其他服务，这些节目和服务必须是独家的。提供更加地方性的内容是一个选择。

在 20 世纪 90 年代末，有限公司开始为用户提供广播服务，抓住了许多广播使用者的眼球。分布式卫星服务，如自由媒体的 DMX，它提供了 100 多个频道，一天 24 小时不间断地播放音乐，没有商业广告和唱片播放员。这项服务同其他蜂拥而来的有线服务颇为相似，这些服务都采用了电子化的技术。这些服务同样提供特定音乐，如现代乡村音乐频道、古典乡村音乐频道，或者在屏幕上播放艺术家和歌曲的信息、音乐逸闻及其他信息。卫星电视为其订阅者提供同音乐服务频道相似的节目。

2002年，两家公司——XM卫星广播公司和天狼星卫星广播公司——开始向自己的订户直接传输数字无线电信号。同有线音频服务类似，卫星广播需要特殊的接收器和定金，最初每月需要交纳10~13美元，便可收看大约100个频道。这些服务起步缓慢，但是当汽车生产商在新款汽车上安装了能够接收卫星信号的接收器，并且在租赁期频繁地被捆绑销售时，这些服务得到了发展。然而，许多听众并不能维持服务，一旦引导认购期结束，这些公司不得不花更多的钱去提升服务，以此来吸引更多的订户。2008年，这两家公司合并成了新的公司，并被重新命名为天狼星XM广播公司，其试图通过合并来降低成本，提供更多节目来吸引订户。

如今，数字音频最大的来源是互联网。互联网提供了数千种音乐服务站点，几乎包含了全球每一种音乐版式。最初，同其他提供音频节目的媒介相比，互联网服务在大多数情况下缺少可移动性。然而，移动互联网设备的出现使这一情况迅速地发生了改变，听众比以前有了更多的选择。

无线网络连接已经变得越来越普及，广播站需要针对互联网和无线连接的威胁制定策略。可移动的笔记本电脑、3G手机和各种竞争者就像一个小小的可移动广播，但是能做的显然要比仅仅收听广播节目更多。听众可以同时处理多个任务，除了在互联网上收听广播站和音频服务，他们同样可以阅读和发送电子邮件、查阅他们的股价、阅读最喜欢的新闻服务。即使是汽车广播，曾经在广播市场上占有无可争辩的统治地位，现在也通过无线连接提供其他服务。通过互联网可以从全球站点中一周7天、一天24小时不停地收听音乐。互联网和卫星服务提供商可以模仿广播站的节目，从而规避联邦通信委员会加诸广播站上的内容限制。

第六节　广播在中国的应用与发展

总的来说，作为发展中国家的中国，其广播电视的应用是技术跨国扩散的产物。中国的广播发展几乎没有初期的技术积累，更多的是一种"拿来主义"的应用。

一、早期中国广播事业的诞生与发展

中国使用无线电报始于清朝末期，当时中国处于半殖民地半封建社会。同近代中国早期的报刊由外国人开办一样，最早的广播电台也是外国人创办的。中国在1905年由袁世凯在天津开办了无线电训练班，同时购买了无线电收发报机，分别安装在北京、天津、保定及北洋水师的军舰上。1906年建电政司，规划中国的

无线电、电报、电话、邮政等事业。1915年4月袁世凯颁布《电信条例》，也是中国第一部无线电电信条例，条例中明确规定外国人不许在中国境内私设无线电台；无线电器材属于军事用品，未经许可，不得进口。1923年1月13日，美国人奥斯邦（E. G. Osborn）在上海开办了中国土地上第一座广播电台。这是我国境内最早的广播电台。

从1923年至1929年，在中国上海出现了3座广播电台。1922美国人奥斯邦以日本华侨的资本在上海注册了一家"中国无线电公司"，并与《大陆报》合办了中国第一家无线电台"大陆报中国无线电公司广播电台"，呼号XRO。1923年1月23日晚上首次广播，节目以音乐娱乐为主，1月26日广播了孙中山的《和平统一宣言》，但是由于它是违法的私立电台而于4月关门。

中国第一座民办广播电台和世界上第一座广播电台诞生的原因几乎一模一样，就是为了推销收音机。1927年3月18日，上海新新公司为推销自制的矿石收音机，开办了一座十分简陋的广播电台，这是中国第一座民办广播电台。在抗日战争爆发以前，民办电台一度繁荣，有70多座，其中半数以上集中在经济发达的上海（四五十座）。当时的民营电台就有"专业"的划分，主要分教育电台、商业性电台和宗教性电台，但大多数播送广告与低级庸俗的娱乐节目。市场机制的无序十分明显。

1928年8月1日，国民党北伐成功，在南京创办了"中国国民党中央执行委员会广播无线电台"，呼号XKM，简称中央广播电台，每天广播3小时。这是国民党继中央社、中央日报之后办起来的第三个中央宣传机构。4年后，发射电力从500瓦扩大到75千瓦，呼号改为XGOA，选择在孙中山的诞辰日11月12日正式开播，是当时亚洲最大的广播电台。之后，国民党陆续在杭州、北平、广州、上海等各地办起了20多座电台，用以抄收转播国民党中央广播电台的新闻节目，扩大其政治影响。1932年成立中央广播事业指导委员会，1936年更名为中央广播事业管理处。在抗日战争期间，广播电台成为反侵略与反压迫的斗争工具。1939年在重庆成立了中国政府第一个短波国际电台，宣传抗日，鼓舞全国人民的斗志，1940年1月正式更名为"中国国际广播电台"。在这个时期，大后方的昆明、贵阳的广播电台也进行了对外宣传广播。人民广播事业得以创立、发展并逐步壮大。

1940年春，根据党中央和毛泽东同志的指示，以周恩来同志为主任，成立了广播委员会，领导广播电台的筹建工作。中共的电台是从新华社的无线电通信报务活动中发展起来的，长期以来被称为"新华广播电台"，设备由苏联供给，是柴烧锅炉发电机。1940年2月，延安新华广播电台试验广播开始，1940年12月30日正式开播，这标志着人民广播事业的开始（两年后由于广播设备损坏而停播）。

二、新中国广播事业的发展

1949年6月5日新华广播电台脱离新华社,成立中央广播事业管理处,12月5日更名为中央广播事业局,北平新华广播电台也改为中央人民广播电台。中央对广播事业进行了一系列的恢复和改造,主要表现在以下几个方面。[①]

(1) 初步建立起中央人民广播电台为中心的全国广播网。中央人民广播电台成为全国广播事业的中心。1950年4月1日,广播事业局发布《关于各人民台联播中央人民广播电台节目的规定》,进一步要求各地转播中央台的节目。1950年4月10日,中央台开办《首都报纸摘要》节目,1955年更名为《新闻与报纸摘要》节目。这两个节目延续至今,成为公众了解国家大事及党的政策方针的重要消息来源。

(2) 建立广播事业基础设施网。到1956年,中国全国广播事业基础设施初步建成,有地方广播电台56座,其中省级广播电台27座,其余为地市级广播电台。同时,各地普遍建立了广播收音站,并建立起了农村有线广播网。

(3) 完成对民营广播电台的社会主义改造,大陆广播电台全部由国家经营。根据1948年《对新解放城市中原有之广播电台及其人员的政策决定》中规定的"新中国之广播事业,应归国家经营,禁止私人经营"的方针,政府对上海、北京、天津、宁波、广州和重庆6个城市中的私营广播电台进行了社会主义改造,以赎买的方式消除了所有的私营广播经济。在上海,通过公私合营的方式于1952年组成"上海联合广播电台",一年后,私股财产由上海人民广播电台收购。

从中华人民共和国成立到"文化大革命"开始(1949~1966年),虽然经历了种种波折,但新中国各项事业的物质基础是在这段时间奠定的,广播事业也不例外。"文化大革命"期间,中国的广播事业进入了一段消沉的时期。

三、中国广播事业的改革

1978年改革开放以来,中国广播业积极投入改革之中。中国广播在广播媒介理念和广播事业发展方面有了历史性突破。20世纪80年代中期,广东珠江经济台率先推出"珠江模式",引发了中国广播业界改革的新浪潮。"珠江模式"突破了束缚广播媒体多年的"文字传媒有声版"的运作模式,进入了广播听觉传播的新空间。"珠江经济台"开播三个月,基本改变了珠江三角洲的广播市场格局,收听率提升54.9%。

---

① 郭镇之. 中外广播电视史. 上海:复旦大学出版社,2005:170.

中国音乐广播、交通广播的专业化实践，带动了中国广播进入优化频率资源的可持续发展时期。20世纪90年代中后期，各省计划单列市及省会城市电台全面推行频率专业化，使广播频率定位及节目布局和节目形态都发生了深刻变化。广播频率专业化在某个特定频率上播出主题类似的节目，实现节目内容专一、单纯。对采制者而言，便于集纳节目，把握内容，提高时效性；更利于内容的开掘、节目的深化，克服了广播节目肤浅的弱点，增强了广播内容的深度，能够提高广播节目的感染力。广播频率专业化在某个特定频率上面向特定的受众，实现收听对象专注、集中。此外，广播频率专业化在某个特定频率上形成特有的风格，实现频道特色专一、明朗。频率专业化在呼号、问候语、栏目、节目编排方式、主持人风格等方面给听众一个鲜明的形象，不仅能够增强节目内容、节目表述的专业性、针对性，而且能够提高频率的独特性、可听性。

广播电台在社会教育、传递信息、文化娱乐和社会服务这几项基本功能的发挥，无论在深度上，还是在广度上都大大超过了以往。

第三章 电视的发展

有关电视的实验研究在 19 世纪 80 年代就已经开始，但是商业性的电视广播直到 20 世纪 40 年代才在美国起步。当时，美国卷入了第二次世界大战，这使得一些商业发展陷入停顿，因为一些电视设备所需要的原材料被国家视为重要的战备资源。战后，电视产业又一次缓慢起步。许多人都发现了这个机遇，联邦通信委员会收到了潮水般的申请请求，并且暂停为新的广播站颁发许可证。冻结许可证颁发的决定导致了有线电视、超高频电视台频道（超高频电视台，占据了 14～83 频道，比先前占据 2～13 频道的甚高频电视台有更高的频率）、彩色电视、教育频道和广播网的成型。在 80 年代，随着 CNN、MTV 和 HBO 等电视网的出现，观众被碎片化，创造了一副纷繁多样的电视行业图景。尽管寡头的形成会带来一些同质化的节目，但是现存的技术使得受众对节目内容和收看时间的掌控能力大大增强，电视台之间的竞争激烈。

第一节 电视的诞生及其重要技术的发展

随着 1875 年电话的发明及无线电和电影技术的发展，科技人员开始着手研究图像传送技术，以期应用最新科技成果，对静止或活动的景物、影像进行光电转换，并将电信号传送出去，使其他地方能即时重现画面。因此，它不是哪一个人的发明创造，而是群位于不同历史时期和地区人们的共同结晶。

一、电视的诞生

对于如何通过电子信号传送图像的思考大致分为两个阵营：机械扫描阵营和电子扫描阵营。保罗·尼普科夫在 1884 年于德国发明了机械扫描系统。1926 年，英格兰的乔治·洛希耶·贝尔德发明了一个可以传送实况电视图像的可操作系统。英国广播公司采用了他的系统，并在 1936 年开始广播。按照今天的标准，乔治·洛希耶·贝尔德的系统颇为原始，仅仅使用了 30 条传输信息的水平线。到 2009 年，美国国家电视系统委员会规定模拟电视使用 525 条水平线，现在的先进数字电视在每一个画面中使用了高达 1080 条水平线。

西屋公司的弗拉基米尔·佐利金发明了电子扫描。1923年，他发明了一套工作性的电子扫描系统，并不像以往依赖光碟的机械扫描系统，并且画质也得到了改善。他所使用的摄像管，即光电摄像管，是一个能够将光转换成电能的光感元件。佐利金还发明了电视接收器。他发明了一种称为电视显像管的元件，这种元件是同玻璃电子显像管类似的一种阴极显像管，这种显像管在平板电视发明之前一直被运用在电视设备中。沙诺夫对电视非常感兴趣，并且在后来建立了一套电视网。

1922年，费罗·法恩斯沃斯发明了一套电视系统，在20世纪30年代初期，他积累了很多电视系统的专利，这些专利大大提高了美国无线电公司的电视系统。法恩斯沃斯试图劝说美国无线电公司批准他的专利执照，这使他控制了自己的发明，并且从美国无线电公司获取了大量的收入。

1930年，电视技术的领导者——美国无线电公司、通用电气和西屋公司——联合推行电视。佐利金则同来自无线电公司和通用电气公司的工程师们一起合作。到1936年，一个实验性的电视站——W2XF，在纽约传送电视画面。到了1939年，441线的画面已经被发明，并且被电视台的日常传输所采用。

电视的发展一直贯穿了整个20世纪30年代。1939年，电视在纽约世界博览会上登台。沙诺夫将电视引荐给公众，由罗斯福总统进行了第一次总统电视演说。

同广播相比，电视在频谱上需要更多的空间（如带宽）。例如，AM广播需要10千赫，FM广播需要200千赫，但是电视需要6兆赫，电视所需要的频率是FM频率的30倍、AM频率的600倍。1941年，联邦通信委员会在国家电视系统委员会（被称为NTSC，一个为广播电视制定标准的团体）的建议下，采纳了如下标准，电视画面从以前美国无线电公司推行的441线提高到了525线。

二、商业电视台的早期发展

1941年，商业电视广播开始运营，但是由于美国政府卷入了第二次世界大战，最终迟滞了其发展。在1942年早期，联邦政府发现电视制造和接收器制造所使用的材料、设备都可以被投入战争，尤其是雷达设备的制造，因此，政府几乎将电视制造业全部关停。随着第二次世界大战接近尾声，对材料的限制开始改变，禁令逐渐被解除。电视曾经被许多人谈论，但是很少有人见过该项技术，它准备接受一次真正的市场考验。尽管战争已经结束，但是将材料重新投入电视广播站的重建仍然花费了约两年的时间。

1945年，仅仅有六家电视台运营，三年之后，到了1948年1月1日，也仅仅只有16家。许多因素导致了电视发展的缓慢，但是最重要的原因之一是与广播电台相比，建设一个电视台需要更多的技术知识。电视将图像和声音合并传输，这使得传输设备更加精密，额外的技术造成了额外的开销。电视需要更多的空间、更多的设备、更多的人力。20 世纪 40 年代，电视在起步阶段并没有得到公众的支持。直到后期，在美国经济爆炸式增长时，电视节的价格开始锐减，电视节目的选择多了起来，电视产业才渐渐增长起来。

1948 年后期，虽然仅仅只有 34 家电视台运营，但是有很多申请者向联邦通信委员会递交了申请。许多申请者是原有的 AM 广播站的所有者。联邦通信委员会和美国政府鼓励报业公司加入电视产业中。报业公司根基较为扎实，他们有为电视台建设支付开销的能力。几家报业公司建造了强功率电视台，并且持续运营了很多年。例如，芝加哥的 WGN 电视台由论坛报公司所建设，它的所有者是芝加哥论坛报公司和其他报纸企业，WTMJ 则为米尔沃兹日报的所用者所建。

新的电视产业为许多人提供了机遇。从战场中生还的老兵，由于具有雷达使用经历，往往可以成为电视工程师。其他人则在几个月内从摄像机操作员成为导演，再成为制片人。但是适合在电视行业工作的人才规模仍然很小。

第二次世界大战后观众对电视设备和节目的需求成为不断增长极大地促进了电视执照申请行为。联邦通信委员会被申请新电台执照的申请单所淹没，尽管针对广播电台的市场分配有一整套流程，联邦通信委员会仍然没有准备好处理申请电视台执照的申请单。终于在 1948 年，联邦通信委员会冻结了所有执照申请的事项，一直到 1952 年。在冻结期间，联邦通信委员会调研了有关如何为电视台分配光谱的问题，设计了超高频波段，并且处理了同一市场中的甚高频电视台和超高频电视台的事项，以及彩电、教育频道的问题。

三、录音、录像技术与彩色电视的发展

直播容易出错，最初的广播电视节目难以保存。原生态的直播电视时间冗长，技法与手段也较为单调。录音与录像设计的发明，实现了广播电视时空的解放。

（一）录音与录像设备的发明与改进

1877 年，美国人爱迪生发明了手摇滚筒式机械唱机。1887 年，美国人伯里纳获得了两项重要的发明：唱盘和横行唱针。从此，录下的声音可以长期保存并进行复制。20 世纪 20 年代，钢丝录音机首先在欧洲被采用。1929 年年底，英国广播公司开始使用钢丝式录音机进行长时间的录音广播。但这种方式的效果不太好。30 年代，德国发明并开始使用磁带式录音机。1947 年及其后几年，美国哥伦比亚广播公司和美国无线公司的工程师分别发明了 $33\frac{1}{3}$ 转（每分钟转动圈数）和 45

转的微型针头密纹唱片。由于这两项发明，电唱机开始流行起来。另一种录音方式则是磁式录音。1948年，美国安培克斯公司推出"卷轴式"录音法。到50年代初期，磁带录音机已成为大多数美国广播电台的标准设备。20世纪80年代，激光唱盘出现了。如今，唱机与磁带都较少被使用了，CD成为主流。

在录像技术上，最初电视中采用的记录媒介是胶片电影，之后的方式是电视屏幕记录设备，然后是磁带录像、激光视盘和各种数据视频存储工具。

1947~1948年，电视屏幕录像机出现了，它用胶片同步记录电视播出的声音和图像。但机器价格昂贵，且难以操作。20世纪50年代初期，随着电视产业的发展，磁带录像技术也发展起来。1956年，克劳斯比公司展示了4个旋转磁鼓的2英寸（1英寸=2.54厘米）磁带录像机，效果几乎可以乱真。同年11月，CBS播出了第一个录像节目《爱德华兹新闻评论》。从此，电视节目实现了制播分离。20世纪80年代以来，产生了可移动轻型摄像机和电子新闻采集设备（electronic news gathering，ENG），ENG与卫星通信设备相结合，又生产了卫星新闻采集设备（satellite news gathering，SNG）。借助这两项技术，新闻实现了全球的即时传播。70年代，盒式磁带录像机进入家庭。80年代，索尼公司（Sony）推出家用磁带录像机。其后录像技术和设备是激光视盘和数字式激光视盘。如今，存储技术与设备向网络端转移，改变着整体传播产业的格局。

（二）彩色电视的发展与应用

20世纪50年代，公众刚刚开始适应黑白电视，电视网就已经在试验新的系统，这种系统可以为电视广播带来全彩的效果。联邦通信委员会非常关注彩色电视，因为委员会对如何为电视分配光谱空间十分关注。

两个竞争性的电视系统逐渐出现，这两个系统都适合在6兆赫频段传输，而这个频段分配给所有的电视台。哥伦比亚广播公司的系统使用传送彩色信号的机械色环。这个系统同现存的黑白电视机不兼容，而且，它或多或少难以维持，并且制造的噪声经常影响画质和音质。美国无线电公司推出了另一个竞争系统，这个系统实现了彩色电视的电子化传输，而不是机械化传输。经过几轮争吵和辩论后，联邦通信委员会在1950年10月做出了支持哥伦比亚广播公司系统的决定。

公众还没有做好购买彩色设备的准备，尽管哥伦比亚广播公司和它的设备生产伙伴在联邦通信委员会做出决定后的几个月中就将其推向了市场。很少有节目为彩电的出现做好准备，而且很少有受众能负担起彩电的开支。

1953年年末，由于法院方面的推动，联邦通信委员会推翻了自己的决定，选择了美国无线电公司的彩色电子系统。出现这一反转的部分原因是哥伦比亚广播公司不能为其继续推进彩色系统做出令人信服的说明，同时美国国家电视系统委员会也采用了无线电公司的设备。无疑，美国无线电公司的总裁沙诺夫，为了公司生产的系统能被接收也做了不懈的努力，最终对联邦通信委员会的决定产生了影响。无线电公司的设备不断地得到改进，被全美国的广播者所适应，一直到2009年数字转化器的出现。

尽管其他运行更加良好的系统在世界范围内被采用，但是美国国家电视系统委员会采用的系统仍然是无线电公司的系统，直到其被数字电视所取代。525线的彩色传输系统在多年来一直备受批评，不仅仅因为同其他系统相较有低分辨率，而且因为工程师经常发现其可靠性较低。

虽然采用了美国无线电公司的彩色系统，但是无论是对彩色设备制造商还是彩色节目制作者来说，都没有巨大的需求。因为几乎所有的电视摄像机只能制作黑白图像，很少有节目采用彩色的制作方式。而且，人们已经购买了黑白电视设备，这在当时是非常昂贵的，更换彩色电视的成本巨大。总体来说，这个情景同当今从模拟电视转向数字电视的情形颇为相似。数字电视设备的购买从20世纪90年代就增长缓慢，直到数字转换器的出现，因为它们很昂贵，而无法普及。

第二节 电视网的发展及其主导地位的确立

正如广播在20世纪30年代和40年代所表现的那样，广播网从起初就主导了电视行业。十分有趣的是，广播网所拥有的经济能量正是从经营广播中积攒起来的，这些资金被投入电视行业中。加入电视网的电视台往往表现良好，而单独的电视台则往往不得不为其受众数目、节目和资金而奋力拼搏。电视的重要性在20世纪60年代更加显现。许多事件被电视网独家报道，如乔治·肯尼迪遇刺、马丁·路德·金博士遇刺、越南战争、街头暴力种族冲突和人类的第一次登月。

一、电视网的形成与发展

美国各地方的独立广播电视台在与电视网的博弈中，发现不如成为电视网的附属电视台更好。附属电视台为电视网提供一定时段的广告时间，电视网则为之提供一定的节目内容，这样就形成了"加盟台机制"，当然协议时间内的部分广告时间还属于本地加盟台，协议时间外的节目可以自己选择播出的内容，甚至可以采购其他电视网的节目播出。此外，附属电视台通过提供时段可以获得报酬。这种行为，被称为电视台补偿，这一补偿金取决于附属电视台为电视网提供了多少受众。

拥有联播电视台的电视网拥有网络化的节目制作。独立电视台不得不向联合企业求助，来得到制作好的节目，包括体育节目、地方制作的节目，尤其是儿童节目和厨艺展示节目。战时的冻结行动有助于电视网的成型。在冻结期的四年中，现有的电视台为了能够附属于两大电视网（哥伦比亚广播公司和国家广播公司）而奋力拼搏。因此，在冻结期结束后的两年内，两大电视网拥有了超过四分之三数量的附属电视台。国家广播公司在1943年将其蓝色电视台分离出去之后，美国广播公司得到了组建，无论在电台数量还是受众规模上都远居第三。美国广播公司在1951年陷入了财政危机，为了继续其事业，不得不同联合派拉蒙影院合并，以获取现金流。另一大广播网——杜蒙特广播网，经历了同美国广播公司类似的问题，即受众规模过小，并且在1955年停止了运营。

广播网的模式开始于广播时代的早期，广播网控制了大量的附属电台。背后的原因颇为简单：广播网可以提供高质量的娱乐节目，使得地方电台更加流行。好莱坞和纽约的大牌明星的节目可以在全国任何一个小城镇通过广播被收听到。广播网将明星和节目分享给附属电台的现象在电视时代得到了延续。

电视节目往往制作昂贵。在早期，广播网使用它们在广播黄金时代中积攒起来的资金制作了足够多的节目，使地方电台能够提供一些新闻、公众事件、儿童节目和体育节目。然而，戏剧、情景喜剧，甚至是花样繁多的演出对于大部分电台来说仍然十分昂贵。

电视行业残酷的生存现状意味着电视附属网非常有价值，独立电视台不得不自己制作节目，要么便从独立制造商和辛迪加那里购买节目的材料。在20世纪50年代早期，这些来源并没有产出多少高质量的节目，这使得附属于一个电视网络变得十分具有吸引力，无论从财政上还是运营上考虑。同电视台自制节目或者从其他途径获取来源相比，从电视网中获取节目要更加容易，更重要的是，同地方制作或者独立制作的节目相比，电视网的节目往往具有较高的质量。

电视网在既有的市场中精心地选择电视台，在同附属电台进行谈判时拥有巨大的优势。换句话说，电视网可以在财政事务和时段安排上直接对其附属电视台进行指令安排。市场上拥有附属电视台最多的三家电视网是哥伦比亚广播公司、国家广播公司和美国广播公司。在大多数情况下，独立电台往往是一个市场中的新手，播放的也是当时不太受欢迎的超高频信号。在三大电视网占据的市场，几乎没有或者很少有独立电台生存的空间。

电视网有着很大的自由空间。地方电视台被联邦通信委员会直接规制，电视网仅是通过他们自有的电视台而受到规制。很少有法令和规制直接加于电视网之上，因为电视网并不使用公有频段，只有附属电视台才使用。

介于地方电视台和电视网之间的附属电视台每年都需要更新。然而，从第二次世界大战后至今，一个电视网旗下的附属电视台往往可以运作数年之久。电视网和附属电视台之间的关系从电视台存在早期就已经产生了，并且被延续了下来。

美国国家广播公司和哥伦比亚广播公司都拥有足够的财力、强大的甚高频电视台和可以从广播移植到电视的节目存货。除了他们拥有的节目，电视网还从节目和广告商的紧密关系中受益。从广播移植到电视中的节目经常将广播广告客户也带入电视中。对于已建立起忠诚度的广播节目来说，这一举动带来了许多忠诚的电视观众。如果说在电视时代的早期，节目制作上有什么问题的话，那么这个问题便是电视只是简单的广播加图像。许多同样的节目仍然使用同样的明星，仅仅是从广播搬到了电视上。尽管这给受众带来不错的体验，但是对于新节目的类型和风格并没有多少长进。尽管如此，第二次世界大战之后仍然出现了电视的黄金时代，受众和广告商都涌向了电视。

当前美国有五大电视网，分别是哥伦比亚旗下的 CBS 电视网、ABC（美国广播公司）旗下的 ABC 电视网、NBC 集团旗下的 NBC 电视网、20 世纪福克斯旗下 FOX 电视网和由哥伦比亚及华纳兄弟共组的联合电视网（CW）。

二、非商业电视的诞生

在第二次世界大战之后的电视"冻结期"，联邦通信委员会同时受到商业广播者和涉及非商业广播站的教育电视联合委员会的游说。商业广播者试图阻止联邦通信委员会为非商业电视台保留电视频道，而教育电视联合委员会则为非商业电视的运营游说。联邦通信委员会增加了为非商业电视台预留的频道数量，从总电台数量的 10% 增加到了 35%。从那时起，联邦通信委员会增加的非商业电视台的数量总共达到 600 家。

1959 年，非商业电视台的运营者组建了国家教育电视网，一个共享预先录制好的节目的合作企业。当一个电视台播放节目之后，便传送至下一个电视台，等等。这个便宜而低技术的电视网，被称为"脚踏车电视网"，不允许处于不同地域的电视台同时播放相同的节目。1967 年，卡耐基教育电视委员会——一个由政治家、商业公司、艺术家和教育家组成的团体——发布了一份有关非商业电视的报告，这份报告建议政府建立一个专注于公共电视的公司。直到这时，非商业电视才与教育电视产生了紧密的联系。卡耐基教育电视委员会意图改变非商业电视的方向，使其为公众提供广阔的文化视角。

在《1967 公共广播法案》中，"广播"第一次被用来替换"电视"，因为国会决定将广播、电视一同纳入法令中。随着这个法案的提出，一个新的公司将会成立，这个公司董事会的成员将由美国总统任命，国会将为其提供财政支持。这标志着专注于非商业广播的电视网诞生。

这个公司在1968年被组建，即公共广播公司（Corporation for Public Broadcasting，CPB），既是节目制造者，也为电视台提供支持。然而，公共广播公司不被允许拥有任何一家电视台。美国公共电视网（Public Broadcasting Service，PBS），作为公共广播公司的操作手段，将会对同电视网相连接的电视台进行管理。这个安排为公共广播公司的节目制作提供了资金和服务网，并且赋予了它可以广播自己心仪的节目的权力，避免了迫于政府的压力而播放政府资助的节目。公众广播服务从1969年开始运营，一个星期有五天的时间可以为旗下的电视台分发节目，包括为儿童制作的节目《芝麻街》。

公共电视网，是一个非营利性的私人企业，它的成员是公共电视台。其任务涉及为其旗下的电视台进行节目获取、节目分发和节目促销。尽管公共电视网自身并不生产节目，但是它支持公共广播公司制作节目，并且帮助从世界独立制作者手中获取节目。公共电视网同样涉及将工程管理、技术和录像产品做进一步改进的任务。此外，公共电视网管理旗下的成人学习服务，每年为多达45万的学生提供教育课程。这个服务在2005年被终止了。

公共电视网不像商业电视网，因为它并不出售广告时段。公共电视网从很多国家、地区和地方获取资助。观众直接提供的捐助大概占到总资金的25%，州政府提供大约18%的资金，公共广播公司（连同联邦拨款和合同）提供大约16%的资金，商业捐助提供16%的资金，州立大学和学院提供6%的资金，基金会提供另外5%的资金。因为公共电视网节目的生存哲学是立足于为大众提供文化和教育。当卡耐基教育委员会首次建议建立新型的非商业性电视网时，商业电视网表明了支持的态度，因为它可以为一部分受众提供节目，这些受众一直以来对商业电视网节目的娱乐性持批判的态度。观众现在又拥有了同商业电视台娱乐性节目不同的另一种选择。公共广播者们承担了播放"严肃"文化和信息的角色，商业电台和电视网则可以将精力集中在一部分不那么繁杂的受众群体上，这部分群体对广告商有着巨大的吸引力。

三、70年代后的电视发展

20世纪70年代，有线电视通过付费频道（如HBO）和出色地收看体验吸引了观众。和电视网一样，有线电视网以投资拍摄自用节目为特色，还扮演着辛迪加市场的节目购买者角色，同时也构成了自有节目向外分销的渠道。HBO等有线电视网的节目也可以返销到广播电视网、辛迪加等市场中，如《黑道家族》等。录像机使得观众能够租赁电影和电视节目录像。到了20世纪80年代，这些可替代性的传输系统变得更强，有了更多可观看的节目。随着有线电视网的加入，如美国有线电视新闻网络（Cable News Network，CNN）、音乐电视（music TV，MTV）

和娱乐体育节目电视网（Entertainment and Sports Programming Network，ESPN），频道的数量得到了大幅增长。

联邦通信委员会在20世纪70年代颁布了一些新的规定，鼓励电视行业的竞争行为。第一条是黄金时段使用规则，规定在前50个最大的市场中，禁止电视网的节目在黄金时段连续播放三小时以上（即东部时区19点到23点，中部时区18点到22点）。联邦通信委员会的目的是鼓励电视台播放更多的地方节目，允许独立制作者拥有一小时的黄金时段，鼓励其在电视网的控制之外播放节目。然而，受条例规制的电视台拒绝寻找便宜的节目来源，而是自己制作节目。70年代，录像带开始被应用到产业中，家庭观众通过进度调节、录制节目对电视有了更大的控制权。

辛迪加市场在20世纪70年代中期开始游说美国国会。联邦通信委员会推出了第二条规则制止电视网通过在网络中播放的独立制作节目获取利润和控制权，这条规定被称为经济利益和联合规则。这样，电视网和独立电视台必须采购，形成了一个庞大的电视网以外的"辛迪加节目市场"。控制辛迪加节目的主要是好莱坞电影集团的电视节目制作部门，这一发行渠道主要面向的是有线电视网、地方独立电视台，当然也可以卖给电视网。

第三个规则，即双头垄断规则，禁止在一个市场拥有电视台或者AM、FM广播的公司，再获取这个市场上的另一家电台或电视台。换句话说，电视台的所有者不能再购买同一市场上的另外一家电视台。显然联邦通信委员会担心在既定市场中出现的所有权集中现象将会导致广播的垄断。

还有一条规则由美国国家广播工作者协会（National Association of Broadcasters，NAB）所提出，规则要求减少电视中可能被儿童收看到的暴力等内容，试图将暴力内容限制在21点之后，21点以前被称为"家庭时间"。这个规定遭到了电视行业的强烈反对，理由是它限制了自由表达的创造力和权力。换句话说，电视行业不喜欢国家广播工作者协会对节目内容指手画脚。其他反对者的原因是它们怀疑国家广播工作者协会屈从于联邦通信委员会的压力。这个规定没有被联邦通信委员会所接受，但是这些"强烈呼吁"仍然对70年代的电视节目制作产生了影响。

电视解除规制的倾向开始于20世纪70年代后期，贯穿了整个80年代。一些人甚至声称70年代的放松管制导致了80年代里根共和党人执政时期的解除管制。公众服务的节目减少了，对一小时内的商业广告数的限制规定没有了，执照更新更容易了，没有了交易限制（电视台所有者只有在拥有电视台三年以后才能将其出售），录像保存也并非必需了。1984年，联邦通信委员会提高了所有权"7数规定"的限制标准（在每一个服务领域，如AM广播、FM广播和电视市场中，最多只能拥有7家电台），将其升至12家。1992年，这个限制规定再一次提升，允许每个所有者拥有多达40家广播电台。

20 世纪 90 年代电视业发生了很多变化。在这个十年间，互联网为人熟知，并且声称要为媒介格局带来巨大的改变。更重要的是，新的电视网出现了，有线频道在不断扩张，直接卫星电视在经济上变得可行。

1991 年海湾战争为电视新闻提供了一个用卫星技术从地球另一边传送高质量新闻报道的机会。最大的赢家是 CNN，它对时局进行全天 24 小时直播。广播网无法负担这笔额外的开销，因为他们不能占用可以吸引大量广告份额的娱乐节目时段。同时，其他广播网没有这一领域的新闻机构和记者。CNN 则拥有这一套组织机构，这套机构成了突发国际新闻的来源。CNN 作为新闻优先来源者的地位得到了巩固。直播卫星系统开始为观众服务，为观众提供了许多高质量的频道，同地方有线电视公司展开了直接竞争。

《1996 电信法案》的实施，为电子媒介的图景带来了显著的变化。有关所有者的规制被放宽了，允许媒介公司在一个领域购买更多的公司（如广播业和电视业），并且可以打破传统的界限。比如，一些公司可以在一个市场同时拥有一个电视台和一家日报。然而，涉及交叉所有权的问题并没有得到解决。电视集团的所有者们能够获取任何数量的电视台，对所有权放松规制导致了更少的集团拥有了更多的电视台。

电台与频道数量的增加，导致了受众的碎片化规模的缩小。电视网对广告市场和旗下联播电视台的影响力减弱了。联播电台继续播放电视网节目的同时，插播了它们自己拥有和制作的节目。一些电视台认为，他们在黄金时段广播电视网的节目所得到的补偿金太少了。其他的电台则拒绝同电视网签署长期合同，更倾向于使联播电台的选择充满弹性。

20 世纪 90 年代出现了三个新的电视网：华纳兄弟、联合派拉蒙和帕克斯，最终发展成为了 CW 电视网（由华纳兄弟和联合派拉蒙组成）和 ION 电视网。当福克斯电视网在黄金时段开始播放其节目时，另外两家集团同样开始创办新的电视网。华纳兄弟电视网（华纳兄弟所有，是一家电影公司）和联合派拉蒙电视网（UPN，由联合派拉蒙电影公司拥有）这两家电视网在 1995 年开始在黄金时段播出。这些电视网吸收了一些联播电视台，这些电视台曾经就是独立电视台，或者是一些拥有少数观众的小电视台。但是，这两家电视网都没有撼动三大电视网的收视率。华纳兄弟和联合派拉蒙每个星期的节目播放时长和受众数量都远远少于美国广播公司、哥伦比亚广播公司和国家广播公司。尽管这两个新的加入者表现欠佳，第三个新选手仍然在 1998 年加入了进来。这个电视网是 ION 电视，由帕德·帕克森所有。它试图通过提供家庭友情类的温馨节目，而非暴力节目来同竞争者竞争吸引受众。尽管这个电视网现在仍然存在，但它要依靠联播电视台、有线电视和卫星传输电视网才能生存。2006 年，由于较低的收视率，华纳兄弟和联合派拉蒙合并，并同哥伦比亚广播公司联合成立了 CW 电视网。CW 电视网的名字来源于其母公司，哥伦比亚广播公司（CBS）的 C 和华纳兄弟（Warner Bros）的 W。其他不属于 CW 广播网的电视台在 2006 年组成了一个名为 My Network TV 的电视网。经历了三年的低收视率后，My Network TV 改变了它的身份，从一个电视网变为了联合节目服务商。

电视节目的卫星传输被新服务所使用，如家庭影院，并带来了巨大的成功。事实上，家庭影院引领了一个新时代的到来——通过卫星传输节目——导致了有线电视行业的兴起，观众收看电视节目的来源也发生了变化，他们更习惯于从源头获得电视节目，而不是通过交纳订阅费从电视台、电视网处获取节目。国家有线频道开始试着集合广播电视网，但是没有得到联邦通信委员会的批准。三大电视网开始为了争夺受众时段进行了一些残酷的竞争，但是他们的受众规模和收入仍然持续攀升。

第三节　电视的数字化转型

数字电视，也称 DTV，允许电视节目以宽频、高分辨率的形式进行传输，同样也支持标准分辨率的节目传输，同模拟电视画面类似，但是拥有更优质的色彩体验，且干扰也更少。老式的模拟电视拥有 525 线的分辨率，但是高分辨率的电视拥有 1080 线，是老式的两倍，能承载更多的图片信息。另外，高分辨率电视图像具有更宽的纵横比（屏幕宽度和长度之间的关系），生产 16∶9 的图像（16 单位的宽度，9 单位的高度），比起生产 4∶3 图像的模拟电视，高分辨率电视将宽屏幕图像更紧密地聚集了起来，更适合我们的视觉习惯。这一新的标准被先进电视系统委员会（ATSC）所采纳，被称为 ATSC A/53 或者 ATSC。

在从模拟转向数字的过程中，联邦通信委员会强制所有的电视台为新型数字设备注资。向数字化转型并没有立即带来经济上的回报，因为电视台并没有找到与以往通过模拟电视获利相区别的新的方式。然而，新型数字系统的一个优势是，电视台在 6 兆赫频道上能够同时传送数个电视节目。例如，一家地方电视台可以将它的主打节目在第一个频道上播放，第二个频道可以被用来报道天气和新闻，第三个频道可以用其他语种来广播，如西班牙语。这是一种节目供应网，如国家广播公司所做的那样。

在转型到数字化以前，观众对新型数字广播技术的接受非常缓慢。一套数字设备的价格是一套模拟设备的数倍，数字广播信号需要一种广播接收天线。因为超过四分之三的观众要么是用有线电视，要么使用卫星电视来收看节目。最初人们对这些新兴天线既没有兴趣，也缺乏知识，但是当有线电视和卫星电视系统都将高分辨率电视信号加入观众可选择的项目中时，数字电视的使用人数提升了。模拟设备的拥有者仍然能够接收到信号，因为有线电视和卫星电视公司为了使老式电视能够继续使用，将数字信号转换成了模拟信号。既不使用有线也不使用卫星系统的老式设备所有者则需要配置一个整流器，将数字信号转化成模拟信号。

使用数字信号之后，电视台现能够在标准分辨率电视上传送数个节目，或者在高分辨率电视上传送两个节目。标准分辨率电视和高分辨率电视的音质同 CD 唱片的音质类似，可以包含多达五个频道的声音，在传输的音质和数量上都远远超过了模拟信号。

数字化转型已经发生，电视设备相比以前更像计算机，拥有 CD 驱动、DVD 驱动和高质量语音系统的计算机很快成了家庭娱乐的核心，因为它们可以运行任何电子化的媒介，接收任何在线广播或者视频服务。唯一不足的是需要使用特殊的硬件才能在计算机上接收电视网、有线电视和卫星电视。数字广播（还有数字电视和卫星传输）模糊了使用电视进行娱乐和使用电视监视器来进行工作之间的界限。一些计算机界的大公司——苹果、微软、戴尔和捷威——将设备卖给那些既用计算机工作又用计算机娱乐的人。这些不仅改变了家庭娱乐界的竞争态势，而且改变了观众如何使用计算机的方式和如何在家里摆放计算机的方式。

用 DVD 收看电视的方式成了影响电视收看的一个因素。DVD 的诞生及其标准的确立与娱乐业有着很大的关系，就像当年索尼公司开发 CD 光盘时也是主要针对娱乐业，20 世纪 90 年代初，美国电影制片业顾问委员会起草了一份代表好莱坞七大电影制片公司的愿望书，其中一项就是要求能在一张 CD 中记录一部标准长度（135 分钟）的视频节目，并要求高于 LD 的图像和声音质量。上述要求于 1990 年提出，在 1994 年正式得到确定。VCD 的图像分辨率只有 352×240（NTSC 制式）或 352×288（PAL 制式），显然，单靠提升视频编码技术是无法满足上述要求的。鉴于好莱坞影视集团在世界娱乐业中的影响力，硬件厂商又开始了新的努力，可以说这是研究开发 DVD 的最初动因[①]。录制于 DVD 上的电视节目销售额在 2003 年达到了 1.5 亿美元。许多观众为了避免商业广告，获得更好的画质，并且随意安排自己的观看时间，他们心甘情愿地购买整整一季的电视连续剧。这一倾向从 2007 年经济下滑以来或多或少受到了影响。此外，下载网站——无论是合法的还是非法的——使得购买实体的 DVD 变得不是那么必要。上网本（能够联网的小型手提电脑）的趋势替代了手提电脑和台式电脑，上网本上并没有安装 DVD 驱动器。内部驱动器的缺乏鼓励观众去寻找易于通过其他设备存储和传输的娱乐方式，如闪速存储器或者闪存盘。

数字视频录像机，如硬盘数字录像机，允许观众在重放节目过程中跳过广告。这些设备通过有线电视和卫星电视能够方便地使用。数字视频录像机是计算机化

---

① 百度百科. DVD. https://baike.baidu.com/item/DVD/186164?fr=aladdin[2017-03-16].

的硬件驱动器，里面装有有线和卫星接收器，能够使得使用者将节目传送到其他媒体上，如 DVD 和闪存驱动上。

电视网受到技术变革和其他传输系统的持续挑战。电视广播网的观众持续下降，因为观众拥有了更多的选择。电视网发现他们的利润率极大地依赖于其他设备无法提供，而只有他们能提供的节目。例如，电视网可以传输直播节目，像新闻和体育，可以通过提供反映现实的节目，来提高利润率，这些节目不需要为明星、作家和独立制作者提供巨额资金。他们会通过并购节目制作公司和节目辛迪加组织来实行垂直型融合战略，这使得他们能够增强对节目来源和输出的控制能力。他们也同样会在其他设备上利用新的节目服务（如有线电视、卫星电视和互联网），以此来保持足够大的受众规模，从而吸引广告商。

尽管现在还没有能力威胁到大型电视制作商，但是个人创造电视节目的能力已经隐隐浮现。高质量电视节目生产所使用的数字化工具，曾经为"大媒体"所独有，现在成了人皆可得的手段。技术简便化正在改变电视节目生产的未来。电视台并不仅仅在传统媒介领域和不同的市场之间展开竞争，同样还得面对用户生产内容的服务竞争，如 YouTube。YouTube（2006 年被谷歌以 1.65 亿美元的价格收购）在 2010 年每月的观众将近 1 亿。每个电视网都有自己的网站，用来播放视频。国家广播公司、美国广播公司和福克斯联合创办了 Hulu.com 来吸引观众点击和观赏没有经过剪辑的节目。对传统电视台的挑战往往提供了引人注目的内容，这些内容将会被观众所欣赏，并且得到广告商的支持。

有关电视的未来，新设备和发明将会不断面世，或许会为观视行为带来巨大的变化。随着上网变得越来越便宜，这种设备会带来更多的收看行为。通过可移动电视、手机收看电视，受到了严重的局限，因为传输系统，带宽和屏幕尺寸的问题还没有得到有效解决。当大屏手机变得更加方便可用时，电视产业在任何时候，任何地点达至受众的努力将会有突破性的进展。一些人相信电视的下一轮浪潮是 3D 电视。尽管还有许多困难需要克服，比如需要戴特殊的眼镜才能获得 3D 效果，许多电视行业的玩家正在进行试验，以使 3D 收视行为可以被运用到电视技术之中。

技术为受众提供了不同的观视体验，这迫使电视网和多频道节目服务（有线电视公司、卫星电视公司和电讯公司）持续地调整自己的传输模式和盈利模式，以便在争夺观众和广告商的竞争中存活下来。电视台当今使用了新的方式来为受众提供新的选择，利用社交媒介同受众保持联系。

第四节　电视事业在中国的发展

1949 年之前，中国一直长期处于不安定的状态之中。电视事业的发展需要财力与政策的支持，而这两项必要条件，在新中国成立之后才初步具备。

一、新中国成立以来中国电视事业的发展

1958年5月1日,中国第一座电视台、中央电视台的前身——北京电视台开始试验播出。创办之初,由于设备的限制,电视台覆盖面只限北京一地(半径25千米),电视观众也很有限,因为拥有电视机者极少。此后,上海、哈尔滨等城市也相继开办了电视台,到1960年,全国的电视台、试验台和转播台达29座。"文化大革命"时期,中国的电视事业一度停顿。

之后,中国电视事业的基础设施建设逐步完备起来。1973年5月1日,北京电视台试播彩色电视。到1979年,全国各省、自治区、直辖市都建起了彩色电视台。至1987年,全国有各级电视台366座,办有405套节目,每天播出节目2328小时。到1987年年底,遍布全国的发射台、转播台1.76万座。各省、自治区、直辖市分别建设了总长达3.7万余千米的微波支线。1985年起利用国家发射的通信卫星,可以把中央电视台的节目,直接传送到新疆、西藏等边远地区。全国电视覆盖率在1987年已达总人口的73%。北京、上海、广州、沈阳等城市的电视台办有三四套节目供观众选择收看。在新疆、西藏、内蒙古和吉林延边等少数民族地区,还分别办有维吾尔族、哈萨克族、藏族、蒙古族、朝鲜族等少数民族语言的电视节目。20世纪80年代以来,中国的有线电视也逐步发展起来。到1987年年底,全国已建成有线电视传输分配系统3000多个。1988年中国电视机社会拥有量为1.4亿架(不包括台湾地区)。

1978年5月1日,北京电视台正式更名为中央电视台(CCTV),成为中国唯一的一家全国性国家级电视台。中央电视台的节目经卫星微波干线向全国各省、直辖市、自治区传送。1983年3月,广播电视部为加速电视事业的发展提出"四级办电视"的口号,即除了中央和省一级办电视台,在具备条件的地方,允许省辖市、县两级办电视。于是全国各地大大小小的各级电视台如雨后春笋般地出现,并大致形成了以北京为中心的全国微波干线播出网。截至1993年,经广播电视部正式批准登记的电视台达586家,全国的电视覆盖率为81.2%,电视观众已达8.06亿。

二、中国电视事业的转型

1992年,中共中央、国务院发布《加快发展第三产业的决定》,广播电视业被纳入第三产业。第三产业可以而且必须搞创收,因此,电视事业向市场经济迈进。

各电视台开展起多种经营。1993年,东方电视台成立,创办当年,创收即达1.23亿元,1994年突破2亿元。1994年,广东省成立有线电视台,它虽属于事业

单位，但实行企业管理。1994 年，中央电视台获得广告收入 12 亿元。同年，中央电视台首次进行广告招标，标的是 1995 年《新闻联播》后《天气预报》前的 12 块 5 秒钟广告。竞争相当激烈，最终这一分钟拍得 3.6 亿元。与此同时，湖南、上海等省级电视台的广告逐年攀升。

经营模式的转试，带来节目的转轨。其中时事栏目转轨十分突出。1993 年《东方时空》开播了。作为中央电视台的第一个新闻杂志型栏目，《东方时空》有着难能可贵的开拓精神：板块型结构设计、深度报道的引进、电视新闻主持人的设置、双向开放性电视传播观念的确立等诸多方面的成功探索，为电视新闻的发展开辟了一片崭新的天地。同时，《东方时空》在运行机制方面也进行了探索，获得了较好的广告收入。

《东方时空》成功之后，中央电视台于 1994 年又开播了《焦点访谈》，它由评论部主办，节目定位是：时事追踪报道、新闻背景分析、社会热点透视、大众话题评说。自开播以来，该节目受到党和国家领导人、各界观众的广泛关注和重视。它以深度报道为主，以舆论监督见长，是中央电视台收视率最高的栏目之一，多次获中国新闻界最高奖项。栏目平均每天收到数千条来自观众通过电话、信件、传真、电子邮件、QQ 等方式提供的收视意见和报道线索。《焦点访谈》开播至今，创造了中国新闻界舆论监督方面的一个"奇迹"。它运用新闻报道的形式，通过在新闻媒体上公开曝光的途径，对社会失范行为进行监督。

从 1993 年开始，中国电视台还增设了《社会经纬》《东西南北中》等许多新的栏目。从这一时期起，注重交流的"谈话节目"开始盛行起来。谈话节目是由主持人邀请有关人士及受众，围绕公众普遍关注的重要问题，在平等民主气氛中展开的一种电视节目形态。《实话实说》是中央电视台推出的谈话类节目，在下午 5 点左右播放。《实话实说》是一种新型的节目样式。类似的电视谈话节目在国外被称为"脱口秀"（talk show），一般具有较高的收视率。中央电视台新闻评论部经过反复实验、多方咨询、不断改进，终于在 1996 年 3 月 16 日播出了首期节目。《实话实说》和《艺术人生》被并称为央视所推出的最成功的谈话类节目，但节目由于收视率不理想于 2009 年 9 月底停播。谈话节目已经发展出了多种类型的形式、内容和题材。

转型时期，电视节目传输也有了大发展。1992 年，中央电视台第四套节目成为中国每个国际卫星电视频道，覆盖 80 多个国家和地区。20 世纪 90 年代后期，中国有线电视网络形成，卫星加线缆成为中国电视广播的主要途径；另外，卫星传播的教育思路开始让位于产业思路，娱乐也逐步成为其余的产业生长点和媒介经济的新卖点[①]。此外，随着卫星传播的普及，采用卫星直播的电视节目逐步日常化。

---

① 郭镇之. 中外广播电视史. 上海：复旦大学出版社，2005：228.

第四章　有线、卫星和点对点传输

自从 1895 年马可尼第一次通过无线电将莫尔斯电码传送出去后，电子媒介领域发生了许多变革。20 世纪 20 年代商业广播开始运营后，这个产业从点对点交流转变为了一点对多点的交流。兴起于 20 世纪 40 年代的电视主导了电子媒介领域。技术因素、经济因素、政治因素统统影响了受众接收电子信息的方式。

第一节　有线电视

从电视的早期试验期到 20 世纪 70 年代后期，大多数人，尤其是生活在大城市的居民，直接从电视台获取电视机，他们的电视设备上安装有天线，这些天线可以直接从地方电视台接收广播信号。生活在乡村地区或者其他远离大都市的偏远市场的人，则从一个或者数个主要市场的电视台接收信号，然而往往需要借助于坐落在附近的小型信号接收器。这种信号接收器，被称为转播站，它可以通过一个特殊的频率来传送信号，以避免同原始信号之间的相互干扰。

然而，在电视发展早期，转播站并没有得到使用，许多生活在远离大城市的居民或者生活在电视信号被山丘和高山障碍区域的人往往无法接收到电视信号。无论是信号被阻挡还是附近没有电视台，全国范围内仍然有许多观众无法收看电视。对电视强烈的渴望导致另一可替代性的传输设备诞生——有线电视。

美国联邦通信委员会在将频率和频道分配给电视台时遇到了不小的困难。在 20 世纪 40 年代后期，联邦通信委员会冻结了批准电视台执照的进程。尽管一开始声称冻结是暂时的，仅仅会维持六个月，但是事实上，冻结从 1948 年到 1952 年维持了四年之久。在这段时间内，电视变得非常流行，但是那些不住在主要市场之中或者附近的人则被关在了电视潮的门外。

坐落在小城市和城镇的设备商店所有者在电视设备销售上遇到了困难，因为这些地区没有地方电视台，不能从遥远的电视台接收信号。这些设备销售商需要找到一条为他们所在的城镇带来电视信号的方法。

为了将遥远地区的信号引入城镇，宾夕法尼亚州农村地区的设备销售商乔治·华尔森与阿斯托利亚的帕森斯提出了相似的解决之道：将电视台天线置于山丘和高山的顶端便可以接收到来自遥远地区的电视信号。但是引入电视信号只是计划的一部分，赚钱则是另外一个动力。很多年前沙诺夫制定了《音乐盒子备忘录》，这个计划主张通过在广播上提供吸引人的节目，以此来促进收音机的销售。将沙诺夫的观点运用在电视上，这个计划使设备销售商提出了一种将电视节目引入所在区域的方法，从而将电视设备向消费者出售。

共享电视信号的观点并不新奇，它第一次提出是在纽约，公寓的居民发现其他建筑遮挡了信号，他们只能将天线置于建筑顶端才能接收到电视信号。提供一个共享的天线之后，这一问题得到了解决。一个功能强大的天线被用来接收电视信号，并且通过电线系统将信号分发给不同的住户。

1948年，身处俄勒冈州的帕森斯将一个电视天线摆放在阿斯托利亚一家旅馆的房顶上，以此来接收西雅图电视台的信号。然后他将天线和住所之间用一根长长的电缆连接了起来。当帕森斯拥有100里内唯一一台可以接收到信号的电视机的流言传开时，当地人的兴趣被激发了起来。他还将天线和旅馆的大厅用电线连接了起来。

最终，帕森斯获准在阿斯托利亚郊区通过地下通道来架设电线，并将电线架设到了许多私人住宅。帕森斯开始为国内其他地区想要设立同样系统的人提供咨询。

鲍勃·塔尔顿同样是一个电线经营商。他将自己位于宾夕法尼亚州兰斯福德的设备商店同一个位于附近山丘顶上的天线连接了起来。他是第一个将有线电视传输概念化为一个地方商业的人，并且使用了经过改进后的设备，这些设备从米尔顿·夏普处购得，后者是杰罗尔德电子公司的所有者，也是未来宾夕法尼亚州的州长。最终，杰罗尔德电子公司成了相关设备制造领域的领导者，尤其是在公共天线电视领域。

可见，有线电视的发明并不是一个翻天覆地的技术突破，相反，这个观点最初产生于那些渴望通过电视收看娱乐节目的观众。在有线电视产生初期，很少有专门面向有线电视的专利被投入使用，因为它所使用的技术基于现存广播信号的简单分发。有线传输最初的功能是将电视信号引入那些无法接收到信号的地区，但它后来的发展帮助广播者拓展了新的观众群体。

有线系统想要进一步扩展它们的领地，提出了另外一个能够达到目的的方法——微波传输。微波通信（microwave communication），是使用波长在1毫米至1米之间的电磁波——微波——进行的通信。20世纪40年代到50年代产生了传输频带较宽、性能较稳定的微波通信，成为长距离大容量地面干线无线传输的主要手段，可同时传输高质量的彩色电视。通过使用微波信号，有线系统能够远距离引入电视信号。远距离信号的引入使得观众有了更多的节目选择，因此也有了为有线电视订阅和付费的理由。

但是从其他地域引入信号并不利于地方电视台，它们往往被有线系统频道拒之门外。联邦通信委员会要求有线系统为市场上所有"有相当收视率"的电视台节目进行传输。1965 年颁发的法令因"必载法令"而闻名。换句话说,有线系统必须传输地方电视台的信号。

1972 年,联邦通信委员会批准部分地区的有线系统使用卫星传输信号。有线系统被要求传输来自三大电视网(CNN、CBS 和 NBC)的信号,并且从邻近系统的市场上获取信号。这个规定被称为"反交互跃进规则",因为有线系统不能忽略近处的电视台,而偏爱远处的电视台,从独立电视台处引进信号也受到了类似的限制。1972 年法庭同样设立了《反联合法案》(也称为《联合独占法案》),当一个市场内的地方电视台也在播放同一档节目时,禁止有线系统播放一个遥远的电视台的联合制作节目。

这一情况在 1977 年得到了缓解,当解除规制的潮流强烈地影响了联邦政府。有线系统声称联邦通信委员会的规定阻碍了它的发展。联邦通信委员会最终放宽了规制,允许外语节目和宗教节目的无限制引入,废除了反交互跃进规则,取消了最低数量限制,这一规则要求系统至少拥有 3500 个订户,至少有 20 个频道。

互联网的普及给有线电视带来一定的冲击。根据美国收费电视市场研究公司 SNL Kagan 的最新报告,2016 年第二季度全美有约 812000 户家庭不再续订有线电视服务。HBO Go、Amazon Prime、Netflix 及 Hulu 等网络媒体视频服务逐渐成为年轻人和受教育水平较高家庭的首选。因为低廉的价格和更加灵活的收费方式,以及在影视内容上的快速跟进,使得这些网络时代的产品更受青睐[①]。

而在中国,随着宽带的普及,越来越多的家庭放弃了有线电视,而转向了电信局的 IPTV 业务。这是一种利用宽带网,集互联网、多媒体、通信等技术于一体,向家庭用户提供包括数字电视在内的多种交互式服务的技术。广电与电信在物质上具有整合的基础,广电用自己的有线电视网发展宽带业务,电信用自己的宽带发展电视业务。但广电与电信之间的整合并不顺畅。

第二节 卫星传输的商业化

卫星技术对有线行业的发展具有重要意义。当视频节目从卫星上传送到有线公司的方案在经济上和技术上变得可行时,有线行业得到了飞速发展。三种不同的卫星被用于传输:①地球同步卫星在地球赤道 22300 英里上空运转。这些静止卫星为有线公司和电视台,以及传输音频视频的直播卫星提供服务。②中高轨道卫星在较低的轨道上运行——低于 22300 英里,但是高于地球 1000 英里。这些动态卫星被用来进行音频和数据的传输,同时也为全球定位系统提供服务。③低轨道卫星是动态卫星,在地面上空 100~1000 英里的范围内运转。它们被用来为私人通信提供服务,如手机、互联网和电视会议。

---

① 马荣. 美国一个季度流失近百万有线电视用户. http://soft.zol.com.cn/602/6020507.html[2017-01-28].

现在电视台可以自由地将信号通过卫星传送至国内的有线系统。这样做的电视台被称为特大功率电台，因为他们通过卫星将节目传送至全国的有线系统。最有名的特大功率电台包括位于亚特兰大的泰德·特纳的 WTBS、位于芝加哥的 WGN 和位于新泽西的 WWOR。特大功率电台主要提供如职业运动比赛和流行的古式情景喜剧这样的节目。

当卫星传输信号成为现实，有线产业紧密关注着电视网以外的节目来源。有线产业对卫星传输频道尤为感兴趣。第一个试水者是家庭影院频道（HBO），在 1972 年开始运营。位于纽约的斯特林曼哈顿有线公司考虑到对实况体育和电影等娱乐节目的需求，创立了 HBO。刚开始，HBO 并不成功，因为它仅仅是将节目出售给东北地区的其他有线公司。微波传输范围的限制和接收器的局限阻碍了 HBO 的进一步发展。

HBO 的总裁德·莱温开始对卫星传送节目信号加以关注。此时，联邦通信委员会相关的规定得到了放宽，这些规定涉及如 HBO 一样的节目公司可以传输什么类型的节目；为了能够提供卫星传输节目，公司需要另外购买多大规模的接收设备等。当这些问题得到解决后，有线公司通过卫星向其消费者提供频道的业务得以展开，但是需要加收额外费用。HBO 成了第一家通过卫星传送原始节目的公司。HBO 节目被发送至卫星，有线公司的卫星接收器可以接收到信号，然后将信号通过有线传送给订户。就这样，卫星传输改变了有线电视的角色和目的。不仅仅通过有线传输广播网的节目，新的有线网络为订户提供了原始节目。

越来越多的媒介公司加入到这一市场中来。观众对不同的新奇节目的兴趣为有线电视和优质频道订阅数量带来了巨大的增长。能够接收卫星信号的有线系统数量大幅增长。

有线产业开始采用提供受广告商支持的卫星频道，而不是基于订户的频道。这一时期标志着许多有线频道同电视网的关系越来越紧密，如美国电视网、CBN、C-SPAN、ESPN、SNN、MTV 和 BET。同 HBO 一样，这些频道被传输至卫星上，然后被有线服务所接受，接着被分布到订户的家中。但是对广告商支持的频道并不收取额外的费用，仅仅对优质频道单独收取费用。

除了传输广播网、卫星广播网和优质频道，有线系统同样提供地方节目频道。这些地方来源频道包括一系列的节目，比如为地方而制作的高中足球比赛、城市委员会听证会、地方教堂服务和一个在某人车库里演奏的乐队。这些节目由一些订户所制作，他们从有线公司或者其他地方借来设备以制作节目。

如今，在美国大约有 7700 家有线系统在运营，许多可以传送数字信号。有线系统的数字信号优势在于，它可以被压缩，使得以往一个模拟电视信号占用的空间现在可以传输更多的数字信号。这一过程被称为"多路复用"。除了能够搭载更多的频道，数字有线的另外一个优势是它有很强的交互性，这使得订户能够将信号传送给有线首端，以此来定制视频节目（VOD）。有了VOD系统，订户可以选择他们喜欢的节目和电影，并且可以立即收看。

当前，有线公司正在升级他们的系统，从模拟升级为数字，并且使用光纤电缆来传送信号。升级以后的系统可以搭载更多的频道（基础频道和付费频道），可以吸引新的订户。有线公司同样强力推出其"三网融合"服务，这个服务可以通过他们的有线调制解调器来使用互联网，还可以收看电视节目。

直播卫星公司，比如Direct TV和DISH电视网继续通过提供可替代有线的服务来吸引消费者。通过压低价格、提供高质量的节目，直播卫星公司从有线公司那里吸引了订户。直播卫星服务同时也通过提供数字视频录像机和电话电视联合包来吸引订户。通过提供一些服务，直播卫星公司可以同有线公司和电信公司直接展开竞争。

视频节目可以从卫星传输向有线系统的一点对多点的技术，同样也可以直接将节目传输至观众的家中。卫星共用天线系统的缩写是SMATV，也被称为私人有线。从本质上讲，一个卫星共用天线系统和一个小型有线系统颇为类似。卫星共用天线系统为城市中一个或者数个附属建筑提供服务。卫星共用天线系统的始端坐落在接受服务的建筑场地中，以此来接收卫星信号。一个卫星共用天线系统并不需要得到特许经营的批准，因为它可以独立运转，属于私人财产，因此避免了需要从城市有线系统中获取使用许可的必要。卫星共用天线系统在公寓楼、家庭、大旅馆、医院和度假村被广泛使用。除了提供视频节目外，有的系统同样提供互联网介入和其他电信服务。

1994年Direct TV获得了成功，这是通用汽车的一个附属电台，为休斯电子公司所拥有。Direct TV的第一个竞争者，DISH电视网在1996年创立。尽管直播卫星的消费者开销比有线电视要稍微大一些，但是它为消费者提供了大约150个高质量的电视频道——往往是有线电视频道数目的两倍。直播卫星为一些无法获得当地有线系统节目的地方提供频道，而且，信号非常好。因为信号以数字化的方式传输到一个18英尺的小盘上，从而被转化成模拟信号，以便模拟电视设备能够收看。

直播卫星最大的弱点在于为了提供服务而需要建立基站，这点颇为复杂，但是建设费用已经被考虑在了预算之内。直播卫星的另一个缺点是不能向订户提供地方广播电台的节目，这一格局直到1999年才得以改变。这迫使那些想要收看地方节目（如晚间新闻）的订户要么使用有线电视，要么在直播卫星设备上加装天线以接收地方信号。同时使用有线电视和直播卫星电视过于昂贵，且收看的节目有很多重复。同时，几乎很少有人为了收看地方新闻和其他节目而选择加装天线。这一问题在1999年得到了解决，当时卫星家庭观众法案规定地方广播信号将在直播卫星上传输。

迄今，在直播卫星领域有两大玩家：Direct TV 和 DISH 电视网。这两家公司相互之间争夺订户，并且同有线公司进行竞争。2002 年 3 月，Direct TV 和 DISH 电视网向联邦通信委员会提议，两家公司合并为一家，为全国提供直播卫星服务。然而，政府拒绝了这一提议，更倾向于使两家公司相互竞争，为受众提供更多的选择。

然而，当电视设备能够同时使用互联网服务，电视节目也同样能够通过互联网进行收看时，订户或许更倾向于放弃有线电视和卫星电视，转向互联网来收看他们喜欢的节目。因为计算机键盘、鼠标界面比有线公司和卫星公司提供的复杂的远程服务更适合互联网电视。尽管对普通人来说，一个月为有线电视或者卫星电视服务花费 100 美元十分普遍，然而许多订户为了省钱，选择绕过节目传输渠道，直接在互联网上或者支持上网的电视上收看节目。放弃有线电视和卫星电视订阅或许会变得越来越普遍，就像过去十年间人们放弃报纸一样。同样的变化或许将会发生在卫星电视节目行业。

第三节　有线及卫星传输引发的争论

新技术在应用与大规模普及的同时，总会带来一些争议。新技术要得到充分的发展，需要对这些问题进行讨论，并出台有效的规制。

一、版权问题

有线公司从 20 世纪 40 年代到 70 年代末期可以不必付费就获得节目。广播电台将节目免费提供给有线公司。他们对此并不乐意，但是如果想要继续保持受众规模的话，他们别无选择。

电视台将其播放时间预留给电视网的节目，是会得到补贴的。但是一家电视台不可能从电视网得到一天 24 小时的节目，因此为了制作和传输自己的节目，如晚间新闻，他们需要支付费用。播放这些非电视网的节目开销可以通过出售广告时段部分抵消。所以当这些电台自制的节目通过有线传输，并无法得到补贴时，电台和电视网采取了法律措施。尽管花费了不少时间，但是广播电台最终说服国会通过了《1976 美国版权法案》。这个法案建立了版权裁判所，以此来强制有线公司为其电视节目接收行为付费。

尽管版权裁判所是暂时的，并且有一些问题，但是它的设立解决了版权责任的问题，同样也是有线行业能在 20 世纪 70 年代末期到 80 年代初期飞速发展的一个重要原因。此外，一些针对有线系统的规制得到了解除，联邦政府更倾向于建立一个自由市场。政府允许由市场来决定一个新的传输系统，如卫星传输有线电视，来为市场服务。1993 年，国会终止了版权裁判，并且将收取版税的责任赋予了国会图书馆。

二、特许经营权

到了 20 世纪 80 年代早期，对有线传输的需求非常强烈。然而，有许多因素阻碍了它的发展，因为要想为个人市场提供服务，有线公司必须要遵守特许经营规则。

特许经营权是一个社区为公司颁发的准许证，准许其为社区内的居民提供有线电视服务。城市委员会公布一个需求方案说明，对递交的建议书进行权衡，然后投票选出最好的建议。获胜的有线公司将会获得特许经营权，为这个城市或者地区建设有线系统。

尽管几乎每个城市和城镇在 80 年代早期都完成了特许经营权的颁发，但是有线公司仍然会为了能够获得建设有线系统的权力而展开疯狂的竞争。对大市场的争夺战尤为激烈，从伦理视角来看，这引发了许多有争议的问题。特许经营权成为了一项能够在一个市场中进行排他性的有线系统建设权力。一旦建设成功，这个系统将会依赖于每个月都缴纳订费的长期消费者。拥有了一个有线特许经营权相当于拥有了一个实用设施，如电力或者电话设施。对于有线公司和发明者来说，特许经营权为长期和稳定的盈利提供了一条渠道。有线公司长期的收入有了保障，抵消了在市场内架设电线和建设首端的高额费用（比如，电视信号被处理并被传送至订户的地方）。特许经营权不仅涉及财政，还涉及政治。当涉及社区试图为其居民达成最优交易时，这是一个经济问题；当涉及所有公众利益，并确保委员会接收有线公司的建议书时，这是一个政治问题。对于特许经营权的竞争同样也是争夺委员会成员的过程。

在一些城市，委员会成员被允许对提交建议书的有线公司投资。当从这些竞争性的有线公司能够获取低息贷款时，它们在股票交易市场就变得更有吸引力。特许经营的另一部分是为城市提供的实际服务。在获得特权经营权之前，有线公司需要处理的问题非常繁杂。建议书中所陈述的细节看起来体现了双方的诉求。然而，事情并非总是如此。当特许经营权被批准后，有线公司有时会发现，曾经许诺的条件并非总能负担得起。大多数有线公司当初为了获取特许经营权许下很多承诺，然而之后却无法真正兑现。

有线公司在有线产业发展良好时期做出承诺。这个时期是 20 世纪 70 年代到 80 年代初期，在这个时期，有线电视被许多人视为灵丹妙药，他们认为有线电视可以传送电视节目，可以提高健康意识、安全和教育。有线电视被赋予了很大的期望。

尽管许多有关节目传输的许诺得以实现，但是有关其他服务的诺言则多数没有实现。这些未竟的事业或许由于经济原因，包括为了健康、消防和安全监控建设基础频道的开销过大。通过有线为社区提供这些服务甚至根本就没有被实施。

三、地方政府与有线公司之间的利益平衡

在20世纪70年代和80年代早期，联邦通信委员会继续对有线产业解除规制。然而地方政府颁布法令继续对有线行业进行检查，因为这能使城市和城镇从中获益。因为被地方政策制定者的需求所困扰，有线公司便游说联邦通信委员会，请求其出面在地方政府需求和有线公司供应之间提供一个平衡。

1984年《有线政策法案》出台，这个法案是对《1934通讯法案》(Communications Act)的调整。这一法案为有线公司和受其服务的地方社区之间的关系提供了指南。它包括市政府对价格比率和节目的控制，有线公司维持其特许经营权的能力和观众对有线服务的盗用等特殊规定。此外，作为特许经营权的一部分，联邦通信委员会重申了城市具有获取频道使用的权力，反交叉所有权法案阻止公司在同一个市场上同时拥有广播台和有线公司，并且要求公司对订户的个人信息进行保密，以此来保护订户的隐私权。这些规则实施后，有线公司可以继续为主要市场开展业务，由此在电子媒介领域发展成了大玩家。1984年《有线电视政策法案》最重要的部分是对价格控制的有效排除，使得不管市场的承受能力如何，有线公司都能保留收费的权利，并且创造了足够的现金流以对新节目的制作提供支持。

四、寡头垄断

到了2010年，四大电视网康卡斯特、时代华纳、考克斯通信公司和查特传播公司占据了有线电视市场的四分之三。其中康卡斯特有线传播公司和时代华纳有线传播公司控制了3600万订户。很明显，有线行业形成了寡头垄断格局，少数公司占据了市场的大部分份额。

这些有线公司的所有者们没有局限在有线公司上，除此以外，他们经常收购拥有其他大众媒介的公司，有时候甚至收购非媒体公司。比如，时代华纳集团除了拥有《时代杂志》《财富》《人物杂志》以外，还拥有华纳兄弟公司，HBO和特纳广播公司（拥有特大型功率电视台 WTBS、CNN 和 TBS）。

一个同时拥有有线系统、广播电台、有线频道、制作公司和电影公司的集团具有资源整合的优势，他们可以为自己的电子媒介提供自产的内容。这种对生产和传输同时进行控制的行为被称为垂直融合，它既提供了机遇，也引起了广泛的质疑。公司将自产的内容提供给自己的有线频道系统。通过在有线系统上预留空间，

公司可以确保自己制作的节目能够被播出,这至少可以通过出售广告来收回当初的投资。而独立节目提供者的节目无法得到类似的播出保证。更重要的是,一家大型公司可以通过只在自己的系统上播放并限制在其他系统上播放的方式,来捧红一档节目。垄断带来的不公平现象是显而易见的。

当几个大公司操控了创新、内容制作和内容分发,以致多样性被抹杀时,垂直融合会遭到禁止。换句话说,只有少数的声音能被听到,信息范围、观点和意见变得非常局限。有线公司往往会声称,他们能够提供数量巨大和多样化的内容选择,垂直融合带来的经济收益可以被用来为消费者提供更多的服务,以及强调垂直融合对媒体存活的重要意义。这些寡头公司站出来回应对垂直融合的批判,他们声称只有他们的新节目和服务在播放频道和收入得到保证之后,才能有资本和精力为少部分群体制作特定的节目,像黑色娱乐频道(BET)和发现频道这样的节目。

《1992有线电视消费者保护法案》同样规定了有线系统能够传输什么样的广播信号。已拥有超过12个频道的有线系统必须为地方电视台保留一定的频道数。此外,电视台有权为信号使用而进行谈判。

在紧张的几轮谈判之后,大有线公司和多系统操作者表示,为了获得额外服务,他们将为电视网提供专用频道。换句话说,有线公司不再为了获得在系统上播放电视台节目的权力而向电视网付费,而是为其提供专用的频道。电视网现在能够开设自己的有线频道,如 NBC 开设了 MSNBC、ABC 开设了 ESPN2、福克斯开设了 FX 频道。

五、有线电视费用

消费者对有线电视的价格和服务多有抱怨。在 20 世纪 90 年代,国会决定介入有线产业的收费问题。1992 年《有线电视消费者保护法案》规定联邦通信委员会有必要、有权力控制基础有线订阅服务的价格。1993 年,联邦通信委员会限制了有线公司向订户收取的费用,它要求有线公司降低收费,并将多收的款项退还给订户。

20 世纪 90 年代后期,有线行业的竞争更加激烈,订阅费也稳定了下来,因此对有线行业的收费进行控制也显得不那么必要。1996 年,国会结束了对有线行业的价格限制,1999 年,废除了价格方面的规定。但是从那时起,有线电视比率已经增长了 45%,价格又膨胀了近三倍。据统计机构 Leichtman Research 的最新研究数据,近五年来美国有线电视订阅的平均价格上涨了近 40%,从 2011 年的 73.63 美元上升至 2016 年的 103.10 美元[①]。

---

① cnBeta.美国有线电视订阅费突破百美元 较五年前上涨四成. http://www.cnbeta.com/articles/ tech/542481. htm[2017-03-19].

第四节　点对点传输

随着技术的发展，电子媒介内容的传输终于突破了传统一对多的传播格局，点对点传输成为可能。点对点传输网络是数据以点到点的方式在计算机或通信设备中传输。星形网、环形网都采用这种传输方式。P2P 网络的一个重要的目标就是让所有的客户端都能提供资源，包括带宽、存储空间和计算能力。因此，当有节点加入且对系统请求增多时，整个系统的容量也增大。互联网是网络与网络之间所串连成的庞大网络，这些网络以一组通用的协议相连，形成逻辑上的单一巨大国际网络。点对点传输改变了过去一点对多点的传播模式。

1876 年随着电话的发明，个人信息的电子传送变成了美国人生活的一部分。从那时起，我们在生活中变得越来越依赖电子化的点对点，或者一对一的传输方式。美国几乎所有人都至少使用一部电话。

到了 20 世纪 90 年代中期，手机开始流行。其实，手机也是一项新近的发明。但是颇为有趣的是，手机的第一个原型在 1947 年就被发明出来，作为一种同汽车联系的方式。然而，这项发明非常局限，因为联邦通信委员会规定在同一地域，同时在线的电话交流不能超过 23 个。

起初，制作手机的成本太高，并不适合大规模普及。同时，由于联邦通信委员会对使用无线方式进行一对一交流技术毫无兴趣，无线电话的引入被迟滞了。直到 1978 年，电话电报公司的贝尔实验室发明了一种蜂窝系统，并且在芝加哥进行了一次针对消费者的实验。短短几年间，其他公司也对蜂窝系统进行了实验，同时向联邦通信委员会施加压力，要求其批准商业蜂窝系统。

第一台可移动的手机，被称为便携式手机，虽然大且重，但是在一些情况下方便了使用。手机在 1984 年开始了商业化的道路。到了 1990 年，一共有 530 万的手机使用者。到了 2002 年 5 月，超过 1.3 亿的美国人成了手机使用者，是 1992 年数量的 18 倍。美国青年在 13500 万人中占据了 3200 万，到 2001 年，他们花费在手机和附属服务上的开销是 172 亿美元。手机使用者在 2008 年达到了 2.6 亿。

2002 年 7 月，布什政府为无线传输服务分配了更多的射频频道。美国国家电信局的商业部门和信息管理局同联邦通信委员会及业界紧密合作，在 2010 年年底开辟了更多的频段空间，以继续满足美国消费者持续增长的对无线语音和数据通信的需要。

移动电话也被称为蜂巢电话，"移动"描述了它的使用方式，而"蜂巢"则描述了它是如何工作的。一部手机是一种双向广播。基本上，一个城市或者国家被区分成的小区域被称为"蜂巢"，半径往往只有几英里。每个"蜂巢"包含了一个低功率广播传输/接收塔,这个塔能够覆盖整个"蜂巢"区。这些塔集合起来可以覆盖整个大地区、城市、国家或者其他地区。每个"蜂巢"的范围根据地理地形、手机使用者数量需求和其他标准来确定。

根据国际电信组织——一个联合国下属的国际组织,包括了各国政府和负责协调全球电信网和服务的下属部门——在 2003 年到 2008 年,美国固话的数量降低了 1800 万。这一趋势需要密切关注,因为固话数量的大规模跌落使得资金流向了手机服务提供商,而在手机服务领域势力低下的区域贝尔运营公司(regional Bell operating company,RBOC)则受到了经济上的损失。这一趋势对威瑞森及电话电报公司的影响甚微,因为两家公司在固话和手机方面都有业务。

现在手机的流行趋势是"智能手机"。行业领袖苹果手机结合了所有传统手机的功能,并且其功能只有在以前的计算机上才能找到。现在通过这种手机接收邮件和上网十分普遍,它的键盘在功能和布局上都同计算机的标准键盘颇为类似,这为使用者带来很大的方便。此外,数以千计的应用(App)可以通过智能手机来下载。这些应用可以将手机转变成音乐播放器、视频摄像机、电视机、游戏机和全球定位系统(global positioning system,GPS)旅行导航。智能手机和微型计算机之间的界限变得越来越模糊。

在手机领域,技术发明突飞猛进。下一代手机将使用户可以更简便地拍摄数字照片、上网、发短消息、打游戏、发邮件和下载图片、节目和铃声。这些手机将会使用高质彩屏、触摸屏幕和更优质的声控拨号服务。手机将会得到持续的发展,其多功能性、便捷性和具有竞争力的价格使得更多的消费者使用无线服务。不同数据和音频网络相互融合的趋势在加强。世界范围内的电话、有线电视、无线通信和计算机数据网络都很少再是一个孤立的系统。也就是说,基于互联网协议封包交换系统,它们融合成了一个强大的综合网络,这是一个多功能的网络,可以以低廉的成本快速地传送任何信息。同其他传输公司一样,通信公司也会持续地融合兼并。2004 年辛格乐和电话电报公司组成了一家新的大公司,这使得这个行业同有线和卫星行业相似,形成了垄断格局。

第五章　互联网的发展

互联网这一电子网络系统实际上在20世纪60年代早期就已经萌芽。在将近40年的时间里，这一技术得到了迅速发展。

第一节　互联网与万维网的发展

20世纪60年代早期，科学家们向美国政府提交了一份正式建议书，建议创造一个去中心化的联系网络，以便在核战争中仍然能够使用。为了促进计算机连接项目的进展，阿帕网得以创建。阿帕网所建立的网络联系很快受到了美国政府的关注，并注意到通过电子网络在研究所和学校之间共享信息的潜力。温顿·瑟夫，即后来的"互联网之父"，同来自斯坦福大学和加州大学洛杉矶分校的研究者们一起发展出了封包交换技术和传输协议，这使得互联网得以运作。在20世纪80年代，美国国家科学基金会（National Science Foundation，NSF）接受了设计网络的任务，这一网络后来成了今天广为人知的互联网的基础。同时，欧洲核子研究中心（Organisation Européenne pour la Recherche Nucléaire，CERN）由提姆·伯纳斯·李（万维网之父）所领导的科学家团队，发展出了一套能够在世界范围内联通的系统，后来被称为万维网。

互联网以封包交换网络的方式运作。它承载了数据集束，并且将它们分成小的封包，可以独立地通过网络进行传输。同大封包比起来，小型的数据集束在网络中传输起来更快更有效。它的运作同搬家一样，用大卡车搬运沙发、冰箱等，用自己的小轿车运送小件，如行李箱等。当运输的时候，将每一部分分开搬运，并在目的地将每一部分重新整合，这会更加方便。简而言之，这也是互联网的工作模式。

在万维网发明以前，存储在互联网上的信息只能通过一系列复杂的步骤和指令才能重新恢复。这个过程很困难、费时，并且需要拥有同互联网协议相关的高深知识才能进行。因此，互联网的使用范围很小。事实上，直到1993年，它才得到了公众的广泛关注。在这一年，大学生马克·安德森和伊利诺伊大学的其他学生发明了一款名为马赛克的浏览器，这是世界上第一款网络浏览器。马赛克浏览器使得使用者能够通过点击超链接来获取和分享互联网信息，而不必再依靠艰难的指令和界面。马赛克浏览器吸引了吉姆·克拉克的注意。通过克拉克的支持和安德森的努力，网景浏览器诞生了。这一款马赛克浏览器的加强版使安德森成了不到三十岁拥有百万身价的技术新秀。自马赛克浏览器面世以来，一批批浏览器起起落落，一些新浏览器得到了发明和推广。

第二节　互联网整合传统电子媒介

许多互联网使用者抛弃了传统的广播和电视，转向了互联网，使用互联网收听广播同传统使用空中广播相比，能够接收到无静力干扰的高品质广播，使用互联网能更方便地阅读时事，观看视频或者节目，而不需要坐在电视机前等待节目播放。

一、在线广播

随着在线技术提升了传统的电子媒介，看到了通过在网上传送内容而扩大受众规模，最终提升收入的潜力。几乎所有的地方广播电台都建立了网站，同时提供新闻和信息，一些时候还在线传播节目和音乐。这些网站引起了媒介产业的关切，他们认为互联网使用者在某一天会发现，他们不再需要广播。相反，他们仅仅需要通过互联网就可以收听广播节目。

在广播的早期岁月，业余操作者使用收音机来传送信号和声音，那时受众数量十分局限，只有拥有接收设备的人才能收听。发送和接收设备都很难操作，接收行为充满了干扰，接收设备本身很大，又繁杂，这使得受众往往局限在一些技术性的先进人才中。在广播技术发展初期，技术内行往往被这一新媒体所吸引。正如早期原始的无线电信号和充满干扰的节目将受众排除在试验性的广播之外一样，带宽限制和计算机的低速运行及调制解调器的低速率，都使得许多广播粉丝并不使用互联网来收听广播。而现在，4G 网络普及，在线收听音乐已完全不再是问题。

随着从小众市场推进到了中等规模市场，同时，大学广播站逐渐将广播行业导上了互联网之路。当他们的成功故事传遍了整个广播行业时，其他广播站也急切地建立了他们自己的音乐网站。Real Network 公司，RealAudio 产品的提供者，是第一家将实时广播引入互联网的公司。自从 RealAudio 在 1994 年创办后，上千家广播电台都走上了互联网的道路。通过使用 RealAudio 的技术，AM 商业广播和 FM 商业广播，公共广播和大学广播都获得了大量的听众，并且逐渐从播放预录制节目转向了实时直播。

自从 RealAudio 出现后，几家其他的公司类似的设备和新的协议，以便为更快的信息流拓宽带宽。自从互联网发明以后，在线广播的出现经历了一段很长的时间。现在,可以通过互联网收听在线广播。计算机和互联网技术更加便宜、便捷,可以传送更好音质的音乐。

RealAudio 技术的本质是流媒体技术。有了流媒体技术,使得在线收听与观看成为可能。流媒体简单来说就是应用流技术在网络上传输的多媒体文件,而流技术就是把连续的影像和声音信息经过压缩处理后放在网站服务器上,让用户一边下载一边观看、收听,而不需要等整个压缩文件下载到自己的机器后才可以观看的网络传输技术。该技术先在使用者的计算机上创造了一个缓冲区,播放前预先下载一段资料作为缓冲,当网络实际连线速度小于播放所耗用资料的速度时,播放程序就会取用这一小段缓冲区内的资料,以避免播放的中断,这也使得播放品质得以维持。流式不仅使启动延时成十倍、百倍地缩短,而且不需要太大的缓存容量。以宽带为基础的流媒体不仅可以进行单向的视频点播,还能够提供真正互动的视频节目,如互动游戏等。流媒体技术有三大特点:第一,能够实时播放音视频和多媒体内容,也可对其进行点播,具有交互性;第二,边下载,边播放;第三,客户端接收、处理和回放一个流媒体文件,但该文件不在客户端驻留,不占用客户端的存储空间,流媒体处理和播放完随即被清除。只有同时符合这三个特点的才能称其为流媒体。流媒体系统大致有以下几个组件:转档/转码工具(encoder),用于压缩转档;服务器(server),管理并传送大量多媒体文件;编码器(scripter),可整合多媒体,并以互动方式呈现;播放器(player),在用户端呈现流的内容[①]。如今,已发展出多种流媒体软件用来播放音频或视频。

1999 年,大学在校生肖恩·范宁发明了 Napster,第一个可以在线查找、下载和传送 MP3 音乐文档的软件。年轻人对音乐的热爱使得 MP3 文档和 MP3 播放器成为自从晶体管收音机以来最受欢迎的热潮。尽管对于音乐所有者来说,录制他们个人购买的音乐光碟并且传送到移动播放器上是合法的,但是将备份同没有购买音乐的其他人分享则被视为侵犯隐私权和版权的行为。起初,音乐共享网站被视为一个好主意,但是他们很快发现陷入了各种版权问题,并且深陷各种诉讼之中。美国波士顿大学的一名学生乔尔·泰纳巴姆(Joel Tenenbaum)由于非法下载并分享 30 首歌曲而被罚款 67.5 万美元。

在 21 世纪的前十年,录像产业针对音乐盗窃行为发起了一场轰轰烈烈的战斗。唱片工业协会控告了将近 300 个音乐爱好者。唱片工业协会认为,下载一首免费的音乐同从录像店偷窃光盘的行为是一样的。唱片工业协会要求这些人为其损失的数百万美元负责,甚至将每首歌损失定为 15 万美元。在明确声明之后,唱片工业协会同意开价 3000~5000 美元,以解决损失问题,同时,要求那些试图避

---

① 杨嫚,朱红,刘进学. 流媒体的发展现状及趋势. 情报科学, 2003(12): 1246-1248.

免被起诉的人发布一份书面承诺，答应清除计算机中的所有音乐文档，并且保证不再下载音乐。唱片工业协会的努力是有效的，非法下载音乐的数量大大减少了。

Napster 是 1998 年推出的老牌网上音乐服务，在聚集了大约 8000 万用户之后，Napster 陷入了数年的法律纠纷，唱片业不断给它带来法律麻烦。最终美国上诉法院法官在 2001 年宣布将其关闭，次年其资产被德国媒体集团贝塔斯曼收购。Napster 在 2003 年重返市场，但是这时，它已经是一个合法的网站。这项服务向每一个用户的下载行为收费，然后向音乐公司、出版商和艺术家付费，以补偿他们声称的在唱片销售中的损失。然而，其后 Napster 走上被收购和数次转手的命运，包括 Roxio、PressPlay、百思买等公司的数次易手，让 Napster 的发展步履蹒跚，并且一直持续到现在。

此时，问题集中在互联网使用者是否愿意为他们曾经免费得到的音乐付款。年轻人成为数字音乐的主要受众，13.2%的 90 后愿意为数字音乐会员付费，而 80 后、70 后的比例则仅分别占 9.2%和 5.8%。数据充分表明，在正版化趋势中成长起来的 90 后有着更强的付费意识和版权保护意识，更愿意为高质量歌曲享受付费[1]。许多下载免费音乐的人将会挑喜欢的音乐付费。但是正如我们现在看到的，为下载音乐付费变得十分普遍，许多人更愿意为了喜欢的音乐买一张光碟。形成网络音乐付费的消费习惯与消费心理，还需要一些时间。

二、在线电视

许多狂热的粉丝一直将电视视为娱乐终端。你可以随时随地收看自己想要看的节目，仅仅需要按动按钮，等待屏幕跳转就可以。尽管收看电视非常流行，但是观众仍然在寻求新的方式来满足爆发式增长的视听娱乐的要求。

网络被视为"电视的未来"。一些时候，网络被视为交互式电视的新形式，其交互性是吸引力的核心所在。在 20 世纪 90 年代中期，互联网被吹捧为电视的替代品。

传统的广播电视模式将节目展示给数百万的观众。有线电视出现以后改变了这一模式，开创了"窄播"的模式，即为小众制作特殊的节目，这些受众的规模虽小，但是他们的兴趣和忠诚度更高。互联网将窄播向前推进，将信息定向发给小规模团体和个人，将信息直接发给家庭计算机，甚至是直接发到个人寻呼机和手机上。就这样，网站成了一个"个人广播系统"。

如今，当观众将网络作为信息和娱乐的来源时，传统电视观众的规模被侵蚀，伴随着的是潜在广告收入的损失。CTR 媒介智讯发布的报告显示，2016 年

---

[1] 人民网. 学生成为音乐 APP 主力军 90 后付费意愿最高. http://net.chinabyte.com/456/14009456.shtml [2017-03-19].

互联网广告增长 18.5%,而电视广告却降低了 3.7%①。由于版权保护的缺失,大量的电视节目在没有授权的情况下流向网络媒体。这一过程虽然使电视节目的内容获得了更广泛的传播,但也加速了电视平台的萧条,越来越多的观众逃离电视机,转而选择视频网站等更自由的方式以获得同样的内容资源。

为了抵消观众数量的损失,以及为了维持现有的观众,大部分电视网建立了自己的网站,用来推销自己的节目和明星,以求在电视界占有一席之地。许多新的电视节目或者是回归的电视剧都在网络上通过横幅广告、网站、博客、推特、公告栏和聊天室来进行推销。

观看电视有两种基本方式:有目的的观看和仪式化的观看。有目的的观看指的是目的明确的观看行为,在收看电视之前脑海中就已经有了特定类型的节目。仪式化的观看更多的是一种自然的习惯,只是为了看电视而看电视,并没有特定的目的。例如,为了提早收看自己喜欢的节目首播,或为享受一种大屏幕的高清体验而守在电视机前观看节目。但也有一部分人选择观看电视,是对电视媒体的一种情感因素,例如,跟家人一起看电视可以加强彼此之间的情感交流,这是网络所无法取代的。

互联网用户使用网络既有目的性的,也有仪式化的。有时候用户上网寻找特定的信息;我们关注网络的内容,并且从一个网站跳转到另一个网站,寻找信息。在另一些时候,上网仅仅出于习惯,或者是为了打发时间,用户漫无目的地点击链接,寻找喜欢的内容。在浏览网页时往往不太需要动脑筋,用户从一个"沙发土豆"变成一个"网络土豆"。网页被设计得引人注目,每一个屏幕都能吸引你足够的注意力,因此你不必频繁地滚动和点击鼠标。长时的音频和视频使得你花长时间在每一个页面上。当电脑显示屏变得更大,并且分辨率更高时,你会越来越觉得,你是在看电视,而不是在玩计算机。而如今,计算机屏幕与电视屏幕已无区别。

数百万的观众每天通过网络收看电视,这成了每日的娱乐活动。截至 2016 年 12 月,中国网络视频用户规模达 5.45 亿人,较 2015 年年底增加了 4064 万人,增长率为 8.1%;网络视频用户使用率为 74.5%,较 2015 年年底提升了 1.3 个百分点。其中,手机视频用户规模为接近 5 亿人,与 2015 年年底相比增长了 9479 万人,增长率为 23.4%;手机网络视频使用率为 71.9%,相比 2015 年年底增长了 6.5 个百分点。随着 4G 网络的进一步完善及手机资费的下调,网民在微信、微博等主流 App 上观看短视频的行为变得更加普遍②。

---

① CTR 媒介智讯. 2016~2017 年中国广告市场回顾及展望. http://www.useit.com.cn/thread-14992-1-1.html [2017-04-07].

② 中国互联网络信息中心(CNNIC). 第 39 次《中国互联网络发展状况统计报告》. http://www.cac.gov.cn/2017-01/22/c_1120362500.htm[2017-01-22].

YouTube 每个月有大约 9000 万的访客,观看 5.9 亿条视频,其同好莱坞签约,将数千个电视和电影视频放在网站上。它的所有者谷歌在它的视频上加装了字幕系统,最终可以将英语字幕翻译成 51 种不同语言的字幕,这样就扩张了海外市场。字幕系统也使得用户在视频中搜寻特定的文本。字幕组是非授权跨国传播的重要主体。它有利于消除跨国传播中语言的天然屏障,降低跨国传播的文化差异,这不仅加强了受众的媒介接近权,使人们能简单方便地观看视频作品。同时,也能有效培育潜在的受众市场,加强受众与媒介产品之间的联系,强化自我宣传,加速视频作品的跨国传播①。

那些来源于电视的剧集得到了海量的点击,许多网剧实际上是由媒介公司来制作的,如华纳兄弟、NBC 和索尼公司。Strike.tv 和 Koldcast.tv 这些网站也制作了很多网剧。由 Netflix 公司制作的网剧《纸牌屋》大获好评。这是一家专注于电影与电视剧的流媒体视频网站,以订阅为盈利点。Netflix 的老本行其实是 DVD 出租。传统电视是线性的,每周一集,在确定的时间播出,观众是被动的,控制权在电视台手里。我们无法暂停,无法回看,无法快进,无法重播。而 Netflix 一次性放出一整季,成功摆脱了线性电视的格局,也把想看什么,想如何看的控制权还给了观众。而消费者喜欢一次性看完全部,而不是一直被吊胃口。

在中国,2012 年一部由一家名为新媒体影视公司制作的《万万没想到》横空出世,其采用系列神剧的方式,每集不到五分钟剧情,采用夸张幽默的方式,由于迎合了当前互联网无厘头反精英的民意,仅播出六集,就在网络上获得一亿播放量。自此,中国网剧便呈现出井喷式发展,仅 2015 年暑期档,上线的网剧就达 107 部。到 2016 年,网剧数量已超过 600 多部。单日点击量超过千万的网剧更是扎堆出现,有的剧流量甚至达到 20 亿。与此同时,网剧的制作成本一直上涨,金额从过去的几十万元一集到现在的上百万一集②。

尽管出现了在线收视和网剧,当涉及娱乐话题时,电视仍然具有强大的影响力。即使网络技术是改变电视收视未来的催化剂,但是人们仍然喜爱电视,直到目前,电视对互联网的侵蚀做出了反击。许多迹象表明,电视和互联网最终发展出了共生关系,每个家庭都同时配备电视和可以联网的计算机。一些网络盒子之类的产品可以整合多种类型的视听节目。如中国的小米盒子,是一款高清互联网电视盒,是小米手机"最发烧"配件。用户可通过小米盒子在电视上免费观看网络电影、电视剧,将小米手机、iPhone、平板电脑、计算机内的照片和视频通过 Wi-Fi 投射到电视上。

---

① 杨嫚. 字幕组在日本动画跨国传播中的功能分析. 国际新闻界,2012(8):67-71.
② 新传智库. 2016 网络自制剧行业白皮书. http://www.useit.com.cn/forum.php?mod=viewthread&tid=13671[2016-10-04].

第三节　互联网新闻

网络是播放新闻的理想渠道，因为它消除了时间和空间的限制。但是在网络上，呈现出的新闻并没有限制。新闻故事不必再局限于几英寸宽的标栏里。在线新闻有时候只是简略的概览，点击相关的链接可以阅读更详细的内容。超链接使得网站访问者对新闻内容能够进行更有力的控制，可以选择自己最喜欢的新闻。

一、互联网新闻的优势

网站在报道新闻方面还有其他的优势。最新的爆炸性新闻可以几乎同步地被传送至网站上，新闻故事可以随时更新和修改。比如，TMZ.com 是第一家报道迈克尔·杰克逊死讯的网站，甚至比洛杉矶验尸官的新闻发布会还要早六分钟。批评家声称，TMZ.com 的报道并不成熟，只是侥幸，碰巧杰克逊的确去世了。然而，这个组织声称自己有庞大的可靠信源网。此外，网站新闻有很多以音频、文本、视频或者图表的形式出现。网络上的广播新闻以可视化的形象出现，网络上的电视新闻有了字幕，而报纸则有了音频。广播和电视新闻的区别在网络上变得模糊起来。电视新闻网站，比如 ESPN.com 和 CNN.com 在网站上置入了许多视频剪辑，使其看起来就像电视一样。即便是印刷报纸网站也通过视频来吸引数以百万的用户。

随着新媒体的不断发展壮大，在中国微信、微博、客户端日渐成为网络新闻的主渠道，人们获取新闻的手段更为便捷，此外，H5、直播等技术的成熟也使得网络新闻的表现方式更多样化、更有趣，在空余时间拿出手机打开 App 刷新闻已经成为很多手机用户的习惯。相较于传统媒体，网络新闻的互动反馈也是其吸引用户的优势，一条新闻在新媒体上发布，网民看到后可以在底下通过点赞、评论或转发的方式表达自己的看法，这不仅是对互联网用户主动地位的认可，还能有效延伸网络新闻的价值，使其达到二次传播或多次传播的效果。

二、互联网新闻样态的变革

互联网新闻与传统新闻的区别不仅仅是载体的不同。正如麦克·鲁汉所说，媒介即信息，互联网新闻已经发展出新的样态。

（一）互联网新闻带来的挑战

互联网上内容的相互转载使得互联网新闻极易出现同质化趋向，无论这种转载是否合法。这也使得互联网新闻想要从众多竞争中脱颖而出是很困难的，因此，媒介网站借助大品牌的力量来吸引受众，比如 cbssports.com 借助了 CBS 的影响力胜过了 espn.go.com。媒介本身也试图将自己的品牌效应延伸到网络环境中，如 NBC 和 CNN。互联网专家预测，互联网的早期使用者对品牌并不敏感，他们更倾向于尝试许多网站，然后才选择自己最喜欢的那个。那些对网站品牌敏感的人对品牌具有更高的忠诚度，并且更倾向于选择他们已知的网站。换句话说，一个网上冲浪者如果经常在电视上收看 CNN 的节目，那么他比其他人更有可能浏览 cnn.com。

有关在线内容的主要关切之一就是忽视了文本本身。去中心化的信息传播意味着在线信息并没有得到传统的检查和编辑。因此，这些信息可能并不准确，甚至不可信。通常来讲，受众依赖这些信息源，相信它们是值得信任的，它们提供的消息准确而客观。另外，当听众收听广播新闻或者收看电视新闻时，他们往往能意识到新闻的来源。比如，他们能够知晓正在收听的新闻来源于国家公共广播电台或者收看的节目来自于美国广播公司。但是在获取互联网新闻时，用户往往并不会关注新闻产品的原创者是哪一家媒体，因为他们看到的新闻极有可能是经过转载或编辑再加工的。这也使得新闻媒体之间的竞争更加激烈。

互联网新闻内容正在发展壮大，网络作为一种特殊的媒介形式吸引了大量的关注。传统的报道和展示方式都已经为动态、互动的方式让位，这种动态、互动的方式被期待能够为网站吸引来新的观众。

（二）互联网新闻样态的变革

在新的环境下，新闻的样态正在发生巨大变化，出现了一些新的新闻形态，并呈现出新的特征，如网络新闻深度报道的杂志化。深度报道是一种系统地反映重大新闻事件和社会问题，深入挖掘和阐明事件的因果关系以揭示其实质和意义，追踪和探索其发展趋向的报道方式。一般来讲，深度报道相对消息篇幅较长。如果不对深度报道的样态进行创新，那么在网络上的类似报道是很难获得点击的。互联网发展出了多种形态的"深度报道"，如网络专题，对一个事件或人物进行全方位报道，扩展网络用户对新闻的理解。或者采用杂志化的编辑方式，采用多种手法对某一事件进行深度解读，又或者对新闻中的数据进行分析和可视化处理，使得新闻的可读性大大提升。

视频短新闻是互联网新闻的另一个新形态。网络视频新闻凭借直观性、实时性、动画性等特点，赢得了众多用户青睐。随着手机视频一跃成为移动互联网的第五大应用，智能机的普及和大屏化提高了用户体验的趣味性，为移动视频的市场发展提供了设备支持。到2014年，中国在线视频用户智能移动终端拥有率高达85%，视频新闻消费偏好达到44.1%，呈与日俱增的趋势[①]。网络视频新闻台网联动持续发力，不同长度视频新闻差异化显著，微视频终端分布更广、更碎片化，发展模式灵活，利于即时互动和分享[②]。在移动互联网领域的兴盛局面下，视频新闻的发展呈现出新的态势。当前，网络视频新闻已呈现出两个新的显著趋势：移动化与社交化。"移动社交"的传播方式为新闻机构提供了值得借鉴的发展战略。

社交平台分享与应用成为视频新闻移动化、社交化的发展动力。人们已将获取新闻视作移动社交最重要的功能之一。社交网站视频的播放量和人数波动较大，例如，微博话题功能使事件在极短时间内推送到个人首页，使热点事件更易激发分享和讨论。在以人为中心的时代，短视频成为新型社交介质的趋势也愈发明显。另外，在碎片化的趋势下，短视频在社交网络平台更受欢迎。2014年10月，在我国微博视频网站分享来源中优酷占比41.6%、凤凰视频占比0.7%、央视网仅占比0.8%[③]。从现今社交用户进行视频短链分享上看，时长3~5分钟的视频播放量占比27%，小于10分钟的视频播放量总体占比为75%，观看行为正逐渐向社会化方向移动。

社交化、移动化与视频新闻的碰撞，改变的不仅是用户消费内容的行为习惯，也改变了视频新闻内容的安排与选择。英国广播公司正是借助英斯达格拉姆（Instagram）这样的社交网站作为平台，推翻了以往不同风格的内容混合物，代之以正式的视频新闻。这种新的新闻样态具有鲜明的特点，如下所述。

1. 核心元素集中性

在媒体消费的碎片化景观下，注意力成为稀缺资源，媒介内容的消费呈现出一种"短小、迅速"的需求趋势。英斯达法克斯（Instafax）每则视频新闻长度为15秒；每条资讯用3~5个镜头来叙事；每个镜头以醒目的大字体文字解说，来代替画外音。短视频具备完整的片头和片尾，添加相应的背景音乐把握节奏。它是一种篇幅短小的完整节目形式，而不是片花或长视频新闻的截取。

[①] 艾瑞咨询. 2013~2014年中国在线视频用户行为研究报告简版. iResearch艾瑞咨询集团，2014：5.
[②] DCCI. 中国网络视频蓝皮书. DCCI互联网数据研究中心，2012：6.
[③] 新浪微博微报告. 2014年10月视频微博报告. 新浪微博数据中心，2014：11.

通常，视频新闻可以比文字或静态图片新闻搭载更多的信息，因此电视新闻更重视内容的完整性与丰富度。而 Instafax 提供的新闻视频则完全不同——这些短片段更注重对核心冲突元素的再现。国内如新浪新闻、央视新闻等客户端的短视频同样是选取完整的新闻片段和单行标题，但时长远远超过 15 秒。

2. 新闻使用社交性

目前社交平台的新闻使用行为呈明显上涨趋势，全美社交用户中近 50% 的用户分享新闻故事、图片或视频，46% 的用户将会参与讨论[①]。俄亥俄州立大学的布莱恩·威克斯和兰斯·霍伯特预测未来影响社交平台新闻散播的重点之一是社交性[②]。一个用户建立与其他个体或群体的正式联系和交往，基于社交性的散播将优于自主性散播，而更多用户消费社交新闻才会促使社交平台上的讨论增长。

Instafax 短视频新闻同时关涉其社会交往和媒体功能双方面特性，不但为用户建立联系，也通过撰写、分享、评价和讨论等社交手段，进一步生成新闻的意义。Instafax 主打的短视频新闻强调了视频的"可共享"属性，把分享与社交看作其核心诉求。因此，英国广播公司可以牢牢把控住社交媒体平台：和客户端短视频的知名应用 Instagram 联合，实时推送视频新闻。每则新闻以"5W"为要素进行概括，另附简要文字说明，设置链接提供详细文本阅读。它仅以介绍新闻为主要目标，因此移动端社交用户无须过多思考，只根据自身兴趣决定是否深度阅读。此外，Instafax 的这一特色也抓住了年轻一代的媒介使用习惯。国内大多数新闻移动客户端均有分享至社交圈的设置，其中腾讯微信新闻则通过单条推送短视频，进行朋友圈内的转发，以分享作为主要目的，更具有社交性。

3. 议题设置交流性

社交媒体是基于人际关系或是兴趣爱好建立的平台，用户乐于分享能够在社交圈中引起共鸣的信息。因而，视频新闻内容强调交流性，事件有讨论价值，能在短时间内引起大范围用户群的反响。

Instafax 趋向选择重大、严肃的题材。通过对 Instafax 于 2014 年 3 月 1 日至 5 月 31 日发布的 158 条视频新闻的分析，发现其中绝大多数为国际性事件。其中 75 则（47.47%）重要性事件，涉及国家内政（西欧和非洲为主）、国际组织重大举措、社会经济变革等；54 则（34.18%）冲突性事件，涉及乌克兰危机和中东、非洲暴乱；29 则（18.35%）趣味性事件，涉及科技、生物等方面。另外，

[①] Amy Mitchell. State of the News Media 2014, Pew Research Center, March 26th, 2014.

[②] Weeks B E, Holbert R L. Predicting dissemination of news content in social media: A focus on reception, friending, and partisanship. Journalism and Mass Communication Quarterly, 2013, 90（2）: 212-232.

包括政府政治活动、除暴力之外的内政变动事件的政治性事件共 66 则，占到总数的 41.77%。总体上，Instafax 视频新闻重点关注国际政治、环境变化、国家发展、社会变革等重要话题，沿袭了英国广播公司网站的报道特色与重点。

即使每档节目仅播一条重大新闻，但 Instafax 有较高的评论质量，能将使用行为化为更实际的参与。在娱乐化、社交化的移动终端上，迅速抓取用户注意力有一定难度，但其基于对议题重要性的理解，使得新闻内容能够在社交平台上激起热烈讨论。在国内，凤凰网、《人民日报》移动客户端的实时重点关注，在文字新闻上变动及时；但央视新闻客户端首页的视频嵌入，则多是延时更新的节目剪辑，交流性有待提升。

实际上，在视频短新闻的生产发布上也与传统流程有所不同。它着重以内容数据库为中心进行多平台互动。相比于传统视频，移动短视频更着眼于社交体验。用户的首要核心目的是以最便捷的方式寻找信息，并通过相应渠道分享和再创造。因此，短视频新闻应重点以社会关系作为渠道开端，占有移动社交网优质平台。在平台占用与资源分配上，新闻机构也需要做出适应新环境的突破。

（1）移动互联网环境下，用户覆盖有赖于优化移动端视频的平台资源分配。在短视频新闻的生产上，可将内容数据库作为中心，同时开拓融合媒体终端；控制信息到达的渠道，使内容的二次生产适应多个平台的需求，便于用户全方位、全时段消费。同时在多屏联动趋势下，利用聚合效应，以网络人际互动对社会化媒体用户进行整合，通过手机首屏打开延展空间，引导用户进行深度交流。比如新华网通过多媒体移动端"新华炫闻"拓宽人际圈的传播，而《首都经济报道》的官方微博则利用微视和秒拍，实时更新短视频直击新闻现场。

（2）除了传统平台与移动终端之间的互动，传统专业媒体对社交媒体平台的占领，主要是以设立官方账号形式，及时向订阅者发布内容。而受众对不同信息接收渠道的变更，使媒体对平台的依托更为重要。因此，在平台选择上是否具有简洁易用、社区化、流量等因素的平衡，对深化视频新闻的传播效果影响重大。以 Instagram 为例，它作为跨平台应用，视频资料可上传到 Facebook、推特等社交平台，并导入好友关系。Instafax 基于 Instagram 推出短视频新闻服务，正是从移动社交网的渠道联合角度出发，拓展覆盖范围。话题性极强的短视频加上富媒体平台发布的便捷性，使用户形成全新的社交概念。

《人民日报》新闻客户端也考虑到了这一点，因此底栏内置微博专版入口，便于查看关注各类新闻官微；新浪新闻则直接以微博账号登录，通过绑定腾讯空间其他相应平台分享视频新闻；腾讯开发团队在微信新闻推送中开设有视频新闻导航栏，可直接转发至朋友圈。但以上形式仍然局限在几个平台之间的互通，且存在同领域产品互不相容的局限性，而只有平台互动传播最大化，为传统专业媒体开辟更广阔的生存市场，才能实现可行盈利模式的创新和多方共赢。

三、电子新闻的伦理反思

速度与加速是当今科技发展的重点，也是电子媒介影响社会文化的核心机制。正如麦克卢汉指出的：在电子媒介对现存社会形式的冲击中，最主要的因素是速度与断裂。人类的传播史就是不断地提高传播速度、摆脱时空束缚，从而实现自由传播的历史。而其间的变化也反映出科技的进展，实际上就是以追求速度、加速为核心。新闻和速度的关系可谓紧密，其定义之中就包含了时效性要求，第一时间的价值观在新闻界广受认可。记者的活动也因此常常受制于截稿时间的压力，塔奇曼曾关注时间对新闻组织运转的显著影响，认为新闻组织大致遵循依时而做的步调。总体而言，无论在选材价值的判断或是组织内部的常规运作，新闻工作者均不断受到时间概念的规范与约束。网络新闻已成为信息化社会的重要表征。当一切讲求速度的原则成为支配并主导新闻专业的认知，这套参考价值主导了新闻的生产方式。然而，这也带来了一系列问题。

（一）碎片化生产：断裂叙事与整体感缺失

传播媒介不是中性的，信息传播渠道对于信息展示产生影响。时空问题的重要性在于它重新组织了一个事件，并使事件充满意义。在电子环境下，媒体的叙述方式正在发生改变。报纸中大部分的新闻是关于已经过去的时间中的消息，或是今天有计划的预告性活动，没有当下时刻正在发生的事。这类叙事的词形变化是由过去、事实、完成构成的三项式组成的。换言之，被描述状态、行动和事件设定为已经过去的事情，其依据是总体的叙述，因此这是一种回顾式的叙述，即叙述者站在后来的一个时间点上，以综合的眼光来审视情景，并参照事情发展的结果对总体做出说明。在回顾性的新闻报道中，叙事者已经知道事件的结果，对于事件的描述，关键是将事件讲述给未知者，信息从已知者向未知者流动。正是受众对事件的未知，才使得叙事者在真实的基础上重新组织新闻信息的结构，按照受众注意力的需要对事件重新设置，从中产生了各种新闻写作技巧，如倒金字塔结构等。而在电子媒体中，对于叙事时间的逻辑要求则更为苛刻。电视媒体在传播符号和特性上的优势，使得它有优势也有能力追求事件发生和播报之间的最小时间差。电视和广播的直播类节目，报道者看到什么就说什么，事件的发生和对事件的叙述几乎是同步的，受众身临其境的感受现场气氛，对于下面要发生故事的期待，一直吸引着受众持续的关注。电视媒体的新常规和核心程式是：一边生活，一边讲述（新闻插播，现场直播），而不是先生活，后讲述。

互联网的出现进一步激发了新闻工作者对实时性这一价值的追求，也导致了新闻碎片化的生产。在网络媒介形塑的文化环境下，社会事件（客观时间）、新闻时间（文本时间）、阅读时间（受众感知时间）之间的时间差正被努力压缩，甚至归零。新闻工作网络新闻在速度上已做到了与时间竞速，甚至同步的地步。在网络中，新闻工作者不再是那个知道故事并完整讲述故事的人。为了及时发布最新消息，一个完整的事件往往被切分成若干片段来进行报道。在新闻报道中，由于记者也是事件的未知者，新闻工作者无法掌握报道的主旨，此种报道方式，无助于受众对新闻事件的整体理解。正如莫妮卡·弗鲁德尼克说，我们不能同时既体验一个故事，又对这个故事进行叙述，或者说不能把自己正在经历的事情说成故事，故事和正在进行的事件是两码事，故事的安排方式可以额外增加叙事的解释。也就是说，在呈现和讲述中存在着一定的矛盾，如果偏重于一方必然会忽略另外一方。在网络媒介中，信息的传播则偏向于呈现，但同步叙述者不能像回顾叙事一样，把握事件的总体情况，因此我们只知道我们身在其中，却有着不识庐山真面目的遗憾。这种未知性使得我们只是处于认识事件的过程中，由零星的信息所构成的认知使我们总是处于在路上的状态。

（二）快速复制：海量信息与价值流失

　　网络新闻生产的另一特点就是快速复制，一方面是为了受众能在一个电子新闻平台上快速、全面地获取新闻信息；另一方面，从媒介经营的角度来讲，也是为了丰富媒体内容，获取点击。媒介的经济效益必须通过受众"阅读"而产生。正如报纸追求发行量，电视追求收视率一样，网站新闻追求点击率与访问量。在网络上，广告的投放等经营活动都以流量等数据为基础，高点击率与流量意味着更多的广告投放与更高的单价。

　　网络编辑们处于高度焦虑的状态中，他们必须快速复制、搬运，不能停止。同时，网络编辑们通宵达旦，不断刷新屏幕，以最快的速度转载新闻。这也导致信息的过度传播，使网络上的信息数量极速增长。然而，网络新闻的生命极为短暂。有项研究发现，一篇网络新闻的读者数量是随时间呈指数下降的，"半衰期"不足 36 个小时。而 Bit.ly 发布的另一项研究报告则声称，互联网上出现的一个新链接平均 3 个小时后就没人再去点击，而如果新链接是与新闻相关的链接，则生命周期会更短。这些研究都证明，网络新闻生命周期短暂，如果要获得更多的点击，就不得不更快更多。而更快更多复制又进一步使得网络新闻的生命周期缩短，因为不断有"新信息"挤压"旧信息"的版面，将它们快速"埋藏"在更深的页面中，这使得受众难以从网站中通过层层点击再次获得它们。

海量的信息意味着信息价值的流失。因为，只有当信息不那么容易获取时，寻找某种东西的实际行动才有价值。一旦它们向我们"奔腾"而来，我们却不再那么在意它们了，我们把它们视作理所当然。在这种情形下，信息用户的注意力成为珍稀资源。注意（attention）是心理活动对一定对象有选择的集中。人在同一时间内不能感知很多对象，只能感知环境中的少数对象。而要获得对事物清晰、深刻和完整的反映，就需要使心理活动有选择地指向有关的对象。注意是我们心灵的唯一门户，意识中的一切都要经过它才能进来。为了适应超负荷的外界刺激，人们会在每一项信息输入上分配更少的时间，会尽可能地减少信息的接收量，会安装某些过滤装置，使输入量维持在可以承受得住的水平上。随着信息的发展，有价值的不是信息，而是注意力。网络媒体为了获取点击，快速"复制""生产"新闻信息，但海量的信息又造成了注意力的缺乏，从而失去了点击。

鲍曼曾着眼于媒体组织内容的方式表示，媒体的方式就是把世界改造成为一系列事件，每个事件似乎足以引起注意，但又迅速消失，这些事件都被处理为适合最大的冲击和瞬间的遗忘。这一问题已经愈演愈烈，网络新闻越来越成为地道的快餐文化。

第四节　互联网与 UGC 新闻

伴随着提倡个性化的 Web2.0 的发展，UGC 开始出现。UGC 的全称是 user-generated content，翻译成中文即"用户生产内容"，它是 Web2.0 环境下一种新兴的网络信息资源创作模式，用户可以通过互联网将自己原创的内容展示分享给其他用户。WIKI 百科全书曾是 UGC 应用最成功的案例，每个网民都可以对网站内容进行维护和更新，以此降低内容的制作成本，同时实现知识的积累与最大化。随着越来越多的人加入互联网，UGC 的模式也更加成熟，无论是当前流行的豆瓣 App、优酷等视频网站或是微博、微信等社交网站，都是 UGC 应用的典型。

互联网也为 UGC 新闻提供了平台。由于网民人数众多，并且分散在世界各地，当事件发生时，他们可以快速反应，随手拍摄图片，编辑文字，尽管缺乏一定的职业训练，但是他们发布的信息仍有很大的新闻价值。

网站通过文本、图像、音频和视频的格式展示信息，这使得它同互联网的其他资源区分开来。发明于 20 世纪 90 年代的浏览器使得从一个网站跳转到其他网站更加便捷。收集信息就如点击鼠标一样轻松简便。在早期，网站都是由静态网站组成，电子邮件需要通过特殊的不基于互联网的软件才能使用。但是如今网络服务成了转向其他在线资源的入口。然而，每个人都可以创立网页，将信息发布在博客上，或者是社交网络网站上、布告栏上或者聊天室，但是这些都带来了可信性方面的问题。博客是 UGC 新闻的常用平台之一。

博客是互联网公共空间中的私人领域，是知识分子、数字和政治精英及普通人在网上的聚集地，他们在这个平台上交流观点，讨论经济、政治、名人等等。博客吸引了一大批对新技术理解力强的人群，他们往往能够提供独家新闻，并且为时事提供洞见，这种洞见在传统媒体上是无法见到的。博客在网络中得到了爆炸式的发展。每隔40秒钟，就有一个新的博主加入博客潮流中来。截至2011年年底，尼尔森公司在全球范围内共追踪了1.81亿个博客，较2006年的3600万博客数量有了大幅增长[①]。

博客兴起后，媒介的权力被"分散到了许多人手中"。博主往往先于传统媒体爆料独家新闻，并且将那些传统媒体忽略或者有意遮掩的新闻放到聚光灯之下。一些媒介执行官和杂志编辑担心博客会扩散流言，或者模糊事实真相。同时，为了应对观众和读者的流失，也为了应对不按规则出牌的博客，一些传统媒介建立了他们自己的博客。几乎所有的主要新闻网站都至少有几个博客建立了自己的博客平台，吸引博主写稿。还有一些专业化的博客则由媒介的编辑或者权威人士来负责。博客上大量的信息并没有被认真审核，许多都存在明显的错误。人们对于博客的可信度有着不同的观点。一些人认为由非传统媒介开设的博客在可信度上比不过传统媒介或者可信的编辑开设的博客，因为后者会采取审核措施。然而，一些人则认为博客的信息是可信的，因为在线网络会自行对信息进行审查，即使主流的编辑也会从博客中寻求信息和新闻故事。因此，把关人的存在依然具有积极意义。在信息浩如烟海的互联网中，专业人员提供的编辑、再加工等工作显得尤为重要。

媒介/编辑博客往往发布新闻故事或者相关的意见，他们将焦点聚焦在同媒介和杂志相关的话题上。美国赫芬顿邮报（The Huffington Post）是一新闻博客网站，兼具博客自主性与媒体公共性，通过"分布式"的新闻发掘方式和以WEB2.0为基础的社会化新闻交流模式而独树一帜。通过对赫芬顿邮报的报道内容进行分析，在聚合网络社群、推动公共交流等方面有着积极的作用。

记者博客是博客与传统媒体融合的产物，记者可以利用这个平台与网民分享自己的知识与观点，同时，也可以将它作为新闻报道的辅助性手段。开设博客的记者大多具有较强的新闻专业素养，他们拥有众多的信源，接受过严格的职业训练，因此在信息采写方面更有优势，这在一定程度上可以确保记者在博客上所发布的新闻的真实性。同时，记者借助于媒体平台所拥有的品牌与资源优势，相较于普通博客，记者博客一开始就拥有一定的粉丝基础，使其能在草根博客与精英博客之间独树一帜。

---

① 瑞网. 报告称全球博客数量已达 1.81 个仍处于上升趋势. http://www.chinaz.com/news/2012/0314/ 239672.shtml [2012-03-14].

网络给人们提供了一个自由开放的平台，在这里人人皆可成为发言者，不同于传统媒体中具有新闻专业素养的传播者，互联网中的内容发布者往往缺乏新闻认知与责任意识，他们或出于情绪宣泄，或为博取眼球，或出于其他目的，随意发布信息，而网络平台"把关人"的缺失，也为假新闻的泛滥提供了温床，在互联网的信息海洋中，人们逐渐失去了方向感与判断力。UGC 新闻最大的问题是真实性问题。互联网使用者，尤其是新手，并不能确信他们在网络上读到的和看到的信息准确可信，尤其这些内容来自一个不熟悉的信源。许多网站被标榜为可信赖，如 CNN 和 NBC。互联网使用者必须认真辨别在网上看到或者读到的信息的可信性。因此，对网络信息的准确性进行复核是网络使用者的责任。用户需要避免将推测性的网络内容视为事实，避免用网络内容替代传统的书本，或者其他媒介，毕竟这些传统媒体在公开发行以前都对信源和内容进行了严格检查。

第六章　电子媒介内容的发展

广播是一种能够将节目带入听众家庭的娱乐系统。美国早期的广播节目同当今的电视节目有很多相似之处。戏剧、喜剧、肥皂剧、智力竞赛和许多其他类型的节目都充斥着广播频段。

当电视日趋流行时，广播的听众下降了，许多流行的广播节目从广播转向了电视。广播需要寻找能够同电视共存的道路，广播找到了这条路，即在电台的样式上下工夫，而非在节目播放上做文章。美国电台集中精力放送一种或两种音乐，或许是摇滚乐、古典乐、中规中矩的音乐、轻音乐、爵士乐、乡村乐，或许是另外一些类型的音乐。电台样式取决于市场和竞争两个因素。

第一节　广播节目内容

在广播时代的早期，业余操作者只需要随意播放一些东西即可。通常，这些行动也只是出于一时的冲动。许多年后，电台申请执照时需要提交节目单。这些节目包括体育、音乐、新闻和戏剧。

一、音乐节目

20 世纪 20 年代末期，音乐成为美国广播节目的主要来源。比如，纽约广播台和 NBC 蓝、NBC 红的附属电台有大约四分之三的节目都在放送音乐。播放留声机唱片的音质很差，所以大部分音乐节目采用了直播的方式。音乐家们往往在录音棚里演奏，录音棚里经常用盆栽植物，比如棕榈树来装饰，以此来使得录音棚看起来像是真实的演播室或者舞厅。这个时代的广播节目也被称为棕榈点缀音乐。

电视出现后，观众对电视节目产生了很大的需求。广播节目制作者们下决心将节目转移到电视上。当广播剧、喜剧、智力竞赛节目、戏剧等节目纷纷转变为电视节目后，广播发现自己正在艰难地寻找替代这些节目的内容，同时也面对着播放时段空缺的问题。填充播放时段最简单的办法就是播放音乐，毕竟广播是仅支持音频的媒介，因此播放音乐再合适不过。从 20 世纪 40 年代晚期到 50 年代中期，广播迎来了一个大转变，它发展成了一个强势媒体，在电视身旁找到了自己的位置。

在音乐节目编排的早期，哪些歌曲能够被播放、播放的频率等，这些事项往往由电台的节目主持人来决定。20世纪50年代末期发生了贿赂丑闻，当时节目主持人被发现从唱片公司处收取贿赂，并且为唱片公司的新专辑做宣传，此后电台经理将节目运营权从节目主持人手里收了回来，并且设立了一个新岗位：节目部主任。

节目部主任为播出的所有内容负责。他/她选择歌曲，或者音乐类型，并且开列一份音乐单，这份清单包括基本符合电台特色的歌曲清单和艺术家清单。这份清单往往由听众需求和唱片销售来决定。这份清单决定了每日节目的循环，决定了一首歌在一天内被播放的频率和时段。最受欢迎的音乐和潮流变化非常快，过时的或者不再受欢迎的歌曲往往在循环中占有更小的比例。大多数电台试图避免连续播放同一音乐家的不同作品，或者连续播放同一韵律曲调的歌曲。

几个技术上的发明帮助广播成了音乐强势媒体。晶体管的发明使得收音机小型化，汽车生产商得以将收音机加装到汽车上，这一举动增加了听众的数量。同时，通过将这些小型的可移动的收音机带到工作场所、沙滩或者其他地方，听众有史以来第一次可以在自己家以外的地方收听到广播。他们可以在收听音乐的同时来工作、玩耍甚至驾驶，因为广播和电视不同，并不需要他们投入十足的注意力。并且，收听广播可以是非常私人化的媒介行为。这两个特点可以被归纳为广播的"伴随性"。"广播伴随性"包含两层含义：一是指人们在收听广播时可以边听广播边做其他事情，这时的广播是作为"背景媒介"出现的；二是指广播可以私人化地贴身收听，这时的广播又具有了"贴身媒介"的功能。伴随性使广播可以移动收听、贴身收听，有助于听众充分发挥想象力的空间，并且可以强化广播传播的亲密感、归属感。但同时，伴随性收听容易使听众产生听觉疲劳、容易不专注。

后来，广播运营者发现他们的媒体在满足地方公众需求方面是一个强大的工具，他们开始在广播区域内为公共群体提供音乐。同时，电台也开始注意到听众的不同特性，开始为听众提供区别化的音乐内容。比如一个电台播放古典乐，另一个电台则播放爵士乐或者布鲁斯音乐，再一家则播放大型爵士乐，等等。每一家电台都发展出自身可辨识的风格，通过音乐样式来吸引特定的听众。音乐唱片市场巨大，精明的广播节目制作商很快意识到，通过调查唱片销售记录，便可以预测什么歌曲将会在广播上受到追捧。音乐产业和电视台之间的联系始于20世纪50年代，一直持续至今。

尽管音乐节目获得了成功，广播电台仍然苦于受众向电视流失的现状。电台需要一些新花样来将受众吸引回来。摇滚乐的出现拯救了当时的广播业。年轻人为这种新型的音乐疯狂，摇滚乐电台繁盛了起来。

当摇滚乐在音乐界杀出一条道路时，广播电台对节目主持人愈发看重，这些主持人负责播放内容和放送音乐，他们同电台的听众之间建立了融洽的关系。艾伦·弗里德或许是当时美国最有影响力的主持人。他将摇滚引入主流音乐界，他也是第一个将节奏蓝调和早期摇滚的黑人版本介绍给白人听众的节目主持人，并且将这种令人激动的新音乐介绍给了年轻人。

摇滚乐粉丝很容易被辨认，因为他们会收听那些播放摇滚乐的电台，而反对摇滚乐的听众则会收听另外一些电台。这场公共性的争论重新点燃了公众对广播的兴趣，提升了广播的流行度和收听率。广播员托德·史托斯和比尔·斯图尔特为一家位于内布拉斯加州奥马哈市的电台首次创造了最热40首排名。史托斯和斯图尔特曾经收听过其他电台的节目，他们发现无论在哪一时段，火热音乐的数量大约为40首——也就是"最热40首"的来源。托德和斯图尔特的新模式定义了将要畅销的歌曲、正在畅销的歌曲和曾经畅销的歌曲。

最热40首榜单被美国的许多电台采用，尤其对年轻人具有吸引力，他们渴望跟随最新和最流行的音乐潮流。但是最热40首音乐榜单大部分是基于地域性标准的。凯西·卡塞姆在他的"美国最热40首"节目中开始播放杂志布告栏中公布的每周全国最热40首。在巅峰时期，这个节目在全国范围内超过500家广播电台上播放，达到了数以百万计的年轻音乐粉丝。

二、新闻信息节目

大多数美国地方广播台依赖自己的音乐库。电台经常从唱片公司处获取免费的促销光碟，以此来建立自己的音乐库，这些唱片公司同时也依赖广播台来播放自己的唱片。同时，地方电台有时也会播放自己制作的新闻节目、天气、交通报道，对大学和高中教练的体育专访，地方体育赛事和其他类型的社区节目。新闻、访谈和体育节目制作费用往往很昂贵，因此只有身处大市场的电台才有能力制作自己的节目。考虑到为了填充时段制作节目所需要花费的巨大开销，一些广播电台依赖广播节目网或者联合节目供应组织。广播节目网无所不包，换句话说，广播节目网向电台出售全时段的音乐、新闻、商业节目、实况转播和其他节目。另外，联合节目供应组织在自己播放的节目中间插入个人化的节目。

新闻信息节目模式可以分为三种相互排斥的基本类型：滚动新闻、访谈节目和体育节目。电台主要播放国家、区域和地方的新闻、天气、交通，还有满足听众特殊兴趣的故事。报道是全天滚动播放，滚动的新闻或许会被特殊的深度报道、访谈节目或者其他不在日常节目单上的节目所打断。很少有地方电台雇佣自己的报道者,相反,电台播放的新闻一般来自有线服务或者其他的新闻来源。访谈节目模式是电话接入谈话节目和短新闻播报节目的结合,短新闻播报节目往往一小时报道一次。节目单上的大多数谈话节目通常在一到四小时之间。体育节目,同新闻节目类似,但是主要聚焦于体育话题和新闻,以及节目单上的直播体育赛事。体育谈话节目通常包括电话接入节目,会着重对地方赛事进行报道,尤其是专业团队或者名牌大学的体育队的比赛场地正好位于广播覆盖区域。

电台要么直接向节目广播网付款,要么同其进行谈判,用商业时段换取节目。电台意图降低节目制作成本和其他运营费用,但是真正获益的是广播节目网,它们通过将商业时段转售给国内的广告主而获利。

三、广播节目时段安排

广播时段是非常值钱的商品,因此每一秒钟都应该被精心安排。电台经理设定了节目时钟(通常也被称为热点时间和节目转轮),音乐、新闻、天气、商业广播和其他直播节目都被按分钟进行了编排。比如,中午到下午 1 点的前 5 分钟经常用来广播新闻,接下来是 2 分钟的商业广告,再接下来是 15 秒钟的电台促销,接着又是 10 分钟的音乐节目。每小时的安排都不一样,这取决于听众的需要和每天的时段。比如,早晨音乐节目或许会因为交通实况播报而被删减 30 秒,下午六点在播报新闻时也可能会延长 5 分钟。

节目部主任同样决定非音乐类节目。比如,一个电台或许会在下午连续播放家庭情感类或者建议提供类节目,以维持 25~50 岁的女性听众,但是在此之后,会马上播放政治节目,以吸引正在乘车时间的通勤人员和男性听众。

第二节 电视节目

电视在 20 世纪 40 年代出现,在之后的十年里,美国境内电视台和听众数量都得到了极大的增长,并由此确立了其大众媒体的地位。广播听众大量转向了新媒介,尤其当旧的广播节目开始出现在电视屏幕上时。当新的产品技术和更多的可移动摄像机使得户外定点拍摄成为可能时,观众的口味变得更加现实,要求更多丰富有趣的内容。如果没有什么东西可看,人们是不会购买电视的。

随着有线电视的发展,原有电视网占据的观众份额下降了。激烈的竞争不仅仅存在于广播电视网之间,而且同新的有线电视网也存在竞争关系。电视节目负责人试图通过制定能够将观众流从一个节目导向另一个节目的策略来维持观众量。节目执行官机智地将广播节目搬到了电视上。广播播音员们坐在了麦克风前,设备被搭建起来,屏幕也展现在了相机之前。许多广播节目很快有了相应的电视版本,进而,忠实的粉丝们相继从一个媒介跑到了另一个媒介。

美国电视节目形成了较固定的种类,每个种类都能够通过结构和内容相互区分开来。总体来说,电视节目可以被分为叙述类和非叙述类。叙述类节目围绕虚拟人物的生活来展开故事,这些虚拟人物都由特定的演员来扮演。非叙述类节目展示了真实的情境,刻画了真实的人物,而并非是演员,比如比赛秀的选手和主办方、新闻主持人、体育明星等。甚至可以这样说,每一个电视节目都讲述了一个故事,非叙述类节目讲述的是真实的故事,而并非来自虚构的剧本。比赛秀、访谈节目、纪实节目、体育和新闻,这些都是非叙述类节目。

一、叙事类节目

叙述类节目包括系列剧、电视连续剧、情景喜剧、电影和短剧等类型。这类节目讲述的是虚拟故事,因此发挥的空间很大,节目类型多样,涉及的领域很广,既可以从实际生活中取材,反映当前的一些社会问题;也可以天马行空,随意想象,如一些神幻仙侠剧等。但是,尽管是虚拟故事,仍要遵从叙述逻辑,节目情节应相互连贯,否则,也难以吸引观众。

(一)系列剧

系列剧在每一集结束时,叙述就已经结束,换句话说,故事情节并不是从一集贯穿到下一集。典型的戏剧通常将主角放入一个不断循环的类似情景中,主角经常面对困境,进退不得,同样推动着剧情走向顶峰,剧集也达到了高潮,问题最终得到了解决。

戏剧往往可以通过主题事件来进行分类。比如,同警察局和法庭有关的剧目,这些剧目将焦点对准了街上的警察和法庭里的律师。医疗剧目则不断地在流行领域淡入淡出,尽管如此,美国广播公司制作的《实习医生格蕾》成了黄金时段收视率最高的节目之一。

中国的系列剧较美国有所不同,比较出名的系列剧,如《济公》《聊斋》《西游记》等大多是改编自古典文学作品。近几年中国少有获得关注的系列剧,细数下来都是几部儿童动画片,如《喜羊羊与灰太狼》《熊出没》等。

（二）电视连续剧

这类节目经常被称为"肥皂剧"，剧情的叙述往往从一集延伸到下一集。因最初播放期间经常夹杂肥皂广告而得名。现在，一般称晚八点档的电视剧为肥皂剧，如超长韩剧，现多指以家庭生活和爱情为主的电视剧。连续剧在某些方面同其他的戏剧类型不同。连续剧很少有身体上的行动，相反，行动往往伴随着对话而展开。同时，连续剧中有许多主角，剧中有许多同时进行的故事线索，比如主角同时卷入几起多年未解决的情节中。当最终事情看起来将要解决的时候，故事线索中的一个隐患导致了情节上更多的不确定，导致了新的故事线索的出现。

美国每年都产出大量肥皂剧，如《绯闻女孩》《破产姐妹》都是当今流行的肥皂剧。然而，美国制作的《指明灯》是肥皂剧之王，是在广播史和电视史上播出时间最长的脚本化的剧目。最初该剧是广播节目，由 ABS 在 1937 年 1 月 25 日首次播出，这档节目自 1952 年开始在电视上播出。《指路明灯》于 2009 年 9 月播出最后一集，合计播出 18262 集，该剧从电台广播剧开始，已播放了 72 年。吉尼斯世界纪录称它是世界上最长的电视剧。

尽管大多数肥皂剧在日间播放，并且将受众主要定位为女性，但是肥皂剧仍然在黄金时段占据了一席之地。然而，为了吸引男性观众，电视网小心翼翼地避免将其称为"肥皂剧"。在 20 世纪 80 年代，这些节目在黄金时段尤为流行，美国观众通过《达拉斯》、《王朝》和《鹰冠庄园》这样的节目，窥视到了虚构的富人生活，他们同样沉溺于《绝望的主妇》和《广告狂人》中。

在我国，对电视连续剧的创造是基于"因文生事"的理念，在有的地方它与系列剧有相同之处，除了在整个剧情故事中遵循"开端—发展—高潮—结局"的经典叙事模式外，每一集又采用"集首有呼应、集中起高潮、集末留悬念"的手法，以达到吸引观众继续观看的目的。中国较为成功的电视连续剧有《红楼梦》《水浒传》等以古典名著为蓝本改编的电视剧，也有《人民的名义》之类现代题材的电视剧。当前中国电视剧在题材选择上，以吸引受众为主导目标，往往会陷入模式化的创作，例如《霸道总裁爱上灰姑娘》的青春偶像剧、《婆媳矛盾》等家庭生活剧及一些推理侦探剧等。

（三）情景喜剧

情景喜剧通常是充满喜剧化叙述的半小时剧，在每集的结尾问题都得到了解决。这一点与系列剧有相似之处。正如它的名字所显示的那样，情景喜剧往往塑造了一个发现自己反复陷入一些困境的主角。情景喜剧十分适合在电视上播放，因为情景喜剧可以在典型的三侧舞台上进行拍摄，三侧舞台可以被简单装扮成公寓或者家庭的样子。大多数早期的情景喜剧内容多讲述家庭，喜剧元素往往通过对话来体现，而不是通过视觉。然而，露西斯·鲍尔精于形体喜剧，并且在电视剧《我爱露西》（1951~1957）中坚持使用三台摄像机拍摄而改变了情景剧的面貌。如果形体逗笑或者插科打诨出现了失误，情景可以被重新拍摄或者剪辑，以达到最佳的效果。多重摄像技术为其他喜剧的出现铺平了道路，这些喜剧可以使用更多的形体，而不仅仅是对话来体现喜剧元素。

即使被称为"情景喜剧"，有些时候这些情景本身并不有趣，而是被置于幽默的氛围中。比如，在《老友记》开始时，罗斯告诉莫纳，瑞秋不得不搬来跟她住在一起时，这一情景看起来并不有趣，但是当莫纳毫无征兆地出现在门口时，情节产生了幽默反转。在另一些时候，情景本身就能创造幽默，比如在《欢乐一家亲》中，当充满阶级意识的罗姿找到了完美的男友，但是很快就发现他是一个环卫工时。情景喜剧占据了黄金时段的第一把交椅。

情景喜剧往往因为玩笑开过了头而招致批评。回顾20世纪70年代美国的节目，情景喜剧主要有《团圆》和《莫德》两部，这两部剧拿偏执者、阶层区别和女权开玩笑。幽默能够赋予观众面对最厌恶事务的能力，自嘲是一种释放压力的健康方式。

情景喜剧最关键的是如何在短时间（通常是25分钟左右），以及单调的舞台（室内）呈现，通过情节和画面吸引受众。中国著名的情景喜剧有《我爱我家》《家有儿女》《武林外传》等，还有近几年较火的《爱情公寓》。它们都有一个共同点，即通过对日常生活的描写，以推动剧中人物亲情、友情、爱情的发展，观众在观看过程中，不仅能获得欢笑，还能得到情感启发。

情景喜剧与系列剧有一些共同点，例如，都是每集讲述一个完整的故事，集与集之间的联系不是很大。但是，它们也有一些区别，相较于情景喜剧，系列剧的类型更多样化，不仅仅局限于喜剧；情景喜剧一定程度上依靠幽默的语言对话来赢得观众的喜爱，而系列剧则更多地靠情节取胜；此外，情景喜剧的拍摄场景一般限于特定的室内区域，如家里或工作场所，其他的外景拍摄很少，而系列剧可以随意取景，并不局限于某一场景内。

（四）电影和短剧

在电视影片公司意识到他们可以将影片租赁给电视台以此获利后，英国的观众们可以在自己的卧室中收看到电影。为了不至于被他们的英国同行甩在后面，美国电影制作商开始为电视提供影片，虽然大多是低成本的片子，如西部片。电影第一次上映时往往在电影院，当售票收入开始降低时，电影被从电影院下线，有时候会进行第二次放售。在电影院公映后不久，电影或许会在其他平台上按收看次数进行收费，然后被批准出售给有线电视网，如 HBO 和电影频道。在有线频道播出以后，电影被放到线上进行销售。在最终放映的六个月之内，电影往往被制作成录像带或者 DVD 光碟。在若干年后，电影会变得足够便宜，附属电台或者独立电台也可以购买它们。

在 20 世纪 70 年代，电视上过多的电影导致了一种新的节目类型：专供电视的电影。不同于通常的电影，是为了在电影院播放而制作，专供电视的电影经过改编、制作，以适应商业广告节目的播出。尽管专供电视的电影往往是低成本的作品，一些作品仍吸引了大量的电视观众，如美国的《布莱恩的歌》《囚禁着的女性》、《影视原声》和《沃尔顿家族的感恩节故事》。有线电视网，比如 HBO 制作专供电视的电影，并将这些电影加入其节目单中，以此来吸引观众。此后，专供电视的电影从录像带和 DVD 光碟的销售和租赁中也获取了利润。

专供电视的电影导致了电视短剧的产生，电视短剧是将专供电视的电影拆分成几集来播放。20 世纪 70 年代和 80 年代中期，获得成功的电视短剧包括《寂寞之鸽》《大屠杀》《征夷大将军》《风之战》，还有最重要的《根》，这部短剧获得了 9 项艾美奖和 1 项金球奖。过半的美国观众全程收看了《根》，有八成的观众至少收看了这个节目的某些部分。

电视的普及使得电视节目的形式逐渐丰富起来，观众的需求也更多元，电视台除了播放一般的电视剧电影，开始出现一些非叙述类节目，它们可以满足各个年龄群体的需求，适合个人或家庭一起观看。针对观众心理，这类节目设定一定的节目情节以吸引注意力。但是每期节目又是独立的，因此观众可以随时观看，而不用担心错过前面的节目而看不懂。

二、非叙述类节目

非叙述类节目包括：综艺节目、儿童节目、体育节目、游戏和智力竞赛节目、真人秀、谈话节目与新闻类节目。

（一）综艺节目

20 世纪 30 年代，美国广播中出现了类型化的娱乐综艺节目。但事实上，这些节目更适合在电视中播出，于是广播中的娱乐综艺表演成了电视杂耍表演的节目来源之一。出现在电视上的节目更加有趣且引人注目。搞笑魔术表演这类节目非常适合在电视上展现。像《艾德·沙利文秀》《雷德·斯科尔顿秀》《杰基·格里森秀》《卡罗尔·伯内特秀》一样的节目主要演出歌曲和舞蹈、相声、小品,还有其他轻松娱乐的节目。

娱乐综艺节目经常推出一些具有新的天赋的演员,如亨弗莱·鲍嘉,鲍勃·霍普和莲娜·赫恩。埃尔维斯·普莱斯利在1956年《艾德·沙利文秀》的表演登上了新闻头条,起因是这个节目的制作者拒绝拍摄展示他扭动的臀部,只将镜头对准了他的腰。不过,埃尔维斯吸引了超过八成的观众,这个收视率创了电视史上的新高。

尽管许多娱乐综艺节目表演非常成功,并且持续播出了很长时间,但是并不意味着它可以一起获得较好的收视率。《笑疯兄弟的喜剧时间》或许是当代化最具有争议性的节目之一。它在青年中十分受欢迎,他们喜欢这种调侃政治、政府、教堂、家庭,甚至一些事和一些人的方式。由于这些明星的不敬言论,许多观众也对这档节目感到愤怒。这部节目很快就被 CBS 取消了,后来被 ABC 接手,后来又被转手给 NBC。节目中曾经讨论的反战,进步议题仍然在不断地前进,但是这档节目却从人们的视野中淡出了。《卡罗尔·伯内特秀》和《笑疯兄弟》同年播放,但是持续时间更长,同后者比起来,争议也更少。本内特模仿斯嘉丽身穿用窗帘做成的裙子,上面甚至还带有窗帘杆,庄严地走下楼梯的情景成了电视娱乐时刻的经典片段之一。

在中国,娱乐综艺节目也是人们喜闻乐见的节目类型。最初的娱乐节目是以《综艺大观》为代表的联欢时期——歌舞兼具;然后是以《快乐大本营》为代表的游戏娱乐时期;接着以《幸运52》为代表的益智时期;而《超级女声》则代表了平民造星时代。

(二) 儿童节目

美国大多数儿童节目是多种节目的杂糅,包括了小丑、木偶戏和动物。《库克拉,弗兰和奥利》的故事聚焦于弗兰和她的木偶朋友们。同这一时期的许多节目一样,《库克拉,弗兰和奥利》采用直播的方式,但是同其他节目不同的是,节目中的对话并没有剧本。

《胡迪·杜迪秀》由布法罗·鲍勃·史密斯来主持,这个节目塑造了一个在美国家喻户晓的典型美国男孩木偶,胡迪·杜迪,这个木偶长有48个雀斑。叙述性的节目,比如《佐罗》和《独行侠》在孩子们中间十分流行,科学小说和冒险剧也十分受青睐,如《录像队长和他的录像游骑兵》。《袋鼠队长》是当时播放时间最长的儿童节目之一。袋鼠队长和它的老伙计格林·简先生,教孩子们友谊、分享、同别人相处和善待动物。

在美国电视历史上,播放时间最长,或许也是最流行,并得到的评价最高的儿童节目是《芝麻街》。这部节目为当代儿童教育和娱乐节目树立了标准。《芝麻街》教孩子们字母、拼写、数学、社会技巧、逻辑技能、问题应对、卫生、健康饮食、宠物饲养，还有许多其他的内容。《芝麻街》告诉孩子们，学习与玩木偶、动漫和游戏一样有趣。这部节目获得了 118 项艾美奖，比任何一部电视节目都要多。

其他由美国公共广播公司出品的儿童节目有《好奇的乔治》、《字母女孩》、《科学儿童希德》和《这是一个大大的世界》。尼克儿童频道也播放许多儿童节目，如《海绵宝宝》《朵拉探险家》《小迪哥向前冲》《马达加斯加岛的企鹅》。迪士尼频道的迪士尼剧场则推出了《米老鼠俱乐部》《汉娜·蒙塔娜》《异想天开的搬运工》。

在中国，于 1995 年 6 月 1 日中央电视台少儿节目播出的《大风车》，是早期比较成功的儿童节目，它强调"以儿童为本"的创作思路，注重孩子对电视节目的参与，将节目与全国亿万儿童联系在一起，把快乐传递给每一个孩子。播出至今，一直保持较高的收视率，在社会上也一直具有良好的知名度，鞠萍姐姐、董浩叔叔和霍小雷等已成为家喻户晓的儿童节目主持人。

在儿童节目中，最吸引小朋友的莫过于动画片，如《葫芦兄弟》《西游记》《黑猫警长》《大耳朵图图》《蓝猫淘气三千问》等都曾是深受儿童喜爱的节目，近年来活跃于荧屏之上的《喜羊羊与灰太狼》《熊出没》也以独特的创意吸引了一批批小朋友。这些动画大多以动物为主角，通过有趣的情节与简单易懂的对话，寓教于乐，小朋友不仅能从节目中收获快乐，同时"主角"身上的聪颖、真诚、善良、帮助朋友等这些优秀的品质也会对他们产生潜移默化的影响。但是，中国的儿童节目一定程度上缺乏创新力，精品较少，并且商业化痕迹越来越严重，儿童节目的初衷应是在欢乐的节目中给予孩子教育与启蒙，而不能将他们当作消费对象。

（三）体育节目

体育比赛是美国最早的广播内容之一。英国早期的商营 BBC 于 1923 年便争得到了体育报道的权利。20 世纪 70 年代，ABC 公司把体育比赛引进黄金节目时段，并带来滚滚财源。体育界与媒体因商业利益而有冲突。电视业总是希望压低电视转播费，而体育界则力图提高转播费。电视对体育比赛的影响很大，它减少了现场观众的数量，改进了体育活动的传播时间性，甚至游戏规则。

体育赛事也是一种有组织、有计划、有目的的集群性活动，由于其表演的精彩性、参与的娱乐性和竞争的刺激性，从而吸引了众多人去欣赏和观看。体育比赛是获得收视率的良方，因此，赛事转播权一直是电视机构之间争夺的对象。电视台一旦获得了热门赛事的独家转播权,就意味着高收视率和巨大的广告利润。可见,体育赛事的转播,对于电视媒介的众多利益包括收视率、知名度、影响力、公关形象等都获得了举足轻重的作用。

在互联网时代,网络转播已经成为多数人观看比赛的选择,网络可以跨国界传输,在网络视频直播或图文直播的同时,可以插入网友的评论。体育节目网络直播很好地继承了电视媒体的视听全方位感受,网络体育节目受众可以感受到激烈比赛所带来的感官冲击,在同一时段也可以传送多个体育比赛,不同赛场、不同媒体的资源都可以通过网络整合到观众的选择列表里,做到了真正以观众为中心,符合信息传播的发展大趋势。

(四)游戏和智力竞赛节目

电视观众喜欢游戏节目的竞争性。观看竞赛者争夺奖品和金钱十分有趣,一起参与竞赛也很有吸引力。许多游戏节目被设计为观众也可以参与。视频游戏节目和智力竞赛节目,制作简单并且成本低廉,在观众中非常盛行。美国经典节目都是基于非常简单的点子,邀请观众参与进节目中来。如《真相时刻》这类节目通过提供奖品和现金,激起了参赛者极大的热情。

起初,智力竞赛节目的参赛者们争夺的都是一些小奖品。然而,在20世纪50年代,出现了巨额奖品的智力竞赛节目,比如《值64000美元的问题》,这些节目在黄金时段播出后引起了强烈的社会反响。当今,像《谁想成为百万富翁》一样拥有巨额奖品的节目已经十分普遍。

电视观众支持他们喜欢的竞赛参与者,并且同他们产生了一种心理上的伙伴关系,尤其当这些竞赛参与者连续获胜时。2004年《危险境地》中的冠军肯•金妮在电视游戏节目历史上保持了最长时间的获胜者记录。金妮连续获得了74场比赛的胜利,支持她的观众坐在她的身后,看着她领走了两百五十万美元的奖金。

然而,节目所成就的不仅仅是成功者,同时也有因此而落魄的青年人。查尔斯•凡•多恩,一个年轻英俊的哥伦比亚大学的学院教职工,被NBC的《21点》节目选为理想的竞赛者。他成了媒体上的名人,登上了《时代》杂志的封面,并且在《今日秀》节目中获得了一职。但是他原本顺风顺水的人生发生了大逆转,竞赛中落败的荷柏•斯泰普指出,这档节目涉嫌作弊,他被不公平地强迫输给多恩。斯泰普表示,节目制作方将答案提供给受欢迎的竞赛选手,并且训练他们如何通过表现紧张,对自己的答案显出不确定来制造悬念。

对斯泰普的指控最终被得到证实,《21点》节目制作方果然操控了竞赛结果。这个调查揭开了电视业中的一个重大丑闻,事实证明这种欺骗行为广泛地存在于许多智力竞赛节目中。在几轮有关电视业的国会听证会之后,多恩和许多竞赛者、制作者、编剧和其他参与节目制作的人员被联邦大法官指控为合谋诈骗罪。大多数辩护者接受了判决,多恩作为曾经最受欢迎的知名参赛者,遭受了重大的打击。他失去了在哥伦比亚大学的教职,也失去了在《今日秀》节目中的工作岗位,从那时起便生活窘迫。

尽管重新树立公众对游戏节目的信任花费了很多年,优秀的竞赛节目最终还是战胜了疑虑。智力竞赛节目和游戏节目,如《扑克超级明星》《25000 美元金字塔》生存了很久。但直到1999年《谁想成为百万富翁》节目登台,观众才重新在黄金档上观看智力竞赛节目。

中国的游戏及竞赛类节目一直以知识竞赛和音乐竞赛为主,最早的如《开心辞典》《超级女声》等,发展到现在,较为成功的有江苏卫视的《最强大脑》、浙江卫视的《中国好声音》。这些节目以选手竞争的形式,设立淘汰竞选机制,并逐渐将场内大众观众纳入评审团,甚至可以通过网络实行网上投票,不仅有效吸引了观众注意,更重要的是观众的参与有利于将竞争从电视上的竞赛者扩大到每个观看者,为自己喜欢的选手投票能激发观众的无限热情。因此,这类节目也成功地造就了一批又一批明星。

(五)真人秀

《公正的镜头》是美国的第一档真人秀节目,在1948年首次面世,当时这档节目在广播上播出,名字还是《公正的麦克风》。在这档节目中隐藏的摄像头将镜头对准那些毫无防备并且不知不觉就卷入某种恶作剧或者滑稽情景的人,而这些情景则是人为制造出来的。当镜头捕捉到人们对这种稀奇古怪的情景的反应时,主持人艾伦·芬特跳出来大喊:"快笑一个!你正在《公正的镜头》节目里!"

在其他真人秀节目中,摄像机的镜头通常跟随周围的普通人,聚焦于那些没有经过剧本排练的对话和行动。第一档这样的节目是《一个美国家庭》,这档节目于1973年由美国公共广播公司播出。在现实中,它对一家位于加利福尼亚州圣芭芭拉的家庭进行了连续一年的拍摄。这个节目记录了父母的婚姻问题,还有他们五个处于青春期的孩子们的生活。观众看到了儿子劳斯怀着复杂的心情宣布了自己"出柜"。他成了第一个在电视上公开宣称自己是同性恋的人。《一个美国家庭》反映了时代生活方式的变迁,同那种非现实的理想化的只有小说中才能出现的家庭节目,如《布雷迪一家》形成了鲜明的对比。

《一个美国家庭》的当代版是 MTV 推出的《奥斯本一家》,这档节目描绘了重金属摇滚乐团"黑色安息日"前成员奥齐·奥斯本一家的日常生活。镜头甚至拍摄了奥斯本的妻子莎伦在患大肠癌后接受治疗的情景。这档节目平均每周吸引六百万观众,成了 MTV 史上收视率最高的节目之一。《奥斯本一家》创造了一种全新的节目类型——真实的情景喜剧。

真实的警务和医疗节目同样充斥在电视上,《条子们》是播出时间最长的真人节目之一。这个节目的基本原则很简单:镜头追随警察的日常工作,以及记录下他们如何处置嫌疑犯。

真实相亲节目的先驱者是《约会游戏》,这档节目于 1965 年面世,一直持续播放了 35 年。单身男士或者单身女士向隐藏在他/她视线外的三个种子选手提问,并从中选择一个来约会。尽管大多数参赛者都是普通人,但是偶尔也会有一些明星出现在节目上,以期获得约会的机会。

还有一些相亲节目,比如《单身汉》将镜头对准情侣约会场景和他们互相了解的过程。同样有一些别出心裁的相亲节目。在《家长控制》节目中,家长对潜在的约会者进行面试,并且挑选出最有可能把他们的儿子或者女儿从现任手中勾走的人。《黑暗中的约会》从《约会进行时》中获取灵感,并且将其付诸现实。三位绅士和三位女士同坐在一间屋子里,但是他们不允许看对方。在黑暗中他们只能通过聊天,逐渐地去了解对方。这档节目旨在破除程式化的约会方式。约会节目花样层出不穷。

巨大的收视率、强烈的观众需求和低成本使得真人节目成了电视台的宠儿。这种真人秀节目占据了美国广播电视黄金档两成以上的时段。但问题也是突出的。比如,真人秀工作压力大会导致参与者坏脾气、荒谬行为的出现,而无休止的酒精摄入则加重了失眠。此外,参与者没有经过彻底的审查。

真人秀作为一种节目形式备受电视台的青睐,进入新世纪,中国也引入了真人秀节目。中国第一个真人秀节目应该是 2000 年在广东电视台播出的《生存大挑战》,节目组从全国 500 个报名者中挑选出三名挑战者,按照要求,他们每人只能携带野外生存必需品和 4000 元旅费,在半年时间途经八个省份,从广西旅途穿越到辽宁。这一节目在当时获得了极大成功,引发了各个电视台争相模仿。2006 年,各类真人秀节目纷纷登上荧屏,职场类、选秀类、野外生存类、婚恋类等层出不穷,并且都取得了不错的收视率,只是没有出现现象级的节目。发展到 2013 年,一档明星亲子真人秀节目《爸爸去哪儿》拉开了明星真人秀的序幕,平时出现在电视剧中的明星走下"神坛",带着可爱"萌娃",过起普通人的充满"烟火气息"的生活,抢房子、煮早餐、参加各种接地气的比赛等节目设定,足以抓住观众的眼球,既满足了大众对明星私生活的窥探心理,又契合了当下对年轻父母与孩子间关系的关注热点。真人秀再次迎来了繁荣,成为具有普遍意义的社会文化现象。各个电视台纷纷打造各个类型的节目,如江苏卫视《我们结婚了》、东方卫视《极限挑战》、浙江卫视《奔跑吧,兄弟》等都获得了不俗的收视成绩。但是,细看下来这些节目都有几个共同点,如都是邀请明星参加的"明星秀"、都是从国外引进的非原创节目,它们的效果就是提供纯粹的娱乐,满足观众求知欲、猎奇心、八卦心理。尽管也有《变形记》《真正男子汉》等试图探索城乡青少年成长心理或为大众描述军中生活、拉近军民关系的真人秀节目,但是最终呈现的效果却是剧本痕迹严重,没有"真人"只有"秀"。进入2017年,尽管真人秀节目仍然在各大电视台活跃,但是观众已有些"审美疲劳",明星扎堆的真人秀,出场费越炒越高,节目形式却难以推陈出新,且随着网上各种真人秀"造假"新闻的出现,这种节目形态其实已经呈现疲软之势。

(六)谈话节目

美国早期的谈话节目带有时事倾向,并且过于严肃,然而现在许多这类节目都采用刨根问底、耸人听闻的手法。虽然谈话节目的话题十分疯狂,但是也能够反映一些事实,并从中学到一些东西。

谈话节目具有重要的功能,它为观众提供信息,并且教化他们。像菲儿·唐纳修和迪克·卡维特这样的谈话节目主持人会讨论当代时事,并对有争议的和重要的问题做出精英式的解读。观众可以从许多有趣而充满价值的话题中学到很多,比如医疗界的新动态,如何减肥,如何变得更健康,以及不同地区和文化的生活方式。

中国改革开放以后,电视节目的功能开始由"喉舌"向"纽带"转变,"对话"热潮开始兴起,那时的谈话节目主要是邀请名人在电视上对重大的社会问题发表各自的看法,话题也不再局限于政治领域,经济类的谈话受到欢迎,风格也多样化,既有理性的思辨,也有动人的情感表达。

进入20世纪90年代后,随着经济改革步伐的加速,电视开始面向市场面向百姓,电视节目的服务功能与娱乐功能显著增强。中央电视台推出的《实话实说》是那一时期的代表作品。它通过主持人、嘉宾、观众的共同参与和直接对话,在生动活泼的气氛中,展开社会生活或人生体验的某一话题。嘉宾的身份不受限制,越来越多的普通民众参与到谈话节目中,节目内容也更多样化,政治、经济、军事、娱乐、养生、文化史谈等,令人目不暇接,各省市级电视台也纷纷开办新式的谈话类节目,如《杨澜访谈录》《鲁豫有约》,凤凰卫视的《锵锵三人行》,台湾盛极多年的娱乐谈话节目《康熙来了》,电视谈话类节目的发展呈现一派繁荣。

近几年,谈话类节目一直难有创新,相较于各种层出不穷的明星真人秀与素人选秀节目,严肃抑或是"干巴巴"的谈话节目,在当前快节奏与娱乐盛行的互联网时代,逐渐不那么受观众待见,谈话节目的黄金时代似乎已经过去了。

（七）新闻类节目

除了娱乐，传递信息也是电视节目的重要功能之一。早期美国的广播新闻很大程度上被局限在简报式的专题报道和信息类的节目上，比如富兰克林·罗斯福总统在经济大萧条时期的"炉边谈话"，使得美国人的信心增强，美国经济逐渐复苏。但是随着美国加入了第二次世界大战，公众对广播新闻产生了新的兴趣。

爱德华·默罗或许是那个时代最著名的记者。当伦敦被轰炸时，他在现场发回了戏剧性的、生动的报道。战争结束后，默罗主持了《现在请听》，这是一档每周新闻摘要节目，后来发展出了《现在请看》，这是第一档全国范围内的电视新闻节目。《现在请看》节目同样也是第一档新闻调查节目，默罗不仅仅将视点聚焦在每日发生的重大事件上，还关注涉事的普通民众。

《会晤新闻界》在 1947 年首次登台，它是第一部电视访谈节目，同样也是播出时间最长的电视节目。节目嘉宾讨论政治和时事，秉持严肃的态度讨论相关议题。

从总体上来讲，电视新闻节目要么是地方新闻广播或者电视网新闻广播，要么就是有线电视网新闻广播。地方新闻广播通常由附属于某个电视网的电视台来制作。地方新闻以播放社区新闻和事件为特征。取决于市场和社区的规模，大多数地方电视台都有一个负责收集和编写新闻的小规模报道者团队。每个电视台都将自己的新闻报道者派遣到世界各地，这在经济上并不具有可行性，因此地方电视台同样接收来自通讯社的消息，如美联社、路透社和他们的附属通信网，这些通讯社将写好的稿件和视频脚本通过卫星传输到电视台。

电视网新闻广播专门用于美国国内和国际新闻报道，而非地方新闻。黄金时段的电视新闻广播节目发展成我们当今熟知的样式经历了漫长的时间。NBC 和 CBS 直到 1963 年才将他们 15 分钟的新闻广播扩展至 30 分钟，ABC 在 1967 年跟随了前两者的步伐。在 1969 年，电视网每周有六天进行新闻广播，最终在 70 年代实现了日日播放。

新闻主持人沃尔特·克朗凯特为电视新闻带来了尊严和公信力。在 1962 年至 1981 年的广播中，克朗凯特善良的品行和严谨而专业的报道为自己赢得了最值得信赖的新闻主持人的名誉。尽管他很少表达自己的意见，但是当他发表意见时则具有深远的影响力。克朗凯特死于 2009 年，他为后来者们树立了高标准，如查尔斯·吉布森（ABC）、布莱恩·威廉姆斯（NBC）和卡蒂·库里克（CBS）。

电视网同样也制作早间新闻和黄金时段新闻节目。《今日》（NBC）、《美国早安》（ABC）和《早间秀》（CBS）用轻松愉快的信息和娱乐事件唤醒观众，在期间插入几分钟的硬新闻。在黄金时段新闻节目中，广播网将焦点聚焦在更严肃和更重要的新闻上。

1980年，当泰德·特纳创办有线新闻电视网（CNN）时，批评者嘲笑"它永远不会奏效，因为没人想看24小时的新闻"。但是特纳证明他们是错误的，24小时滚动新闻现在已经成为人们日常生活所必需的。CNN作为24小时有线新闻电视网的成功显示了观众对于全天新闻广播的需求。观众不再满足于等待6点或者11点的新闻节目来了解几小时前发生的事。他们想要收看那些立即发生的事——所有时段的所有新闻。有线电视网能够很好地满足这一需求。今天，CNN依然是收看范围最广的电视网之一，它从世界各地获取新闻源。福克斯新闻频道、头条新闻、MSNBC（微软和NBC合作的产物）、EPSN（体育和新闻）和CNBC（财经新闻），所有的这些频道都会提供全时国际和国内新闻，提供深度分析和专门领域的新闻节目。

电视新闻——无论是地方的、广播电视网还是有线电视网——当然并不是不存在批评。即便出现了24小时连续播放的新闻，世界上正在发生的事也远远超过能出现在电视上的新闻。因此，由新闻制作者来承担看门人的角色，决定哪些新闻可以被报道，并且以何种方式进行报道。观众抱怨新闻焦点过多集中于那些看起来眼花缭乱的视频，而实际上这些视频中的事件并不重要。在竞争如此激烈的媒介环境中，新闻电视网总是试图将自己同他人区别开来。福克斯所做的选择是挥动大旗，给他们一个态度，并让其鲜明起来。它将自身角色定位为右派的鼓吹手。由于竞争仍然激烈，其他电视网也面临一样的恐惧，它们不得不像福克斯一样声明其政治倾向。民主党人将福克斯新闻视为低可信度，而保守党人则将MSNBC同样视为此。更重要的是，许多新闻访谈片段成了主场和客场的吼叫比赛，双方脾气暴涨，用手指相互指责对方。电视网之间甚至积累了宿仇——尤其明显的是福克斯的比尔·奥莱利和MSNBC的基斯·奥尔贝曼。口水战成为常事，虽然口水战为双方都带来了收视率的提高。但观众对节目中的偏见、不准确和个人间的冷嘲热讽有颇多不满。

中国电视新闻节目的发展可追溯到1958年北京电视台（中央电视台前身）的成立，这一时期，政治功能占据着主导作用，它是党和政府的喉舌和宣传工具。早期的电视新闻节目以图片报道、口头新闻、新闻纪录片及专题片等为主，基本处于"画面加解说"的单一形态。由于当时电视还属于一种稀缺品，并且存在技术条件限制，新闻节目的传播效果有限。1976年"文化大革命"结束后，中国电视新闻迎来新的发展，标志性的事件是央视《新闻联播》节目的创办。改革开放促进了经济发展，这也使得国外的先进设备与节目理念得以传入中国。1980年5月，中央电视台开办了一档评论性电视新闻栏目《观察与思考》，主要通过深入解析社会热点事件以引发受众思考。近年来，新闻节目的数量不断增多，并且风格多样化,如《英语新闻》《经济新闻》《体育新闻》等。至20世纪80年代末,中央电视台播出的新闻数量已由初期的三四千条增长到两万条。新闻节目已成为大众了解国内外大事的窗口,在电视节目中占据着越来越重要的位置。

  1992年,随着改革的进一步深化。人民生活水平大幅提升,电视逐渐成为一种家用媒介,且信息在大众生活中的作用越来越大,电视新闻的服务性功能凸显,政治功能弱化,为了满足不断增长的信息需求,新的电视观念逐渐确立,并重新认识媒体与受众的关系。可以说,这一时期中国的电视新闻在新闻观念、节目形态、制作理念上,都实现了一个新的飞跃。出现了《东方时空》《实话实说》《新闻调查》等名牌栏目,并培养了一批如敬一丹、白岩松、水均益等优秀的新闻节目主持人。2003年,电视新闻迎来了新一轮的改革,以央视新闻频道的诞生为标志,它打破了传统的以栏目为中心的固定栏目和时段的电视新闻传播模式,并运用现场报道、重大突发性事件长时间全程直播等手段,大大加强了新闻的时效性与现场感。与央视新闻形成互补,省级或地方电视台将民生新闻作为发展的重点,主要播报社会新闻或与百姓息息相关的热点事件,这类新闻一般具有较强的实用性,深受观众的喜爱。

  近十年来,互联网的发展使电视新闻的受众流失严重,为了维持自身的地位,电视新闻栏目也在积极寻求变革,如缩短新闻时长、邀请专家对新闻进行解读、对话式新闻播报等。

  尽管电视新闻节目提供24小时连续不断的新闻,但是有不少成长于互联网文化的观众不再有使用传统媒介的习惯。事实上,他们比过去50年中的任何一代对新闻和公众事务的了解都要更少,且漠不关心。如何将这一观众群体吸引至屏幕前困扰着电视新闻节目,这为电视新闻节目带来了新的挑战。年轻一代用户在日常生活中很少用电视观看新闻,更多是通过手机新闻App和微博、微信等获取新闻资讯。网络给用户提供海量信息,这也代表网络不能像传统媒体一样,对每条新闻信息进行认真选择与比例控制,用户喜欢什么,他们就推送什么。这导致了娱乐新闻的泛滥,严肃的政治经济新闻却得不到用户的"青睐"。电视新闻不断走低的收视率似乎与其较高的公信力地位不符,但这也是目前电视媒体不得不面对的无奈现实。

第三节 电视节目的制作与分发

  1970年,美国联邦通信委员会出台了有关财经利益和企业联合的规则,声称一个电视网在每周的黄金时段只能播出三个半小时的节目,其他的时段必须留给外来的制作公司。联邦通信委员会希望通过这一规则促进独立的制作者为黄金时段带来更丰富多彩的节目,打破电视网对电视节目制作和放送的垄断。福克斯当时并没有超过这一时限,因此被免于这一规则。这一例外使得福克斯能够制作自己的节目,最终发展成了羽翼丰满的电视网。

当来自有线电视网和卫星传输的节目侵蚀了电视网观众时,联邦通信委员会放宽了这一限制,后来于1995年取消了这一规定。结果,电视网和独立制作方之间的竞争进入了白热化阶段。今天,一半的电视节目是由电视网的制作公司制作的。

一、竞争与合作:电视网、地方电视台与独立节目制作人

电视网和地方电视台从独立制作者那里获取节目播放权。大多数主要的制作公司,如哥伦比亚三星、华纳兄弟和21世纪福克斯,由电影制作起家,已深入人心多年。一些主要的制作公司在电视网中有自己的经济利益,并且为这些电视网提供节目。独立的制作方则都是一些小型企业,而没有同电视网结合成综合性的大企业。比如,《纽约重案组》和《希尔街的忧伤》都是由巴克制作公司生产的,《绝望主妇》则是由查理制作公司出品的。

独立制作方通常对电视网有所抱怨,认为他们更倾向于使用那些属于自己但评级差劲的节目,而非独立制作公司出产的高评级节目。然而,电视网则认为持续的竞争将会引导其出产更高质量的节目。更重要的是,电视网用取消自制节目的例子回应了播放低评级节目的指控,比如ABC曾经取消了由其制作的《艾伦》的播出。

尽管公共广播公司是一个电视网,但是它是非商业性的,且不盈利。因此,对公共广播公司来说,自己制作节目在经济上并不具有可行性。相反,公共广播公司从独立制作方那里获取节目,比如从一些制作节目的公共广播公司成员电视台处获取节目,或者从其他多样的渠道获取节目资源。公共广播公司只扮演了播送者的角色,将节目通过卫星传送给他的成员电视台。

地方电视台制作每日新闻和能满足社区兴趣的节目,比如地方新闻、周末旅游节目、天气和交通报道及直播体育赛事。地方观众依赖这些节目并保持对地方新闻和事务的关注,了解社区发生的事务。而地方有线电视、地方有线公司往往为其有线订户提供节目。像天气和交通报道、节目导航、地方体育赛事这样的节目往往由有线公司来制作,并且通过地方频道来播放。有线服务为地方频道经营节目。有线服务同样提供公共电视频道,这些频道的节目由地方民众、社团组织或者政府部门来制作。公共电视频道的节目范围广泛,从市政会议到家庭教师协会会议,到公众圆桌会议,到宗教布道,再到一些在地方咖啡馆中弹吉他的人。

电视联盟是一种将节目传输到全国地方电视台的方式。电视联合组织参与者

们是将电视节目传送给地方电视台的公司、有线电视网和其他输出节目的媒体。附属性的地方电视台和独立电视台都依赖联合组织来填充他们的节目单。

制作节目成本巨大，制作仅仅一集节目可能就需要花费数百万美元，但是很少有剧集出售收入超过制作成本。因此，生产者在制作节目时一只眼睛紧紧盯着联盟和电视网的首播。他们希望他们的节目能够播出足够长的时间，以打入离线电视网联合组织节目的市场。节目在电视网播出后，再出售给联盟电台，以便未来重复播放，这将为制作者带来丰厚的利润。就此而言，一个成功的节目需要有足够高的售价，以弥补当初的制作成本。

电视网为独立制作者的节目付费。尤其是当电视网购买节目的播放权，而制作者保有所有权时。在一些情况下，电视网会掏钱制作自己的节目，为了播出这些节目，电视网也会为其附属电视台付费。电视网也可以将商业时段出售给广告主而获利。一个附属于电视网的地方电视台播出电视网的节目后，会收到电视网的付款。补贴的数额取决于所属的电视网、节目的流行程度和观众的规模。比如，为了在黄金时段播出一个节目，电视网将会付费给其附属电视台数百美元至数千美元每小时不等。

在20世纪90年代，电视网尝试减少对他们附属电视台的补贴。电视网声称电视台可以通过出售电视网在每个节目中额外提供的商业时段来弥补减少的补贴。附属电视台联合抵制这一提议，电视网不得不退让。他们意识到他们面对着来自福克斯，以及其他潜在广播网的替代性威胁。

然而，地方电视台也可以选择为联盟的节目首播和离线电视网节目付费，要么是现金，要么作为同联合组织贸易协定的一部分。用现金购买的话，电视台只需要为联盟组织付款以购买节目播放权即可，然后电视台再出售广告时段。在交换协定中，电视台免费获得节目的播放权，但是联盟组织有权出售部分广告时段，只为电视台留下了一小部分可以出售的广告时段。采用现金加交换协定的方式，几乎同直接贸易协定的方式相同，但是电视台需向联盟组织支付少量现金，以获取更多广告时段的出售权。

二、播放时段

对于广播电视来说，播放能够吸引大量观众的节目是成功的关键所在。有了受欢迎的节目，电视网就能为广告主们提供数量庞大的观众，以此来获得广告收入。尽管广播电视网黄金时段的观众量有所减少，但他们仍然是电视产业的中流砥柱。

美国大多数黄金时段的节目被设计为可以对人口统计学频谱上的任何一段的人口都具有吸引力，也就是所有年龄段和受教育程度。这意味着你不必是一名律师,才能理解《法律和命令》;也不必是一名医生,才能理解《实习医生格蕾》。情景喜剧成了黄金时段娱乐节目采用最普遍的形式。黄金时段的节目也包括充满戏剧性的专供电视放送的电影,一度爆红的特殊影片,还有电视短剧。

尽管电视网将火力集中于黄金时段的节目,但是这些节目和同一天其他时段的节目相比获利率更低。非黄金时段的节目一般来讲制作开销要更低,比黄金时段的节目要多出5~7分钟的广播时间。即便如此,非黄金时段的广告费用开价虽比不上黄金时段的广告费,但是额外的广告时段加上其制作成本低廉,这使得收入实现了最大化。

白天的非黄金时段和夜间时段的节目同黄金时段节目的区别很大,这种区别由观众规模和观众结构所引起。比如,在白天的非黄金时段,观众数量会更少,同时非黄金时段的观众不是那么多样化,主要是由儿童、居家父母、退休老人、学生和流动工人组成。儿童节目、课后剧、肥皂剧、谈话节目和游戏节目更有可能在白天的黄金时段播放。午夜节目更能吸引男性观众。男性观众更喜欢收看午夜的娱乐节目、体育节目、喜剧和首播的成人影片。

三、节目市场

当电视和广播技术得到发展时,观众使用这些媒介的方式也发生了变化,节目的商业模式也有了相应的改变。1962年,电视节目成立了它们自己的组织,全美电视节目专业协会,现在拥有超过4000家公司会员。在每年的全美电视节目专业协会大会上,联盟组织和制作方将自己的节目出售给电视台经理和节目部主任。全美电视节目专业协会被视为销售和购买联盟组织电视节目的最主要的集散地。联盟组织和制作方兜售游戏节目、谈话节目和其他首播节目或者离线电视网节目。

但是随着电视发生了改变,全美电视节目专业协会也随之发生了变化。在会议中占据一席之地的新秀是媒介技术公司,它们展示了能够同传统电视台直接展开竞争新的节目传输的方式。此外,随着越来越多的电视网自己制作节目,并且将节目分发给其附属电视台,附属电视台也不再需要从联盟组织处购买节目。

制播分离、节目市场的逐步成熟,是电视发展的必经过程。中国的情况也是如此。改革开放前,中国电视行业始终实行高度集中的计划管理,节目产品并不具有商品属性。各地电视台将自制的优质节目主动无偿提供给其他台开展交流,不存在电视节目交易市场。然而十一届三中全会以后,传媒经济为中国传媒领域带来了翻天覆地的变化。这种产品管理体制也随之改变。早期,中国电视节目交易市场开始获得发展,但尚不成熟。电视节目版权交易量小,在国际市场上的交流更少,交易平均价格水平低,可以说节目产品的商品化程度和整个节目市场的市场化程度都不高。近几年来,中国电视节目制作水平有较大提高,一些电视产品得以进入国际市场,如《舌尖上的中国》。

1999 年前后,"制播分离"是中国电视界的热门话题。制播分离制度在广电媒体集团中的推行,大大推动了电视产业的发展和电视节目产品市场化的进程,电视节目交易日趋活跃。比较知名的交易平台有北京电视节目交易会、广东电视节目交易会、上海国际电视节、四川国际电视节、北京的常年电视节目交易市场"电视节目全国交流中心"等。交易市场使参展方之间有机会有平台实现优势互补、资源共享,在节目制作、节目参展、经验交流研讨等多方面展开合作,共同提升实力,实现多赢。

第四节 电子节目网络化

随着互联网、数字视频记录仪和其他新兴媒介技术的产生,媒介消费者对他们所收看的节目单的控制能力越来越强,他们成了自己的节目负责人。当消费者不再被拴在固定的节目单上,并能主动回避广告时,电视网不得不重新思考赢利的方式。

一、音频节目的网络化

在线音频同传统广播相较具有明显的优势。在线听众不必再依赖地方广播台收听喜爱的音乐节目,在线听众可以根据自己的兴趣选择音乐类型,并且按照喜好的顺序来收听。新的便携式 MP3 播放器,如 iPods,能够允许使用者下载音乐,有时候能涵盖数百小时的音乐。使用者根据音乐、旋律类型或者他们自己的情绪建立自己的音乐清单。

1995 年 4 月,位于美国西雅图的"进步网络"(progressive networks)在其网页上放置了一个 Real Audio System 的试用版软件,提供"随选音效"(audio on demand)服务,这一举措标志着网络广播的诞生。随后,世界上主要的国际广播公司都纷纷与网络联姻,BBC 建立了在线新闻网站。除了传统媒体与机构(如图书馆、大学等)创办的在线电台,还有一类电台是由用户上传并进行分享的电台,如美国的 Pandora 音乐电台。

Pandora 音乐电台是美国最流行的提供在线音乐服务的网站,用户可以通过 Pandora 电台收听高质量的音乐,用户只要输入自己喜欢的一首歌或者一位歌手,Pandora 就会为用户建立一个电台,不断播放风格相近的音乐。这个电台来自于 2000 年启动的"Music Genome"项目,这个项目制定了两个目标,第一是帮人们找到自己喜欢的音乐,第二是帮助有才华的歌手找到自己的听众。当第一个目标实现之后,第二个目标也就水到渠成了。

但是，Pandora 可能会面临来自艺术家们的压力，因为他们大多认为 Pandora 没有为使用他们的作品支付足够的版权费用。作为回应，Pandora 详细列出了从该服务中获得较高版权费的几位艺术家。其中就包括李尔·韦恩，他从 Pandora 获得了大约 300 万美元的版权费。除了手机和平板电脑外，Pandora 还与很多大型汽车公司建立了合作关系，并已被整合到包括蓝光播放器和三星冰箱等超过 760 种家电产品中。Pandora 宣布克莱斯勒汽车集团已经将其流媒体音乐服务集成到旗下的"Uconnect Access"人机交互平台中，用户通过智能手机连接汽车之后就可以使用这一免触操控的音乐服务。而且，包括宝马、本田、别克、雪佛兰、福特、通用汽车、现代、林肯和梅赛德斯-奔驰在内的 20 个汽车品牌都已经集成了 Pandora 网络电台服务。

2013 年，Pandora 的收益大增，Pandora 的广告收入增长了 36%，至 1.443 亿美元，是订阅收入的两倍。iTunes（苹果公司最热门音乐软件）和谷歌也发布了广播服务，音乐播放器 Spotify 也向移动领域进军。在线广播不再是边缘化的广播，反而因具有高度的定位性将吸引日益增多的广告收入。广告商可以依据用户使用何种设备收听在线广播来购买广告。媒体在智能手机、平板电脑甚至汽车上的应用为广告商提供了绝佳的机会，使他们能够定位在任何地方忙碌的人群[①]。

近几年，中国的在线电台也得到了迅猛发展。中央人民广播电台、中国国际广播电台等百余家传统广播电台陆续开辟了网络电台，突破了以往收听广播的地域及终端限制，丰富了用户收听广播节目的渠道。当前在国内流行的豆瓣电台、蜻蜓 FM、喜马拉雅 FM 等都是广播节目网络化的成功案例，他们与数百个电台、DJ 建立合作关系，拥有丰富的音频资源，用户只要下载一个手机 App，就能随时随地收听任何节目，而且还能与主播互动，通过留言评论对自己收听的节目给予反馈，也可以与其他评论者进行互动。具体说来，中国的在线电台可以分为以下三类。

第一类是依托于传统频道资源的网络电台，其实质是传统电台节目的网络版。1996 年 10 月广东人民广播电台建立网站和 1996 年 12 月中央电视台建立网站，标志着中国广播电视媒体在网络传播领域中迈出了第一步。

第二类是独立于传统电台的网络电台，它们可以不依附于任何传统电台，是网络上"土生土长"的电台，这类网络电台是由正式机构创办运作的，如青柠檬音乐电台等。

第三类是网络个人化电台，其建立大多以社区网站为依托，听众也多以社交网站的用户为主，记录并显示听众收听频率，关联计算用户的个人音乐喜好。据

---

① 新浪传媒. 美刊盘点 2013：广播在线收听发展迎来春天.http://news.sina.cn/m/2014-01-06/121729169363.shtml[2014-01-06].

不完全统计，目前活跃在听众中的这类在线电台。从内容上看可大致分为三类，一是纯音乐类、二是综合类、三是听书类。电台有专业生产内容（professional generated content，PGC）和用户生产内容（user generated content，UGC）两种形式，部分电台也有将两种形式结合。其中，UGC 形式以荔枝 FM、喜马拉雅 FM 为代表。荔枝 FM 提出"人人都是主播"，而喜马拉雅 FM 的主旨是"分享声音"。虽然，近两年个人在线电台，得到了较大发展，培育了大量高黏度用户，也得到行业和大量资本的关注。但其商业变现一直是困扰行业发展的核心议题，音频版权也是一个突出问题。

个人在线电台竞争激烈，各家争相打造专业用户生产内容生态，以内容精品化增加用户黏性，在内容生产方式的侧重点不同：如蜻蜓 FM 坚持专业用户生产内容，主播认证审核机制严格，平台优质主播居多，平台为了加强主播与粉丝之间的黏性，将重点放在了对蜻蜓 FM 及主播周边的开发上，以此形式发展粉丝经济。2015 年，有超过 3123 万小时的有声内容在财经频道中推出。福布斯中文网、东方财富网、上海证券报等众多财经媒体或机构也都与蜻蜓 FM 建立了深度合作关系。喜马拉雅力图打造声音帝国，UGC 内容与 PGC 内容并重。喜马拉雅 FM 的主要变现方式为广告营收和版权分销。荔枝 FM 作为国内最大、最活跃的音频自媒体平台，以 UGC 内容为主。大量明星电台的入驻，在带来大量流量的同时，也开拓了粉丝经济的深度和广度。同时主播同城定位功能打通了线上线下的粉丝经济[1]。

总体来说，当前在线电台正在向纵深发展，随着用户黏度的增强与用户人数的增长。它们在节目内容、版权问题、营利模式等方面正在进行新的尝试。

二、视频节目的网络化

如今，在线视频已成为电视强有力的竞争者。考虑到互联网巨大的存储能力，上网观看电视节目变得越来越方便，可以随时观看任何节目，不必再受电视节目单的限制。尤其是许多人工作时并不能接触到电视，他们转向互联网去收看电视网上播放的内容。此外，一些媒介网站播放直播式新闻。

（一）独立专业视频网站

美国 Netflix 是一家在线影片租赁提供商。公司能够提供 Netflix 超大数量的

---

[1] 智研咨询. 2016 年中国移动电台市场现状分析及发展趋势预测. http://www.chyxx.com/industry/ 201607/430847.html[2016-07-05].

DVD，而且能够让顾客快速方便地挑选影片，同时免费递送。2009 年，该公司可提供多达 10 万部 DVD 电影，并有一千万的订户。2007 年 2 月 25 日，Netflix 宣布已经售出 10 亿份 DVD。2011 年 Netflix 网络电影销量占据美国用户在线电影总销量的 45%。用户可以通过 PC、TV 及平板电脑、iPhone 收看电影、电视节目，可通过 Wii、Xbox360、PS3 等设备连接 TV。Netflix 凭借高端自制剧和突破性的排播冲击着传统电视平台的优势。2013 年，Netflix 出品的《纸牌屋》更是被推上全球瞩目的风口浪尖，随后《铁杉树丛》《女子监狱》，接连多部剧集均保持超高质量成了现象级话题[1]。

推荐引擎是 Netflix 公司的一个关键服务，Netflix 使用推荐算法和软件来标识具有相似品味的观众对影片可能做出的评级。根据用户的个人偏好，可为他们及时推荐新推出的电影。2006 年，Netflix 对外宣布，他们要设立一项大赛，公开征集电影推荐系统的最佳计算机算法，第一个能把现有推荐系统的准确率提高 10% 的参赛者将获得一百万美元的奖金。2009 年 9 月 21 日，来自全世界 186 个国家的四万多个参赛团队经过近三年的较量，一个由工程师和统计学家组成的七人团队夺得了大奖，拿到了那张百万美元的超大支票。

（二）电视台背景视频网站

同时，大多数在线电视网站仅仅是其广播电视或者有线电视的翻版。视频网站的世界已十分拥挤，而传统的内容制造商也不希望在新时代失去曾经的优势和地位。主要电视网大约有 90% 的节目剧集都已经搬上了电视网自家的网站，比如 Hulu.com、TV.com、Joost.com 和 Fancast.com。Hulu 是美国国家广播环球公司（NBC Universal）和福克斯广播公司（Fox）在 2007 年 3 月共同投资建立的。除了 NBC 与 Fox 的内容，Hulu 还与索尼、米高梅、华纳兄弟及狮门影业等 80 多家内容制作商合作，而美国在线、雅虎、MSN 和 Myspace 等大小网站都是它在渠道上的合作伙伴。这意味着，你可以在 Hulu 及其合作网站上免费看到高质量的完整长度的《辛普森一家》、《24 小时》和《非常嫌疑犯》等新老电视剧和电影。Hulu 的目标是成为一个可以看到所有专业视频的地方，在这里你不用知道哪个节目属于哪个电视台，又在什么时候播出，你只需要记住节目的名字然后搜索[2]。收听者能够避免被拴在固定的节目单上，并且避免成为被广告主俘获的观众。

在我国，互联网也使电视节目迎来了新的发展机遇。从 2005 年起，网络电视（internet protocol TV，IPTV）就成为业界关注的焦点，它融合了传统电视和互联网的相关特性，给人们带来一种全新的电视观看方法，改变了以往被动收看节目

---

[1] 百度百科．Netflix. http://baike.baidu.com/link?url = 0BBzFP3QbCU50okDj3kKJktK52cprrYwq1TSH7J-Lh6wbTn99Egp_pDLHfClkrjfVIoP6-LQqW0ktKoYI4fP0K[2017-03-18].

[2] 百度百科．HULU. http://baike.baidu.com/item/HULU? fr = aladdin[2017-03-18].

的模式，实现了电视以网络为基础的按需观看、随看随停的便捷方式。此后，随着大量的受众转移到互联网，为了迎合市场需求，传统电视媒体纷纷开始在新媒体上建立新的电视节目展示平台，如湖南卫视的"芒果TV"、浙江卫视的"中国蓝TV"、江苏广电总台的"江苏网络电视台"等。以芒果TV为例，湖南卫视拥有完整知识产权的所有自制节目，都将在芒果TV平台上独播，为用户提供各类热门电影、电视剧、综艺、动漫、音乐、娱乐等内容，以此打造自己的互联网视频平台，其在2014年播放出第一档全网独播节目《花儿与少年》，当日播放量就达220万。除了各卫视搭建的新媒体平台外，电视节目还可以通过各个视频网站，如"爱奇艺""优酷"等实现网络播放，任何在电视上可观看的节目，都可以在网络视频中找到，它给传统的电视节目提供了一个全新的展示平台。

（三）用户自制内容视频网站

新技术也使用户成为自己的节目制作者。美国公司YouTube正是应此需求而生的，YouTube以视频的服务为目标，收集的影像内容从私人录像带到各种爆笑短片。它是当前世界上最大的视频网站，为全球成千上万的用户提供高水平的视频上传、分发、展示、浏览服务。YouTube平均每天有35万人的视频上传。2006年10月，YouTube被Google以16亿美元收购。2015年2月，中国央视首次把春晚推送到YouTube等境外网站。2008年11月，YouTube与米高梅公司、狮门娱乐公司和哥伦比亚广播公司达成协定，允许在其美国网站内播放完整长度的电影和电视剧，这一举动是为了能和已经授权并且能播放国家广播公司、福斯广播公司其电视系列剧的Hulu竞争。YouTube的电影频道已经上线许久，里面大部分内容需要付费，其价格从1.99美元起，用户购买的是48小时观看权。里面也有部分免费电影可观看。2013年5月10日，YouTube发布了一个付费频道订阅项目。Google通过YouTube为未来50年甚至100年的电视布局。2012年4月7日YouTube斥资高达1亿美元委托第三方生产低成本内容，并将设置20余个频道，开拓专业原创视频的细分市场。4月12日，YouTube直播频道正式上线，直接播出合作方的直播电视节目，同时向用户开放直播平台。用户订阅之后会收到节目更新提醒。相比Web2.0时代的网络视频，这种频道化的视频直播是在向电视广播靠齐[1]。在我国则有新浪视频、优酷等UGC视频平台，这些平台也成为PGC内容的发布之地，其中的内容组成已非常复杂。

---

[1] 百度百科. YouTube. http://baike.baidu.com/link? url＝QxGKha5-tBldqzdR8Z5uciGPdSjQ_1bA8SDlO_KEJ5DHK_kGlbrs343FD7qAaQSq3lWozrOqnd6kDWzxLFTbkUNj9T4M2uYizsnztzaIOMug_i7cgMOayU6svucaEV0ooXKBq9Fp9KRur3J48d2UNa[2017-03-18].

三、节目分发权力的弱化

互联网带来了跨国传播的便利。过去电子式内容的传播取决于分发模式，这一模式主导于大机构的手中。然而，在互联网时代，机构对电子产品分发的权利被部分瓦解。尤其在跨国传播的领域，甚至网络分享成了某些电子节目跨国传播的主要方式之一，如日本动漫。日本动漫的非官方跨国传播主要是由字幕组来完成的。如今，字幕组已经成为主导多视听产业跨国传播的主要实施者，如大量在我国网上传播的美剧、英剧等。

字幕组最初出现在美国。20世纪60年代，日本动画在美国经历了短暂成功，《铁臂阿童木》《极速赛车手》等动画在美国大受欢迎。然而，1970年，日本动画逐渐把定位转向青春期少年和成人，暴力与性内容有所增加，同时美国对儿童电视进行审查的压力也正在加大。民间组织（Action for Children's Television，ACT）和其他团体利用童子军造势，通过联邦法规限制他们认为不适合美国儿童的内容。日本动画在美国的传播受到限制。一些日本动画爱好者组建起俱乐部，在小群体范围内分享日本动画。80年代末，Time-synchronized VHS和S-VHS录像机系统让字幕组能够输出精准的文字和图像，并配制到录像带上，以此出现了日本动画字幕组。

随着互联网的普及，各种各样的字幕组开始兴盛起来。字幕组带有浓厚的自娱自乐色彩，擅自跨越传统发行链中的审查环节，通过自我动员与协调智力资本，传播国外文化产品。这扩张了受众对国外影视产品的媒介接近权。受众对影视产品的获取更为容易了，发行商的控制权下降了。在字幕片的网络传播过程中，数字信息的内容与介质分离开来，流向接收者的全部都是信息，再生产的成本几乎为零，产量和速度却增加了，并且每一批拷贝的质量仍保持不变。这虽然不会导致作品有形载体（如纸质书籍、光盘和录像带）在物理上的转移，但却在新的有形载体上产生了作品复制件，造成复制件在数量上的绝对增加。受众对出版商和发行商的需求降低，产生了"去中介"现象。

在电子节目的跨国传播中，字幕组的作用可以从三个方面来考察：第一，加强了受众的媒介接近权；第二，降低了文化折扣；第三，培育了潜在的受众市场，加速视频作品的跨国传播。

首先，字幕组的出现消除了跨国传播中语言的天然屏障，减少了审查，距国内首发时间间隔大大缩短。一般影视作品在本国播出后，需要几个月至一年的时间之后，才会在海外播出，而字幕片则几乎可以做到隔天发送。日本动画产业已经证实了来自其自身消费者的压力，这些消费者形成了全球范围内的协作、自我组织，基于非商业目的来传播文化产品。在这里，字幕组本来就是消费者，同时也是生产者，除了取悦自己作为渴求速度的消费者外，借由无私的网络分享，字幕组也同时取悦作为消费者的其他观众。托夫勒在其所著的《第三次浪潮》中，使用了"prosumers"（产销合一者）来描述这种"生产者与消费者合而为一"的现象。字幕组的文化实践不但促进了文化全球化过程的草根化，而且通过多样化的文化中介带来了一个内容发行的全新模式。

其次，字幕字降低了跨国传播中的文化折扣。加拿大学者霍斯金斯在《全球电视和电影：产业经济学导论》一书中指出国际影视产品贸易具有特殊性，其中"文化折扣"是其重要特征之一，并直接影响产品的跨国传播。霍斯金斯与他的同事认为，文化折扣是指"扎根于一种文化的特定的电视节目、电影或录像，在国内市场很具吸引力，因为国内市场的观众拥有相同的常识和生活方式；但在其他地方吸引力就会减退，因为那儿的观众很难认同这种风格、价值观、信仰、历史、神话、社会制度、自然环境和行为模式"。从产品类型来看，动作片、动画片、科幻片、惊险片、恐怖片、悬疑片等文化折扣低，是国际影视贸易的主要交易品种。字幕组的免费劳动有效地降低了日本动画跨国传播的文化折扣。一方面，语言的隔阂是产生较高文化折扣的重要原因。对于任何直接传送的信息而言，语言与文化都有极大的障碍。内容转化是媒介跨国化的基本环节。外国内容在进口的时候，受到"守门"的控制，主要的控制机制通常不是政策或法律，甚至也不是经济，而是受众对"自身"母语媒介内容的需求。另一方面，文化的差异则是另一项藩篱，因为文化对于所接收到的内容会造成选择性的接收和诠释，以致和原有的信息产生分歧。字幕组在对影视作品进行再传播之前需要对其进行一定的加工，其目的在于减少产品的文化与语言特质以促进其跨文化的传播能力，并加入一些新的意义与解释，以使得本地观众易于理解。草根粉丝群体用他们的网站和邮件列表教育本国观众，解释这些商品的文化背景和体裁惯例。迷热诚地认为应该通过任何必要的手段将动画传递给所有人。通过这些网络可以建立起他们的资本，并将更多的关于日本动画的知识与热情传递给国人。

此外，字幕组培育了潜在的受众市场。迷对日本动画的传播在整个 20 世纪 70~90 年代十分兴盛，这刺激了正在发展中的产业，并推动了动画艺术的发展进程。70 年代，日本方面曾积极寻求国际市场，并与几个不怎么出名的美国影视公司合作，但都不成功，其中最失败的例子是《风之谷》（宫崎骏）。New World Pictures 公司剪切了半小时的内容，尽可能降低成本，并且更改了大部分人物的名字。然而，与授权发行的失败相对应，字幕组在市场培育方面却十分有效。商业公司依靠他们发现市场热点，以及被忽视的潜在盈利机会。经济环境与文化的活跃被激发，拒绝现有版权管理制度直接导致动画消费的快速扩张，并且使多个集团从中获益。

当一个国家引入国外影视产品时，通常会考虑到的是相关的政治利益、国家和民族的历史记忆、传统的价值观、社会凝聚力和文化认同等。影视产品外部利益的存在是许多国家对其进行政府干预的理由。这些国家因为担心国外文化产品的大量涌入会对本土语言、文化、民族意识造成潜在危害,进而通过关税、配额、补贴等政府干预方式实施贸易保护主义,制造市场进入壁垒,鼓励生产包含自己国家价值和信念的文化产品。在信息全球化时代,信息流动的地域屏障弱化,国家对文化产品引进与传播的控制权被削减,无法用传统的方式来进行有效管理。媒体据以增强国家认同的潜力发生了变化,这也意味着曾经处于国家控制之中的文化纽带和信息的能力越来越差。政府规制面临着来自受众需求的压力。新环境下,对跨国信息流的管制效果减弱,决定一部影视作品能否被观众接触到的关键性因素不在于"发行",而在于"需求"[①]。

[①] 杨嫚. 字幕组在日本动画跨国传播中的功能分析. 国际新闻界, 2012 (8): 67-71.

第七章 电子媒介广告

广告并不是一种当代仅有的现象，而是从泥版时代就产生了。尽管从产生以来，就在很多方面发生了变化，但是其目的并未改变，仍然是帮助宣传产品或服务，并劝说人们购买。广告是现代商品社会正常运行的润滑剂，很难想象没有广告的社会将会是怎样的。人们需要获得关于商品的信息，而商家则需要消费者知晓其产品并购买，而媒介正好充当其中介并获得广告费。我们可以将广告看作是连接受众、商家与媒体三者的一种机制。从更宏观的视角来看，广告是物质社会得以不断发展进步的必需品。

第一节 广 播 广 告

广播并非生来就是广告媒体，但是高昂的运营开销驱使电台负责人通过无线广播寻找新的生财之道。电台先后征收广告费，以及收取节目赞助费来增加收入。

一、广告的诞生

广告在经济中扮演着重要的角色，满足了许多消费者的需求。广告如此之多，受众已经习惯于看到或者听到促销信息，以至于总是不去注意它们。人们会看到一连串的电视广告，但是5分钟以后，绝大多数人并不能记起刚刚播放过的广告产品或者品牌。

通常认为广告是现代社会的现象，但事实上，它已经存在了数千年。广告的起源可以追溯到古巴比伦，商人把自己的名字镌刻在泥版上。在中世纪的英国，酒馆老板用具有创新性的名字和标志将店铺同别人的区分开来。他们早已意识到宣传产品和服务的重要性，尽管早期的广告形式只是书写的名字或者是特有的标记，这些促销的方式为现代广告的产生指明了方向。今天，广告是一门复杂的业务，为了达成最后的销售行为，需要运用心理学、社会学、营销学、经济学和其他科学的理论。

营销和广告有关联，但是并不完全相同。从传统上来说，营销包括定价、分销、包装和同广告相区别的其他促销。营销被定义为一个涉及规划和执行营销规划、定价、促销和分销观点、产品和服务的过程，这个过程能够促成一笔能满足个人和组织目标的交易。广告的目的是使某人注意到某件事，或通知别人某件事，以引起他人的注意。产品和服务的展示及促销行为，往往由特定的赞助商来提供资金支持。广告是营销中的一部分，但同营销相比范围要小得多。根据这些有关营销和广告的定义，口头推销和免费试用、展示可以被视为营销的范畴，而报纸广告、电视商业推销、户外广告牌、印有商标的咖啡马克杯，还有插在汽车挡风玻璃上的推销单都可以被视为广告行为。

广告的发展与传播技术密切相关。1450年左右，约翰内斯·古登堡发明了印刷机，人们产生了印刷广告的念头。到了15世纪末期，宗教人士印刷传单，在市镇中张贴。第一则商品印刷广告被认为出现在1525年的德国，这则广告促销一本有关神奇药物的书籍。

17世纪末期和18世纪早期报纸的流行导致了印刷广告的进一步发展。1704年，《波士顿时事通讯报》刊登了第一则报纸广告，悬赏逃跑的奴隶。本杰明·富兰克林是殖民地报纸的创办者之一，他对广告给予了大力支持，扩大了报纸的广告空间，在广告周围留出了更多的空间，同我们今天看到的报纸类似。直到19世纪中期，大多数报纸广告才形成了我们今天已知的"分类广告"的形式。

19世纪的工业革命为制造业带来了巨大的增长。人们从乡村农场和社区中离开，涌入城市工厂。城市暴增的人口和机械化大规模生产带来了大量的消费行为和大量受众。广告为制造商和消费者牵线搭桥。城市居民从报纸和杂志广告中寻找新的产品，而不是从朋友和家庭处寻找。制造商很快意识到广告对产品销售的好处。他们同样意识到他们需要设计广告、撰写文案、购买放置广告的媒介空间。沃尔尼·帕尔默于1841年在波士顿设立了第一个广告代理机构，填补了这一空缺。帕尔默主要与报纸订立合约，以将报纸广告空间出售给制造商。大约30年之后，另一个促销先锋：弗朗西斯·艾尔，在费城开设了第一家提供全服务的广告代理机构，负责撰写、制作广告，并且将印刷好的广告置入报纸和杂志中。

新的个人化的媒介工具将广告信息个人化，将其直接传送给消费者本人。广告不再是"非个人化的"，同样也不总是涉及大众媒介。网站是广告和直销的结合。网站使用Cookies来记录用户的在线行为，以此为用户定制广告。社交网络站点将广告个人化，并且将其发送给用户的"朋友"。新的在线技术和个人化技术已经将广告转变为一门"说服的艺术"。

二、广播广告的发展

随着广播的发明，出现了一种新的广告形式。起初，公众接受广告的过程非常缓慢，因为并没有多少节目。随着越来越多的人购买收音机，对节目的需求也越来越强，广播业努力从中寻找获得经济收益的方法。

广播广告被普遍视为粗俗，并且有侵犯隐私权的嫌疑。许多消费者和广播者抵制广播广告，并且认为广播不能被用来售卖产品。当时的美国商业部长赫伯特·胡佛，即后来的美国总统，声称广播节目不能受无意义广告的干扰。这种反广告的形势甚至影响到了一些广播台的所有者。

1922 年，美国电话电报公司拥有的 WEAF 广播电台提出了一个征收广播费的主意——为使用广播时段而收费。在当年的 8 月，纽约长岛的一家房地产公司花费 50 美元购买了 10 分钟的广播时段，以劝说人们购买纽约区的不动产。尽管收取广播费看起来像今天的咨询性广告，但是电话电报公司并不将这些信息视为"广告"，而是仅仅将其视为小提示，因为这些产品和服务的出价无关紧要。

广播广告为产品销量带来了爆炸性的增长。在 1926 年 12 月，在广播网中引入第一支音乐广告之后，通用磨坊公司的麦片销量飞涨。在那些投放广告的地区，麦片成了最受欢迎的牌子，在那些没有投放广告的地区，销量则停滞不前。到了 20 世纪 20 年代末期，起初的那种勉为其难的情景不再出现，金融企业、广播业者和公众都赞同这种由广告支撑的广播模式。

广播广告的一个形式是赞助播出。1923 年，布朗宁国王衣饰公司在 WEAF 电台上购买了一周的时段来赞助布朗宁国王管弦乐队。无论这个管弦乐队的名字是否出名，这个公司的名字是广为人知了。但是为了应对公众抵制广告的情绪，广播员小心地避免提到布朗宁国王是一家售卖衣物的公司。发展到后来渐渐地在节目的开始、中间或者结尾部分，播音员会用一个简短的叙述来提及节目赞助者的名字。一些时候，产品的名字会在节目中被提及，比如美国烟草公司赞助了 lucky strike，这档节目占据了最好的收听纪录。每次播音员播报节目名字时，观众也可以听到 lucky strike 这个品牌名字。通过播报 lucky strike 的品牌名字，商标的辨识度提升了，收听这档节目的人更有可能购买 lucky strike 牌的香烟。lucky strike 在第二次世界大战时期是美国军队的特供烟，是世界上最老的香烟品牌。

当时广告的另一个模式是广告代理。广告代理机构和一个赞助企业，将会制作一档节目，通常在 15 分钟左右，这档节目的费用由公司来出。广告代理商从其创造性的内容创作中获取利润，公司从提升品牌知名度、扩大销售额中获利，观众从而能够意识到广告的存在。

尽管从赞助商处获取收益，但是广播电台因无法控制节目内容而懊恼。广告代理机构对节目内容全权负责，甚至对演员具有完全的控制权。赞助商为它们的节目购买了特定的时段，这样，广播站对节目几乎丧失了控制权。最终，在收听时段的高峰，电台有时候不得不播放并不流行的节目，即使它们更希望播放能够吸引大量观众的节目。

到了 20 世纪 40 年代中期，电台厌倦了再将节目控制权割让给广告代理商和广告主，因此，CBS 广播网的所有者威廉·佩里提出了一个有关节目和广告的新计划。他成立了 CBS 节目部，负责策划和制作新的节目。反过来，广播网通过将节目中的广告时段出售给广告主，以此来收回成本。尽管 CBS 青睐于这个计划，广告代理机构则强烈反对，因为他们意图继续维持对节目和广告主的控制。最终，节目制作成了广播网的责任，但是购买节目中广告时段的广告代理机构，仍然控制着这个节目的播放和安排。广播网的节目让位于个人电台节目，增长的广告销售并非来自于赞助商，而是来自节目中的广告时段。这些插播广告在 1965~1995 年得到了持续发展，广告收入也同样如此。

三、广播广告的优势与不足

广播广告具有诸多优势。广播插播广告有时候可以在几天内出售、制作并且播放。广播广告在长度上通常是 30 秒或 60 秒，广告很容易被替换或更新。广告主不必整天都放送同一条广告。丰富多样的节目样式使得广告主更容易达至其目标市场。比如，另类摇滚电台可以很容易地达至所有重要的青少年和大学年龄段的市场。

广播的优势之一是可以达至地方听众，他们最有可能购买地方产品和服务。地方餐馆、汽车代理商，还有商店都在广播上做广告，它们将影响到那些潜在客户。鉴于其能达至的受众规模，其收费并不算昂贵。同电视和互联网相比，其达至受众的费用更低。广告主负担得起许多支插播广告，因此他们的广告可以被重复播放。通过重复曝光，听众可以了解广告词，记住电话号，了解特价销售和其他广告内容。商业广告一般来说制作成本低廉。一些插播广告仅仅是一些通知，虽然也有精心制作的广播广告，但是同电视插播广告相比仍然便宜很多。广播无处不在，无论是在工作场所、公交上、家里、医院、汽车里还是其他的任何地方。广播接收器的小尺寸和轻简使得它们成了理想的便携媒介。

无疑，广播广告的劣势也是明显的。广播只涉及人们的听觉。这样，听众就很容易被他们正在做的或者正看到的东西分心。只使用音频也很难使得听众将产品视觉化。当人们忙于做其他事的时候，会打开广播（比如工作、驾驶、阅读、吃饭等），因此他们不总会收听或者注意广告。典型的广播广告只有 30 秒钟，很难抓住听众的注意力，尤其当听众忙于其他事务时。同样，不像印刷物广告，人们可以重复观看，并且将相关信息写下来，广播插播广告一旦播放出去，信息就已经完结，错过的信息不会再收听到。广告市场中都充斥着非常多的广播电台，所有电台都在为某一受众群而相互竞争。听众的喜好多变，经常在一天之中频繁地换台，碎片化使得广告主不得不通过购买同一市场上的数个电台时段以求扩大达至率。

第二节 电视广告

当电视成为一种新媒介后，通过广告收入来维持运营已经不再是问题。唯一的问题是如何将电视广告的效用发挥至最大。美国早期的电视沿袭了广告的节目赞助样式。这种方法相当成功，直到智力竞赛节目丑闻为赞助节目带来了问题。后来，电视产业借鉴了杂志模式，开始在节目中，或者节目之间出售广告时段。在整个20世纪60年代，大多数商业广告都是60秒的时长，但是在60年代末，它们开始变短。1971年的烟草广告禁令使得许多电视网和电视台有大量广告时段无法出售。电视台和电视网十分开心地发现，将两支30秒广告卖给两个广告主比将60秒广告卖给一个广告主赚的钱要多。在70年代的美国，30秒时长的广告占据了电视。

一、电视广告模式

如今的电视广告形态多种多样。按投放位置可以分为时段广告与栏目广告；按广告版本划分可以分为硬版广告、标版广告、专题广告；按播出形式划分可以分为常规广告形式与特殊广告形式等。据此，我们可以从电视台、广告主与广告代理之间的关系来区分电视广告的模式。广告的模式从很大程度上借鉴了广播广告的模式。总体说来有以下几种形式。

（一）赞助商模式

起初，电视广告很大程度基于广播赞助模式。广播主和他们的代理机构制作赞助节目，比如《德士古明星剧场》。然而，电视节目同广播节目比起来，制作费用更昂贵，广告代理商和广告主发现他们每周花费在数千美元以上。库得诺广告代理机构每周花在《德士古明星剧场》上的开销大约为8000美元，三年后，这一数字上涨了四分之一，北极牌电冰箱为其赞助的由鲍勃·霍普主持的节目每一集就要花费10万美元。电视赞助的高额开销使得除了个别最大的广告主仍然坚挺以外，大部分广告主都选择了退出。很快，电视广告模式的格局发生了明显的改变。

（二）插播广告

NBC电视执行官巴·韦弗将威廉·佩里出售广播节目中的广告时段的想法进

一步推进，并将其运用到电视中，并且提出了著名的电视广告"杂志模式化"。这种广告后来被称为"插播广告"。韦弗指出电视可以将节目中间的广告时段出售给数个赞助商来赚取更多的钱，而不必仅仅依靠一个赞助商来承担整个节目的开销。他的观点同间隔于文章中的杂志广告颇为类似。广告主不再需要购买电视节目的赞助权，他们只需要购买几分钟一支的广告时段即可。这其实是一种化整为零的拆分方式，这使得更多的广告商可以在电视上投放广告。另外，韦弗的计划也提高了电视网和独立制作者所生产节目的质量，将广告主排除在节目制作的行列之外。

广告主发现，同购买 15~30 分钟的整个节目相比，购买 1 分钟的广告时段要便宜很多。他们不必再为节目内容而操心。可以负担起的广告时段第一次为电视带来了非常多的广告主，尤其是小型的企业，而富有的赞助商和广告代理商颇为懊恼，他们担心丧失对广播的控制地位。

宝路华手表公司是第一家尝试在电视上做广告的广告主，同时也是第一家购买点播广告时段的企业。从 1926 年开始，美国就处于宝路华时间，其广告台词为人共知："现在是下午 8 点整，宝—路—华，宝路华手表时间"。宝路华后来将其广播插播广告转移到了电视上。在 1941 年 7 月 1 日，宝路华从纽约城电视台得到了道奇队和费城人队棒球比赛中的 20 秒的广告时段。宝路华广告在时段上展示了手表的表面，但是并没有配音。宝路华手表后来保持了对其表面的近距离展示，同时加上了时间播报的声音。

广告和电视是非常成功的搭档。广告主拥有了一个新型且流行的大众媒介，可以将产品和观众聚集起来。消费者从自己的卧室中就可以看到产品，并感受到产品的特征。

不过，广告直播有时会出现意外情况。一次，吉列公司雇用了一个手模来展示新的电动安全剃须刀，不过它看起来不是那么自动。安全剃须刀使用了新的一次性刀片，可以自动调整角度，以便更简单和安全地替换。当直播中展示如何使用这款剃须刀时，它居然卡住了。观众们眼睁睁地看着这只手绝望地试图将刀片拆下来，然而并没有成功。这是吉列公司最后一款直播式展示的产品。从那时起，他们提前录制好了自己的商业广告。在家乐氏的玉米片广告中，由于播音员满嘴塞满玉米片就不能很好地播放广告，所以他需要镜头来帮助"做假"，他只需要假装在吃就可以。不幸的是，摄像师把画面拉得太远了，当观众看到播音员把满满一勺玉米片伸到肩膀上时都惊呆了。直播电视广告时期，意外情况频发。再比如，冰箱门在关闭时被卡住了、开启罐头的人迟迟打不开罐头盖、播音员手持一个商标却为另一个商标代言，这些都是发生在电视广告中的灾难性事故。

尽管发生了这些无厘头的事，广告主们仍然坚持将他们的产品放到电视上，电视经理们为整个 50 年代广告收入的飙升而欢呼。尽管这个十年赞助节目仍然流行,但赞助商和广告代理机构逐渐放弃了对节目生产、剧本和明星的控制。韦弗的杂志模式逐渐成了电视广告的主流。

(三)植入式广告

植入式广告是指把产品及其服务具有代表性的视听品牌符号融入影视或舞台作品中的一种广告方式,给观众留下相当的印象,以达到营销目的。植入式广告是随着电影、电视、游戏等的发展而兴起的一种广告形式,它是指在影视剧情、游戏中刻意插入商家的产品或服务,以达到潜移默化的宣传效果。由于受众对广告有天生的抵触心理,把商品融入这些娱乐方式的做法往往比硬性推销的效果要好得多[1]。一些时候,公司不一定会购买广告时段,而是诉诸植入广告,他们付款以使产品在节目中被使用,或者得到展示。因此,植入式广告,也被称为"产品整合"或者"隐秘广告",是一种将产品展示给观众的微妙但有效的方式。早期的节目中演员提及或者使用产品是植入式广告的一种形式。在失宠多年后,植入式广告又重新杀了回来,同典型的 30 秒或者 60 秒广告相比,它成了一种创新的广告形式,并且避免了观众通过跳过、快进等方式逃离广告。而当前,我们在电影电视剧中可以发现大量这种植入式的广告。

通常来说,一部电视剧的收入主要是卖给电视台和视频网站播映权,以及植入广告。植入广告充满了商业气息,如果使用不恰当,会适得其反。有些电视剧植入广告的手法拙劣,与情节无关甚至损害剧情,引起观众强烈反感。无疑,这是舍本逐末,对利润的追求压倒了一切。

二、广告商与电视台在节目内容控制权上的竞争

电视节目赞助遭受了智力竞赛节目丑闻的巨大打击,这个丑闻使美国 20 世纪 50 年代后期的电视产业都受到了影响。在那时,电视智力竞赛节目是最受欢迎的节目。一些节目由赞助商和他们的广告代理机构制作,其他的是由电视网自制的。对观众的争夺十分激烈,因为播出的智力竞赛节目有很多,而且它们往往在同一时间段播放。

为了使那些受欢迎的选手能够坚持在舞台上,赞助者在节目开始以前就把答

---

[1] 百度百科. 植入式广告. https://baike.baidu.com/item/%E6%A4%8D%E5%85%A5%E5%BC%8F%E5%B9%BF%E5%91%8A/9955814?fr = aladdin&fromid = 9077235&fromtitle = %E6%A4%8D%E5%85%A5%E5%B9%BF%E5%91%8A[2017-03-18].

案秘密地提供给了那些受欢迎的选手。当这个丑闻被曝光后，公众对这种欺骗行为感到愤怒，并且谴责电视网。电视网则指出如果他们要为电视节目内容负责，那么他们应该从广告代理机构那里接管节目制作的权力。

电视网争取对节目内容及播出时间的控制权。电视网得到了观众的支持，同时，公众奋力争取将赞助商和节目制作分离开来，广告业也整个地转向了杂志模式。

三、商业插播广告的内容竞争

在 20 世纪 60 年代，大多数电视广告都是 60 秒钟一段，被称为插播广告。因为节目不再由单一的广告主来制作和赞助，节目中的插播广告能够容纳为数众多的广告主。因此，在一个节目中，会出现许多不同的品牌和产品，这导致了市场竞争的激烈化。当一个广告主赞助一个节目时，这个品牌将会成为整个节目中唯一得到促销的品牌。但是插播广告出现后，一档节目中会出现很多产品和品牌。对于许多广告主来说，这是一次挑战。他们必须提出新鲜的创意，使他们的品牌和产品能够鹤立鸡群。在广告中开始出现口号、歌谣和引人注目的短句。

1971 年，在联邦政府禁止出现香烟广告后，电视广告呈现出了一副新的面孔。烟草公司曾经是电视最大的广告主之一，但烟草公司不得不将其广告开支从电视转移到印刷品上。此后，电视再次寻求新的大顾主，以填满空缺出来的广告时段。电视网很快发现许多其他公司买不起一支 60 秒钟的广告，但是他们能买得起一支 30 秒钟的广告。对于电视网来说，这个安排被证明非常有效，因为同出售 60 秒一支的插播广告相比，出售 30 秒一支的插播广告能够赚更多的钱。节目中充斥着来自更多广告主的短时插播广告。

1965 年，大约 70% 的商业广告都是 60 秒一支的广告。在 60 年代末期，这个比例有所下降。到了 80 年代，商业广告的时长开始发生变化，包括了 10 秒一支、15 秒一支、20 秒一支和 45 秒一支的插播广告。到了 90 年代，15 秒一支的插播广告尤其受欢迎。90 年代后，尽管数量较少，但是赞助行为仍然存在。比如，当《辛德勒名单》在 1997 年首映时，福特汽车公司是唯一的赞助商；在 21 世纪初的《军官和绅士》由绿箭牌无糖口香糖赞助；宝马赞助了 AMC 电视台的《广告狂人》，限制了剧集开头、结尾和中间休息时段的广告品牌，其间只能出现宝马的插播广告和电视网的预告片。

广告主需要有足够的创新能力，以维持竞争性。面对新的创造性挑战，许多商业广告采取了更具有叙述性色彩的路径。不仅仅只是展示产品、强调产品的特点，商业广告变得更像是 30 秒钟的微电影，讲述一个能够建立品牌和产品印象的主角和情节。广告的作用并不仅仅是促销产品,而是在消费者头脑中建立产品或者品牌的概念。比如,我们大多数人将沃尔沃汽车同"安全"联系起来,将美泰格公司的洗净器和烘干机同"耐用"联系起来,因为他们的电视插播广告为我们展示了这些优点,并且为我们留下了深刻印象。

四、有线电视与精准广告

有线电视和广播电视之间有几个显著的区别。首先,广播电视曾经通过电波提供免费的收视,但是如今通过电波传送的模拟信号已经被停用了,观众不得不为有线电视或者卫星电视付费。其次,在数字传输出现以前,广播电视就是广播电视,有线电视就是有线电视,但是如今它们之间的界限模糊了。但是从电视产业的角度来说,区别仍然存在。尽管广播电视网和有线电视网都通过广告来获得收益,但是有线电视提供者仍然通过收取订阅费而获得收益,尤其是一些专业的有线电视频道。

20世纪80年代,随着越来越多的美国家庭使用了有线电视,但是直到后来开始才同广播电视争夺受众份额。在2001~2002年,有线电视网第一次比七大广播电视网(ABC、CBS、NBC、福克斯、UPN、WB和PAX)在黄金时段吸引到了更多的观众。有线电视起初被用来将广播节目传送至那些不能清晰地接收天线信号的地区。后来,出现了最早的有线节目和频道,这些节目和频道收取传输费用。换句话说,除了需要为连接到有线电视以收看广播节目付费以外,订户还需要为接收有线广播电视网而付费,比如HBO网,或者为特定的节目付费,比如拳击比赛。

有线电视为观众提供可选择的节目,基于此,广告主可以精准地对观众进行定位。广告主不再需要花大笔的钱将节目传达至所有受众,他们只需要在特色有线频道上瞄准他们的受众即可。广告主可以选择在特色有线频道上购买广告时段,比如游戏频道、钓鱼频道、体育频道、家庭和园艺电视、美食频道和其他数以百计的频道。对于想要对受众精准定位的营销者来说,这些频道十分理想。没有比在园艺电视上更合适售卖园艺设备的了,即使广告支持的有线电视网占有的观众量更少,但是广告主被其有特色且具有高忠诚度的市场所吸引。

有线电视广告具有自身优势。有线电视种类丰富的节目和电视网吸引了小众化、有选择的、目标性很强的观众。同广播电视那种广泛撒网的方式不同,这种方式中只有很少一部分观众对产品感兴趣,有线电视则将有特色的消费者兜售给广告主。有线电视观众更趋向于一群年轻、高层次、受教育的观众,他们有很强的消费能力,使得有线电视成为兜售特殊品和奢侈品的理想渠道。有了数百个有线电视网等待挑选,对广告主来说,将其产品同目标受众匹配起来更加容易。如此多的有线电视网为了赢得广告主的青睐而相互竞争。并且，有线电视多达几百个频道，使得广告时段充足，激烈的竞争环境往往使得价格下降。因此，有线电视对许多广告主来说都非常具有吸引力。

到了20世纪80年代中期，支持广告的有线电视网节目出现了，有线服务提供者开始为观众提供节目包。订户不再需要为每一个频道或者节目来付费，只需要每月为一套有线或者广播频道缴纳月租费即可。有线电视网、广播电视网和地方有线服务在这些由广告主支持的节目中出售广告时段。随着许多有线频道都致力于具有特色的节目，电视观众变得越来越碎片化。当新的有线频道出现之后，现存的每个频道的观众都在缩减。

碎片化的观众和更多的频道选择导致了广告效果的下降。在广告间隙观众可以按动按钮跳转到另外一个频道，这使得电视网不能为广告主提供稳定的观众群。有线频道的增长侵蚀了广播电视网的观众份额，使其降低至四成多；有线电视的份额则增至五成有余。

从广告主的角度来看，广告在企业实体的营销努力中扮演了重要的角色。首先，它辨别出了目标受众，对产品做了区分，并且通过提高销量而增加了收入。广告将产品和服务的优势和好处告知观众。其次，广告同样通过为每一个产品创造商标图像来对产品作区分。商标是消费者在头脑中处理产品和服务信息的一种方式。一般来讲，体育饮料之间其实很相似，但是在观众头脑中，佳得乐和可口可乐的提神饮料之间的区别很大。比如，消费者或许相信一款体育饮料在补水功能上要比其他饮料作用更强，尽管真正的区别并不是那么明显。

从消费者的角度来看，尽管人们经常声称他们对广告感到厌烦，但是他们同样能够意识到广告为他们带来的益处。商业广告能够满足教育、社会和经济方面的目的。尽管一时难以相信，但是广告确实具有教化功能，毕竟，这是我们了解新产品、新服务和销售、降价的方式。广告通过促销企业，推进竞争，为经济做出了贡献，其进一步的结果便是产品的提升、产品选择的多样、价格越来越低廉。

电视被视为最具有说服力的广告媒介。同其他媒体相比，音频和视频元素的结合更好地抓住了观众的注意力。此外，几乎每个人都收看电视。广告主从数百万观众处获益。尽管具有种种长处，但是其并非对所有广告主来说都是最佳广告的最佳选择媒介。并不是每一个广告主都需要达至大规模的受众，并不是每个广告主都有足够的预算来制作电视插播广告。对于许多广告主来说，有线电视以更少的开支为其提供了更多的受众。

五、商业电视广告时段安排

大多数商业广告在节目中或者节目之间成串播放。广告主通常得到保证，他们的广告不会同竞争者的广告在同一时段中播放。换句话说,福特的广告,不会同雪佛兰广告一同出现。出现在特定节目中的商业广告被称为"插播广告"或者"参与式广告",出现在节目之前或者之后的广告被称为"邻接广告"。

美国电视时段被分为电视网时段、州电视台时段和地方电视台时段。需要达至最大规模受众的广告主会将广告置于广播电视网节目中。比如,汽车、洗发水、牙膏和快餐广告经常出现在电视网节目中,经常能够吸引国内百万观众。这些插播广告非常昂贵,因此电视网广告时段通常被预留给那些能支付得起费用的广告主。

广播电视网在前期市场、散单市场和投机市场中出售时段。这里的"市场"实际上是整个年份的时间段。电视网在春天开始出售预计在秋季播放节目的广告时段。广告收费基于预期评级——评级越高,价钱越高。广告主承担了提前购买的风险,因此电视网保证最低受众规模。如果一个节目收视率降低,那么电视网将通过提供额外的插播广告对广告主进行补偿。电视网尽量将其预期清单的70%~80%都售出。

尚未出售的时间段则提供给下一个季度想要购买时段的广告主,每年提供四次。但是广告主一直要等到想出如何播放将风险降到最低以后才出手,因此那些在散单市场购买时段的广告主要付更多的钱,而且不被保证观众规模不会降低。

广告主同样在购买州电视台广告后,也可能会将广告投放到特定市场的电视台中。比如,在2月,某家具生产商或许会在某个州的电视台购买商业插播广告。到了4月,这个公司或许会降低在这个州的广告开销,转而在另一个州的电视台上购买插播广告。

地方广告主往往是城镇商家,他们只想达至单一市场或者地域的消费者。对于那些小规模商家来说,也许地方性广告更行之有效。而相比之下,购买电视网时段或许更贵,并且也没什么用,比如地方性餐厅。因为远离当地的观众几乎不可能驾车来诺克斯维尔,仅仅为了吃一顿饭。

六、电视广告的优势与面临的问题

电视最大的优势是光和声的结合能够有力地抓住观众的注意力,提高观众对商业广告的记忆。观众经常能回忆起广告歌谣中的句子、企业名字。电视商业广告能够达至广大的、多样的受众,因此不仅仅聚焦于某一狭窄的观众群。由于电视观众数量巨大,产品的广告主实现了针对观众的最大到达率和高曝光率。广告能够被插入节目中间或者节目之间,因此它们显得不那么突兀。现代广告在视觉上令人振奋,并且叙事也颇为风趣,能抓住观众的注意力。如今,电视广告制作精良，广告制作的创意与技巧都在不断发展与成熟。多样化的节目类型为广告主提供了多样化的植入方式。比如，尿布销售者或许会选择将广告植入肥皂剧中，因为肥皂剧的观众往往是妇女。此外，电视具有很强的娱乐性，这种娱乐色彩感染了商业广告。在特定时段，比如美国橄榄球超级杯大赛和艾美奖颁发时，观众会发现商业广告比节目本身还要令人激动。电视是最具有劝服性的媒介。朗朗上口的音调、壮观的视觉，还有风趣的产品展示都催促那些甚至最具怀疑论色彩的观众去尝试新的产品。有效的商业广告扣动着我们的心弦，我们会目睹购买广告产品给我们带来的情感体验，因此我们倾向于为产品掏腰包。

但是，电视广告的费用是非常昂贵的，尤其将产品成本和播出成本同时考虑进来的话。美国广播电视中一支位于黄金时段的 30 秒广告在 2007~2008 年大约收费 13 万美元。在我国，电视广告的价格也不菲。以 2016 年东方卫视广告价格表为例，其最高的广告费用在晚间黄金档（19：30~21：30），15 秒的广告报价为 20 万元左右，最低为早上 9：00 之前，15 秒广告费为 2.5 万元。

当前，电视网广告面临着有线电视广告的竞争。当今有线电视和卫星电视都能提供数以百计的频道，因而广播电视观众减少了。同时，各媒体间的广告竞争也相当激烈，尤其是在互联网广告出现以来。根据数据显示，2016 年中国电视广告花费同比减少了 3.8%，但是一些精英频道则在糟糕的大环境下逆势成长①。更重要的是，当电视频道越来越多，达到上百个之后，使得观众碎片化。换句话说，频道在整个观众市场中分到的份额更小了。面向无区别观众的广播电视使得达至特定的目标受众变得困难且昂贵。广告主往往为无用的广告覆盖而付费，广告主只想达至某一小部分受众群，但是要为无区别的大众付费。

从观众的角度来看，广告在大多数时候是令人厌烦的。当电视节目正要进入高潮或关键时刻，广告总是不请自来。这引发了观众的反感。"避开广告"是广告主最讨厌听到的。观众在各个频道之间跳频，每个频道都只瞥一眼。当广告还没开始，频道就已经换掉了。大多数观众都能够熟练地避开广告，他们通过本能的感知，四处浏览其他频道，并在广告结束时返回原初的频道。实际上，广告主在为那些甚至不收看广告的观众而付款。

录像机、数字视频记录仪，还有远程控制设备是帮助观众逃避广告的有效工具。观众仅仅按动一下按钮，就可以快进，跳过广告时段，一些录像或者数字视频记录仪甚至将所有的广告信息都清空了。一些调查显示大约 90%拥有数字视频记录仪的观众跳过了商业广告。美国电视录制技术公司，一个数字视频记录仪的制作商，对商业广告快进转发器进行了改进，试图阻挠观众避开广告，无论观众暂停节目还是快进，都无法逃避屏幕上的互动式广告。观众被指引了解更多的广

---

① CTR 媒介智讯. 2016 年上半年中国广告营销趋势. http://www.199it.com/archives/518500.html[2016-09-19].

告信息。但这是不受欢迎的，这种方式甚至在驱逐观众。观众总有办法逃避广告。如今的 IPTV 之类的电视节目，可以反复回看、快进、后退，观众完全具有了观看节目的控制权。

第三节　互联网广告

互联网有强大的互动性功能。点击线上广告、收看收听在线商业广告、阅读线上产品介绍、玩掺杂有广告的在线游戏、将你购买的东西放上推特，或者在推特上浏览朋友买过的东西，这些行为都在吸引着我们，而且这是传统的 30 秒钟广播和电视插播广告无法做到的。在许多时候，消费者们被期望同广告主和其他卖者进行互动。广告主沉浸于在线广告的巨大达至力中，以至于每年都在互联网上投放大约 25 亿美元的广告费用。

中国的在线广告自诞生以来一直处于多形式、高增长的发展状态，根据艾瑞咨询的研究数据显示，2016 年，中国整体在线广告市场规模为 2902.7 亿元，同比增长 32.9%，在五大媒体广告收入中的占比已达到 68%。国内在线广告市场规模在逼近三千亿元大关之后，随着市场成熟度的不断提高，将在未来几年放缓增速，平稳发展。经过 2015 年的探索，在 2016 年，信息流广告已经成为最受关注的广告形式之一，热度持续攀升，玩法也更加多元，其中，视频和短视频信息流广告得到了高速发展，成为 QQ 空间、微信、微博等社交平台标配，而今日头条等新闻资讯客户端也纷纷推出相关广告产品。同时，视频贴片广告市场规模也达 242.2 亿元，与整体在线广告增速相当，随着视频网站黏性不断提升，用户规模持续增加，视频贴片广告已成为视频媒体中最为重要也更加成熟的一种广告形式[①]。

值得注意的是，移动广告的发展，在 2016 年其市场规模已达到 1750 亿元，同比增长 75.4%，并依然保持高速增长。艾瑞分析认为，用户注意力的转移为移动广告市场发展创造了巨大的发展空间。用户使用时长不断增长，移动媒体的多样化使得移动广告市场进入了新的发展阶段[②]。

一、互联网广告的形式

对于互联网广告的定义还有争议，但是一般认为一家公司支付一定金额或者以某种经济、交易手段将自己的商标、产品信息放在别人的网站空间上，

---

① 艾瑞咨询. 2016 年中国网络广告市场年度监测报告. http://b2b.toocle.com/detail--6396818.html[2017-05-12].
② 艾瑞咨询. 2016 中国网络广告规模2902.7亿　电商广告首次超越搜索广告居榜首. https://mp.weixin.qq.com/s?__biz=MzA5NDIzNjc0NQ%3D%3D&idx=1&mid=2649606166&sn=e07e40d2025be1b46ca898a47073843f[2017-05-30].

以求提高销售额和商标辨识率。比如，当商家付款，以将其商标放置在华盛顿邮报网站上，这就是互联网广告。然而，当商家在自己的网站上销售衣物和其他产品时，则被视为营销。

  最常见的在线广告形式是横幅广告。传统上讲，横幅广告除了广告主的商标名和一些润饰以外再没别的东西。横幅广告可以在很多类型的网站看到，比如博客，作为时事通信的一部分，在其他网站上也可以看到。它们具有许多样式，一些被植入在线游戏中，另一些则被张贴在优惠券上。最近，典型的横幅广告已经让位于在视觉上更有冲击力的富媒体的横幅广告。同只有文本的横幅广告相区别，富媒体的横幅广告是一种多样化的广告形式，包括音频、视频，或者是 flash 动画，或者仅仅是发出怪异的音效。富媒体技术广告文件的容量比起传统的网络广告（文字链、图片、浮标等）要大得多，可达到 500K 左右，从而为广告片的创意准备了更广阔的空间。在带宽充足的情况下，它能够瞬间在网民打开网页的片刻完整播放，并通过强大新颖的创意直接刺激受众的视觉、听觉感官。富媒体广告现有 30 秒、15 秒、8 秒等几个时长，这正是跟电视的视频广告相对应的，这也正是为了营造电视广告的效果。

  为了保证他们的信息能够被看到，许多在线广告主选择了弹出式广告，分为插页式广告和智能插播广告。"插页"这个词意味着"插到网页中"，因此，这种广告出现在网页之间或者网站之间。弹出式的插页广告处在单独的浏览框中，当消费者点击它们时，它们会跳转到广告主的网站。智能插播广告曾经被称为"礼貌"的广告，因为它们只有在完全下载下来，并且只有在用户点击的时候才会播放，而现在的一些视频类智能插播广告当页面下载完毕时，就会粗鲁地自启动，只有当页面被关闭时，这些广告才随之消失。

  互联网上常见的另一种广告是漂浮在屏幕上的广告。用户不得不用鼠标努力捕捉这种漂浮广告。这种漂浮广告使用特殊的 flash 动画，在浏览器视窗中来回游荡，甚至将鼠标光标也变成广告，使得整个页面几乎无法使用。用户发现试图关闭漂浮广告的过程就像是在玩猫捉老鼠的游戏。

  在线广告还包括在线植入广告、社论式广告、信息商业广告，还有蜂鸣营销，这些广告将产品信息和推销混合了起来。在过去的几十年中，产品植入广告盛行于电影和电视中，如今产品被同样置入了网站中。越来越多的植入广告、社论式广告和信息商业广告出现在网站的社论中。比如，一个线上书店或许会用"建议阅读"的方式推荐一本书，看起来是一则网站社评，其实是由图书出版商付费的推销。同样，一个网站或许推荐在几份食谱中搭配一款葡萄酒，但是用户或许并不知道搭配葡萄酒的建议实际上是一个付费的商业广告。植入广告和社论式广告、信息商业广告被设计来吸引忽略横幅广告的网站使用者的注意力。

联合广告是一种营销商在网站上通过评论或者背书的形式为产品促销的广告形式，营销商同网站分享销售利润。比如，亚马逊网和其他图书销售商为图书出版商付款，以使出版商在网站上为图书促销。出版商写好促销评论，然后亚马逊网将评论放置在图书的图片旁边。这种联合广告也被称为产品放置广告，由于其不能清楚地区分评论和促销内容，这种形式招致了强烈的批评，评论也并非客观的。亚马逊如今开设了一个页面，来解释其联合广告政策，并且让用户知道哪个广告是联合广告项目的一部分。

蜂鸣营销被定义为"由知道信息的人传给不知道信息的人"。在蜂鸣营销中，一个公司为某人付款，以使其以作为使用过产品的消费者的身份，向他人推销产品的特点和益处，无论他们本人是否真正相信。互联网也融入了这个格局，营销者雇佣人们在线上四处寻找机会，以普通人的身份谈论这款商品和服务。当你在讨论普通产品话题的聊天室、博客，或者在一个布告栏中的电子邮件清单中时，有一个人提到了一个特殊品牌，那么这个人可能是受雇佣的促销者。这个信息可能披着"互助咨询"的外衣，或者以"评论"的形式出现，其实这个所谓的评论是一个付费广告，而不是无偏见的观点。这不是真正基于口碑的营销。为了制止线上为产品背书的行为，美国联邦贸易委员会现在要求博主公开他们是否接受了任何形式的付款，包括是否接受了所评论、推销产品的样品。并不是所有的在线产品背书行为都是秘密的，线上口碑营销的效果非常强大。

此外，互联网还有自动提供广告的服务。这一切都基于互联网对用户行为的收集与大数据分析。营销公司、数据服务公司、零售商和生产商想出如何最好地利用在线技术，以知晓谁在使用他们的网站、谁在线上购物。因此如果你在网上搜索了一款手机，你将会看到大量的相关广告被自动推送到你的面前。美国网络用户每个月要进行超过 150 亿次的搜索，每一次页面点击、广告点击和视频点击都能被记录下来，这意味着像雅虎、谷歌、微软和 MySpace 一样的公司每个月收集大约 3360 亿比特的数据。更重要的是，针对个人用户，每月要收集成百上千次数据。但是大多数在线用户并不知道被收集了多少数据、收集了什么数据。数据包括你住在哪里，浏览过什么商品，经常访问的网站，你的嗜好、音乐和娱乐偏好，甚至通过社交网络站点，也可以知道你朋友的姓名、他们的网上行踪。对于大部分人来说，对这些数据行为都不知情。但是因为互联网已经在很大程度上融入了我们的生活，即使 85%的人认为网站不应该跟踪我们的在线行踪，我们也仍然在使用它。

营销者倾向于从"文本导向"和"行为导向"两种路径来思考。文本导向的市场营销倾向于将广告放置在相关话题的网站上。比如，将耐克广告放置在提倡跑步和马拉松运动的网站上。有了数据收集的新技术和方式，行为导向成了新一代的市场营销方式。行为导向可以监控用户的在线行为踪迹，包括搜索行为、针对用户的兴趣推送广告。

营销者发现，同文本导向广告相比，在线用户对行为导向广告的注意力更高。大约65%的在线用户更倾向于注意同特定的在线行为相关的广告，然而只有39%的人对普通的插播广告感兴趣。更重要的是，行为导向广告比文本导向广告的点击率更高，会产生更多的销售额和更高的回头率。

二、互联网广告的优势与不足

互联网广告相对传统媒体广告具有诸多优势。互联网为全球市场服务，将数量庞大、种类多样的观众传送给广告主。通过将广告放置在网站上，企业可以达至在地理位置上非常遥远的消费者。

此外，互联网还能将信息精准投送至特定的团体，这是最有效的营销工具之一。通过使用特殊服务，营销者能够基于其IP地址、域名、浏览器的类型，或者其他标准，比如人口统计学上的特征（年龄、性别、收入）和心理统计学上的特征，获悉消费者的生活方式（兴趣、行为），进而将特定的广告信息传送给消费者。当置于网站上的横幅广告被加在特定内容的网页上时，比如将厨具横幅广告置于厨艺页面上，或者衣饰横幅广告置于时尚网页上，横幅广告的效果大大增强。互联网同传统媒介相比，能够为广告提供更长的曝光率。只要广告主将广告张贴出来，就能被看到，人们什么时候想看都能看到，它们也能够被打印出来，当作优惠券使用。网站广告同传统媒介相比，制作费用比较低廉，而且，其更长的曝光率使其更加有效。网站广告制作不需要像传统媒体广告那样，使用大量的生产技术，事实上，只要有数字图像软件，就能制作互联网广告。这样，互联网广告的成本非常低廉，用少量的广告预算就能够吸引大规模的消费者。此外，互联网广告可以随时更新和修改广告备份，并且上传至网站。从这个意义上来讲，互联网缩小了大公司和小公司之间的鸿沟，将它们置于同样的竞争平台上。线上购物行为变得如此简便，只需要点击横幅广告，跟随链接一直下单即可。

互联网广告的不足之处也是明显的。对于大多数传统媒体来说，消费者在有机会从促销信息逃离之前，就被暴露在了说服性信息之中。尽管在线广告能够占据计算机屏幕，但是这些劝服性元素只要轻轻一点，就全部消失了。一个消费者必须对产品感兴趣，必须通过点击横幅广告才能接收到销售信息。在线广告在技术上变得越来越高端，许多实现了通过广告订购的功能。但是，互联网广告仍然在某种程度上限制了创新。许多横幅广告同路边的户外广告没什么区别。广告主依靠插页式广告和其他动画广告的闪烁和动态来吸引消费者，但是这些广告会拖慢网页的下载速度。在线观众已经对欺诈性的广告和网站上的营销感到厌倦，因此他们对在线广告并不是欣然接受。广告主无法确切知晓到底有多少用户是由于看到了信息而进行的购买。许多用户对这些广告的回应并不友好，尤其厌恶广告满屏幕地闪烁。对于线上用户，尤其是父母来说，烦恼更多，网络广告模糊了广告和面向儿童的内容之间的区别。一些用户呼吁网站为广告设立限制，清楚指出哪些是用于营销目的的信息。

第四节　电子广告的批判性解读

广告对商家和消费者都有利。商家能够促销产品和服务，消费者能够通过广告了解它们。每种电子媒介的广告——广播、电视还有互联网——都有其自身的优势和劣势。一些产品和服务适合于使用电视广告，一些则使用广播或者有线电视更加有效。广告主也可以使用互联网为产品或者服务做广告。在线广告包括横幅广告、插页式广告和智能插播广告等。将商业广告随处放置、到处张贴的效果并不如发起一场广告战役来得有效——根据同一主题制作一系列的商业广告。大多数广告战役由广告机构运筹。

尽管有许多益处，但是广告所带来的负面影响也是不容忽视的。广告造成了信息过载。电视、广播和互联网中充斥着广告。对于用户来说，几乎不可能去购买一件没有在广告上见过的产品。我们目光所及的任何地方，都充斥着鼓动我们花钱的信息。尽管许多人试图免于广告的侵扰，另一些人则将广告视为生活的一部分。在未来，我们将会看到广告会逐渐渗进那些我们不认为是广告领地的区域。广告变得无处不在，变得更有影响力，变得更有争议性。

广告备受批评，不是因为其本质，而是由于其内容。广告鼓励了贪婪和物质主义。广告鼓动人们购买他们不需要的物品，仅仅是为了将聚集的商品卖掉。同样频繁的是，人们被劝说购买他们买不起或者不需要的产品，因为产品促销者让他们相信，他们的自我价值由这些产品来建立。

此外，广告增强了刻板印象。广告经常由于其非现实性及对妇女、少数族群和其他人的贬低而备受苛责。在家里做家务的往往是女性，男性往往是老板，美女往往不够聪明，这些刻板印象盛行于广告之中。不幸的是，当人们频繁地接触这些刻板印象时，他们的观念也被塑造。

商业广告经常夸大措辞，具有误导性。比如，篮球运动员穿某品牌运动鞋比穿其他竞争品牌跳得高；喝某品牌啤酒的人比喝其他啤酒品牌的人更加有趣，也更讨女性喜欢。虽然，这些品牌不直接声明他们的鞋能让人跳得更高，也不声明他们的啤酒能帮男性吸引更多漂亮的女性。但它们的广告的确让人们产生了这样的印象，人们或许会将这些产品同他们所预期的结果联系起来。联邦贸易委员会对欺骗性广告进行规制，许多广告并没有触犯法律，但是它们的确破坏了道德标准。

广告对儿童的负面影响更为显著。儿童往往不能区分广告与现实，而趋向于相信广告，尤其对于那些低龄的孩子。这对他们对世界的认知会有不良的影响。

第八章 电子媒介受众测量

对受众的了解，包括他们的媒介使用状况，是广告时段出售的核心。这些知识被转换成了不同的数据，比如收视率和份额比率，之后将会成为确定广告时段价格和空间的依据。一般来讲，能够吸引最大规模观众的节目，电视台或者网站能够将广告时段或者广告位卖一个好价钱。因此，需要了解受众：受众数量有多少、他们是谁、他们什么时段收听、他们喜欢什么样的音乐，诸如此类。媒体运营者需要知道谁在收听、收看他们的节目。搞清这些问题最终促进了受众测量技术的发展，最终为电视受众测量和互联网受众测量的出现铺平了道路。

基于计算机的新技术为数据收集提供新的手段。测量互联网受众需要对以往那种针对传统大众媒体的测量方式进行一些调整。受众测量公司总是试图发展出更加精准、更加可靠的方式来发掘听众、观众和在线用户如何使用媒介，他们最喜爱哪个节目和网站。

第一节 早期评级系统

在20世纪20年代末期的美国，当广播广告刚刚出现时，应该对广告时段收取多少费用让电台管理者们为难。广播电台按照时间收费，但是广告主的购买意愿却并不积极，除非他们得到有关听众的信息。1929年，这种尴尬的局面得到缓解，当时阿奇博尔德·克罗斯利提议广告主赞助一种新型的测量广播听众的方式：电话询问系统。有了这个方式，被抽取为随机样本的人接到电话，被询问他们在过去24小时内收听的广播电台和节目。克罗斯利系统最大的弱点便是人们往往会想不起来，人们不能确切地想起他们收听了哪个电台、什么节目。

克罗斯利的有力竞争者是C. E. 霍柏，他使用和节目播放同时的电话调查对广播听众进行测量。通过使用这种方法，霍柏的员工给被抽取为随机样本的人打电话，询问"你刚刚是否在收听广播？""你在收听什么节目？""这个节目是哪个电台的？"许多人认为霍柏的方法比克罗斯利的要好，因为它并不依赖听众的记忆，而是调查听众在接到电话的同时在收听的内容。当然，霍柏方式的缺点是有可能某人或许每天花费数小时收听某个电台，当电话打进来的时候他刚好关掉，或者刚好换台。尽管克罗斯利和霍柏的方式都有缺陷，但是在当时，他们的方式是测量听众最先进的方法。

在20世纪30年代，A.C.尼尔森使用一套电子仪表设备，即自动式播音记录器，这一工具被安装在听众的收音机上，对听众收听的电台和时长进行监控。自动式播音记录器是今天受众测量设备的前身。在20世纪40年代末期，霍柏改进了和节目播放同时进行的电话调查方式，他要求观众记录广播使用的日程。美国调查机构，在1973年改名为阿比创市场研究公司，同样使用这种方式来测量广播听众。

20世纪40年代，克罗斯利、霍柏和尼尔森公司都是广播评级的领导者。然而，克罗斯利在1946年离开了评级行业，1950年，尼尔森公司收购了霍柏公司，最终确定了其行业鳌头的位置。随着美国电视在40年代步入了人们的生活，评级服务主要是尼尔森公司和美国调查公司/阿比创市场研究公司对他们的广播调查手段进行了调整，以适应新的媒介。尽管许多其他的评级公司进入了市场，但是没有一家能够挑战这两家公司的权威地位。

如今，尼尔森不仅仅有媒体业务，也已成为全球著名的市场调研公司。尼尔森根据客户的具体需求来制定调查方案。对于一般性的调查需求，尼尔森拥有一套在全球范围内得到认可的专有调查产品和方法，为客户提供最有力的标准化数据。同时，通过不断的收购整合，它也成了一个跨国公司。阿比创公司则关注于电子媒介测量及其广告主、广告公司本地营销策略，尤其是广播电台。他们自己研制专门用于广播收听调查的测试仪，便捷、科学地获得准确数据。这家公司每年接触的广播听众在30万～50万，所得的调查数据提供给全美4000家以上的广播电台和3500家以上的广告公司。这些调查让美国的广播电台得以及时调整，随时更新适应市场变化。

第二节 主流调查方法

当前，阿比创市场研究公司和尼尔森媒介调查公司是美国市场上两个主要的受众测量公司。为了获得观众和听众的数量，两个公司都采用了媒介日志的方法；尼尔森也用测量设备来测量受众。尽管阿比创市场研究公司主要关注广播听众，尼尔森公司主要关注电视观众，他们合作发展出了新的个人收视记录仪。两家公司同样在探索测量网络受众的新方法。

一、媒介调查公司与调查方法

阿比创市场研究公司和尼尔森公司都是最先进的广播电视评级公司。阿比创市场研究公司曾经同时测量地方广播和电视受众，但是在1994年，它放弃了盈利更低的电视测量服务，将电视观众测量拱手让给尼尔森媒介调查公司。这些公司的兴趣主要集中在公众使用媒介的方式。如果一档特定的电视节目收视率持续过低，它将会被移到其他播放时段，甚至被下架。如果一档节目评级很高，那么经理就能将这个时段卖一个很好的价钱。

阿比创市场研究公司最少一年调查一次大部分美国广播市场，尽管大型市场区域或许会被多次甚至一直持续地调查。阿比创市场研究公司为每一个参与调查者发一份7天的日志，每天都被分为15分钟。每个调查参与者在这15分钟收听电台时，都将其记录下来。此外，每个参与者被要求填写人口统计学信息，典型的有年龄、性别、收入、教育程度、国籍和种族，还有嗜好、旅行、兴趣和价值观等信息。评级公司对观众的人口学特征感兴趣，同样意欲知道用户如何度过闲暇时间、政治倾向、是否害羞、是否富有冒险精神、是否订购了HDTV、是否购买了iPhone或者其他新设备。从这些信息中，评级公司对收看特定节目的人可以做出清晰的描绘。通过这些信息被广告主知道什么样的节目能够吸引那些最有可能使用产品的观众。

作为一种对比电台听众、节目收看的手段，同时也为了更好地了解收听与收看偏好、观众的人口统计学资料、心理学统计特征和媒介使用特征，观众成员被预先分成了媒介市场区域。阿比创市场研究公司曾经发展出一套自己的市场分类方案，被称为优势地域方案。尼尔森媒介调查公司的类似方案则被命名为指定市场区域方案。尼尔森基于地理位置和传统上的电视观看模式将美国分为了210个指定市场区域。当节目变化、有线电视渗透、卫星电视竞争和其他因素引起所有观众行为变化时，市场区域会被重新绘制。阿比创市场研究公司通过向前50个指定市场区域的样本听众发送日志来收集广播听众的数据。阿比创市场研究公司同样制订了大都市调查区域方案，这个方案分为了300个在地理区域上相互区隔的部分。一个大都市调查区通常由主要城市或者几个城市，以及他们周边的城镇和乡村组成。2009年，纽约是最大的大都市调查区，怀俄明州的卡斯帕是最小的调查区。

阿比创市场研究公司同样通过指定地理区域来测定听众，这一方案被称为总调查区方案。一个总调查区由一个主要城市和比大都市调查区域中更大的周边地区组成。比如，按照大都市调查区域方案，得克萨斯州的诺克斯维尔有60多万人，但是根据总调查区方案，诺斯克维尔的人口则有130多万人。通过提供小型地域的测量，小城市帮助低功率电台在评级中同高功率电台相竞争。

尼尔森媒介调查公司同样通过使用日志来监控电视收视行为。它从美国210个指定市场区中的每个市场中收集信息。2009年，纽约是最大的指定市场区，蒙大拿州的格伦代夫是最小的制定市场区。

尼尔森日志在2月、5月、7月、12月被发送至样本家庭中，电视观众需要记录在一个礼拜之内每日15分钟收看的节目和电视网。他们同样需要在日志中提供一些人口统计学的信息和同生活方式相关的信息。

为了提升节目的收视行为，最终提高收视率，电视台和广播电台网络将特殊节目、季剧结局和那些观众苦苦等待的、揭示神秘大结局的剧集就安排在这几个月。当这些特殊节目和剧集播出时，收视率会突然迭起，因为观众或许在平时并不收看节目，只收看高潮迭起的结局。

除了日志，尼尔森公司还使用测量设备来记录美国境内随机抽取的 5000 家样本家庭的收视行为。测量设备被连接在了电视设备上，记录电视的开启和关闭，以及收看的广播电视节目、有线电视节目和卫星电视节目，以及收看的频道。测量设备需要配备日志，以记录哪个家庭成员在收看电视。

电视收视记录仪是一个更加新型、更加先进的测量设备。不必再将收看的频道写下来，每个家庭成员都在遥控上有着指定的按钮，当电视收看者开启，或者关闭电视时，只需要按相应的按钮即可。电视收视记录仪同时记录正在收看的节目和收看节目的成员。日志仍然在使用，但是仅仅被用来将收视者同其人口学特征搭配起来。

中国受众调查的起点一般认为是始于 1982 年的北京调查，这项调查由中国社会科学院研究所发起，以北京地区 12 周岁以上的人口为调查总体，采用类型多层抽样法，共调查 295 个单位计 2430 人，并首次用电子计算机统计分析受众调查数据，调查结果公开报道，在国内外反应良好。

1995 年 6 月全国最大的受众调查咨询机构——央视调查咨询中心（CVSC）成立，后改制为央视市场研究（CTR），该公司是中国领先的市场研究公司。它建立了覆盖全国的市场调查网络，并拥有连续的有关中国媒介市场和广告研究数据库。

1997 年 12 月，央视-索福瑞媒介研究有限公司成立，致力于专业的电视收视和广播收听市场研究，为中国大陆和香港地区传媒行业提供可靠的、不间断的视听调查服务。央视-索福瑞媒介研究有限公司拥有世界上最大的受众调查网络，推及全中国大陆 11 亿 9000 万和香港地区 640 万的视听人口。对全国 228 个市场提供独立的收视率及收听率调查数据，调查网络覆盖 5.4 万余户家庭，超过 17.8 万样本人口，对 1336 个主要电视频道的收视情况和 398 个主要广播频率的收听情况进行全天候不间断地监察[1]。境外的一些如盖洛普、尼尔逊等著名调查公司也进入中国市场，其中许多公司经营传媒和广告调查业务。

二、受众调查所面临的问题

有关评级数据最严峻的关键之一是被监控的观众和听众样本。对整个人口进行普查是不现实的，因此以抽取观众和听众的子集，或者样本来替代整体。许多

---

[1] 陈崇山. 中国大陆传媒受众调研的发展历程. http://www.cssn.cn/xwcbx/xwcbx_cbx/201310/t20131026_609272.shtml[2010-09-27].

批评者声称样本规模太小，从整个美国人口中抽取大约 5000 人的样本并不能产生精确的结果。有人则认为这个样本规模已经足够大，只要其能够代表总人口中的所有不同人口统计学特征的群体即可。换句话说，在一个老年人占 30%的调查区域中，调查日志也必须得送到代表这部分老年人的参与群体手中。否则，日志就无法代表这一区域的媒介使用情况。因此，调查公司竭尽全力确保精准抽样能够反映调查区域的人口状况，并且利用数学方法对样本进行修改，以避免特定区域的样本规模过大或者过小。

电视和广播并不仅仅在家庭中使用，它们同样被用在酒吧、旅馆、医院、工作场所、酒店或其他地方。但是户外的电视和广播收视行为并没有被记录。因为大多数人在工作或者驾驶中收听广播，这部分收视行为没有被记录，这对广播电台来说是很大的损失。最终的收视率并没有精确地反映听众的数量。比较起来，电视的收视率很少受到此类影响，因为人们大多数时候是在家中收看电视。

评级公司依赖调查参与者来填写日志，或直接使用电视收视记录仪。然而许多听众和观众并不能很好地遵守日志的规则，他们经常忘记记录他们收听的电台，或者记录了错误的电台和节目。这些错误都导致了数据的不精确，由此产生的是一副不完整的媒介使用和使用者的图景。电视测量设备同样充满问题。尽管测量记录设备能够被直观地观察，尼尔森公司的调查者也同样依赖调查参与者在收看节目之前或者之后按动按钮，但是很多参与者忘记这样做。

此外，人们经常高估或者低估他们的媒介使用情况。比如，电话调查参与者或许会感到有些害羞、局促不安，在回答收看多长时间电视、上多长时间网络时会有些犹豫。通常人们高估了自己读报的时间，却低估了自己看电视的时间。由于这些自我记录的谬误，调查者经常使用不同的条款来调查同样的问题。当将这些调查结果结合起来时，就能够提供一个更加精确的评估，增强了调查的可信性。

三、互联网受众调查

一些在电视和广播中使用的数据收集手段也能够被用来测量互联网受众，针对互联网也发展出了新的特殊手段。同其他媒介一样，在线广告主关心如何用广告费吸引更多受众的眼球。然而，在购买线上广告位时，他们面临着特殊的挑战，也就是查明有多少用户看到了他们的广告，有多少用户点击了这个横幅广告，广告是否影响了目标受众。网站运营者千方百计地为消费者描绘出一幅清晰的画像，展示消费者的特征对劝说广告主在网站上购买广告位十分重要。

许多公司都从事为网站和广告主提供线上评级和消费者评估的生意。阿比创市场研究公司将其业务扩展至受众测量，其他公司也扩展了业务，比如尼尔森网络评级公司和康姆斯科媒介公司。它们被称为第三方监控者，这些公司使用不同的审计技术和受众测量手段，比如对横幅广告的点击次数进行统计；提供每日、每周、每月的网站流量；监控其他网站；描绘消费者画像。网站运营者凭借这些信息将广告位出售给广告主，广告主使用这些信息来寻找放置横幅广告的最佳广告位。

网络受众的测量至少有以下两个好处。第一，测量更准确，更少被干扰。传统的电视收视率测量，取决于人的主动行为，比如，日志法需要人工填写，人员测量仪则需要样本对象在遥控器的相应按键上按进按出，两者都需要人们在收看电视时进行人工操作。而互联网基于用户端和基于服务器端的测量，主要采用监测程序和监测软件来实现，既可以测量受众访问不同网站的浏览行为，也可以测量网站用户的链接数和页面浏览数，两者并不要求用户在使用时的特定关注和操作，不影响受众正常使用计算机，也排除了对监测和观察的人工干扰。第二，受众测量和内容监测可以统一。传统的电视收视测量，一般采用两个分立的系统，一个测量受众，一个监测内容，然后将两种测量结果进行匹配，最终形成节目或广告收视率反馈数据。互联网测量内容和测量受众可以共用一个网络系统，受众的行为与内容可以对应起来。

网站和在线广告面临的最大挑战是缺少标准的数据收集方式。第三方监控者使用不同的技术和数据收集方式来制作数据图表，经常会导致相互矛盾和令人困惑的报告。比如，他们经常使用不同的测量技术，选择不同的样本，采取不同的方式统计网站的访问量。一些方式或许会重复计算访问量。在分析单元问题上，一家公司和另一家公司也不一样，比如，互联网用户或许被定义为"使用互联网超过10次的人"，或者"使用互联网超过6个月的人"。这些区别带来了迥然不同的结果。比如，2009年，尼尔森报告Hulu.com有890万用户，然而康姆斯科则指出网站有4200万用户。

美国的几个协会和机构在建立网站审计和测量标准上取得了领导地位。互联网广告局、广告调查基金会，还有多个第三方监控公司，在收集受众数据上发展出了一套新型、有效的方式，并且试图将调查单元的定义标准化。

互联网广告局，还有其他先进的网站内容生产商和广告技术公司，自发地在线上广告测量和许多同互联网广告相关的其他领域中设立标准指南。更重要的是，2009年，创新媒介测量理事会得以组建，以寻求监控媒介受众的新方式。这个理事会由媒介调查公司和网络合作，共同提出创新方式来测量消费者如何使用新兴媒介传输系统。

第三节 受众测量指标

有一些基本的指标来测量电子媒介的受众规模与受众偏好。以此来为媒介及广告主投放广告给予参考。

一、受众数量测量

一旦评级公司收集到受众数据，并且知道有多少人正在收看电视或者收听广播，它们将会采取更有效的分析。比如，仅仅知道有多少人在收听某电台并没有意义，除非将其放在总人口规模背景之下考察。衡量受众的多少不是绝对数值而是一个相对数值。如果在一个规模是 10 万人的市场中，有 1 万人收听某电台，那么这个电台占有了 10%的听众。然而，如果该电台处在一个规模是 20 万人的市场中，那么它仅仅吸引了 5%的人口。计算收视率和市场占有率可以将受众数量放置在整个市场背景中。广播和电视都使用收视率和市场占有率，两种媒介的数学计算完全相同。为了简便，收视率和市场占有率用整数来表达。

收视率是收听某档广播节目或者收看某档电视节目的人数除以拥有广播或者电视的人数。市场占有率则是收听某档广播节目或者收看某档电视节目的人数除以正在收听或者收看电视的总人数。因此，收视率和市场占有率之间唯一的区别是被测量的群体。收视率测量拥有广播和电视的每个人，然而市场占有率则仅仅考虑那些在指定时间正在收听广播或者收看电视的人。因此，市场占有率总是大于收视率，因为它们包含的听众和观众数量规模更少，而不是整个人口规模。

广播运营的节目不是那么多，并且广播收视点很小，市场占有率也严重依赖于同其他电台收视的比较。电视将收视率和市场占有率作为受众测量的主要方式。收视率和市场占有率显示有多少人在收看电视节目、在收听地方广播。然后，在节目和电台之间会做出对比，基于收视率和市场占有率，来制定节目策略。

在计算有线电视收视率时，既包括通过有线电视网收看节目的观众，也包括那些通过卫星收看节目的观众。双倍计算增加了有线电视网的收视率，这使得看起来有很多人在收看节目。尼尔森建议单独报告有线传输节目和卫星传输节目的收视率，但是如果这么做，会降低有线电视的广告位价格，因为剥离了通过卫星收看节目的观众后，节目受众的人数将会降低。由此，有线电视的收视率波动比较大。

二、受众媒介偏好

除了研究媒介使用以外，阿比创市场研究公司、尼尔森媒介调查公司和其他公司同样对媒介消费者的个人特征感兴趣。比如，售卖滑雪板的广告主意图达至年轻、勇敢、体格健壮的个体；售卖尿不湿的生产商则向父母兜售产品。由于广告主依赖媒介来达至目标受众，对他们来说，找到同目标受众匹配的媒介、媒体或者节目是十分重要的。

对于广播、电视和网络来说，仅仅有收视率等数据远远不够，而是要真正了解它们的受众。比如，收视率和市场占有率或许能够显示人们收看或者收听频率最高的节目，但是却不能显示为什么人们更偏爱节目中某个特定的角色，或者哪种听众会钟爱哪种特定的音乐类型。为了找到这些单纯依靠观众数量无法解释的问题答案，媒介产业采用特殊的调查方式，比如音乐偏好、情节和剧集测验、电视系数和线上消费者形象描述等。

（一）音乐偏好调查

音乐偏好调查经常被广播电台使用，通过评估广播听众的喜好或者厌恶的音乐，来决定电台的音乐播放清单。音乐测验是一笔昂贵的投资，但是值得尝试。调查者要么通过电话对所抽取的听众样本进行询问，要么将他们聚在同一个场所，通过现场播放音乐进行测试（每种不同的音乐播放5~20秒钟）。参与者被要求对每首歌曲进行评价，是否喜欢及为何喜欢。有时候，小部分被指定的听众组，人数通常少于20人，被召集起来收听音乐，并且深入讨论他们喜欢的音乐。

（二）电视节目测验

在电视节目播出以前，要经过严格的概念测试。即使在节目播出后，相关测试也并没有结束。新的节目及新节目剧集被测验，以测量受众对剧情、角色、幽默和其他节目元素，以及整个节目的反应。受试观众或许会收看一段新节目的剧情，或者是正在播出剧集的大结局，在节目中的任何一段情节，每个受试者都要求表明其喜欢或者不喜欢的程度，受试者的测验单上从1（代表最不喜欢）~100（代表最喜欢）。测验中会记录下每一时段观众评价的变化。节目主管和编剧依赖这些数据来决定剧本。比如，如果大多数观众在听到某句话后都将评价下调了10，那么节目编剧将会删掉这一段。在更大规模上，测验信息同人口统计信息匹配起来，如年龄、性别、教育程度和收入，以搞清楚什么类型的观众钟爱什么节目。比如，数据或许会显示，超过40岁的、拥有高收入，并且乐于运动的男性更喜欢动作化的节目；18~34岁的女性更喜欢情景喜剧，而非警匪剧；儿童更喜爱少年担当主角的节目。得到这些信息后，制作者会加入特定的角色或者故事线索，以吸引特定的观众。

（三）在线受众偏好收集

要想做出最好的广告购买或者销售决定，只知晓收看横幅广告的人数或者访问网站的人数是不够的。广告主和网站经理同样需要知道他们的消费者是谁，他们喜欢什么，他们如何度过闲暇时间及其他个人特征。使用 Cookies 是收集在线受众数据最常用的手法之一。Cookies 是一种软件类型，可以允许网站运营者储存有关用户的信息，可以跟踪其在网站中的行踪。这个软件最终在用户的硬盘驱动器上建立起来，而用户则往往对此一无所知，或者无权限查看。Cookies 创立了一个个人文档，企业利用文档为目标受众定制在线信息。

许多人对 Cookies 的使用表示不满，因为他们收集的信息实属个人隐私。许多团体，如联邦贸易委员会、立法者呼吁当网站收集信息时通知用户，并且为用户提供阻止这一进程的方式。消费者描述的支持者们声称消费者们喜爱 Cookies，因为他们能够得到感兴趣的横幅广告，而且如果提供了阻止进程的方式，几乎每个人都将选择禁止收集信息的选项。

一些网站限制 Cookies 的使用，更多地依赖志愿性调查，用户往往被要求提供人口统计资料和其他个人数据。许多用户很乐意填写调查问卷，尤其是当他们填写之后能够打折，或者得到其他奖赏时。

（四）生理测试

也有通过实验室来测量人们对广告和节目反应的任务。参与者被连接到相关设备上，以便在被展示电视或者网上内容时，测量其心跳、眼动、皮肤温度、面部肌肉变化及其他生理变化。比如，调查者测量受试者是否注意或者忽略了广告，他们的目光在广告上停留了多长时间，一个情景是否能够引起情感反应。

观众画像基于观众数量、观众信息及生活方式偏好被制作出来。一旦观众画像被制作出来，媒介公司就知道了哪些听众在收听其电台，哪些观众在收看其节目，节目在市场上的收视率为多少，最受欢迎的节目是哪些，媒介公司也就能够为节目时段建立广告收费率，将时段中的观众售卖给广告主。如果一个广播电台知晓其在喜爱运动，尤其是高尔夫的 25~49 岁的女性中具有很高的收视率，那么这个电台对高尔夫球店，或者一般的体育商店、健身中心具有吸引力。这个电台可以向批发商展示，它能够达至批发商所期望的客户。

三、受众测量的新方式

广播、电视和互联网都在寻找更加精确和可信赖的方式来测量受众。受众测量工作的精确程度只能依赖技术的发展程度。新的交流技术强迫营销人员重新思考达至观众的新方法,从新技术和报道数据的新方式上带来新的可能的测量方法。

(一) 便携式收视记录仪

便携式收视记录仪被视为革命性的受众测量设备,可以通过无线信号接收广播收听数据。它是一种小型的设备,听众可以轻松携带。这种设备可以收集并解码由广播者植入节目中的听不见的信号。个人可以将便携式收视记录仪别在衣服和钱包上,它对每个广播站植入的特殊信号进行解码,无论听众是在家,还是在商场、车里,或者其他地方。便携式收视记录仪是一款对户内和户外收听活动都能进行监控的电子测量设备。

便携式收视记录仪曾经在美国费城和休斯敦进行测验,并且于2010年,在美国50个大市场中逐步推广。便携式收视记录仪的早期数据显示广播收听习惯或许同以前通过日志测量的结果有所区别。比如,便携式收视纪录数据显示有更多的人收听广播,但是花费的时间更少,并且会更频繁地换台。

(二) 全球定位卫星

新的阿比创公司和尼尔森公司的合资企业正在测试利用全球定位系统技术来跟踪消费者暴露在广告牌和其他户外广告的频率。有了尼尔森的系统,汽车司机和行人可以佩戴名为尼尔森个人户外设备的设备,这种设备每隔20秒钟就记录一次行程。全球定位系统数据,还有旅行记录,在稍后将会同广告牌和其他户外广告设备地图相匹配,以确定户外广告"被看到的机会"。

(三) 移动的目标受众

广告主面对的最大挑战之一是如何到达移动中的目标受众。目标受众是一群生活在移动世界中的人。比如,当你使用全球定位系统定位附近的旅馆时你也在接受某种促销。数年的调查使通过电视和广播及其他老式媒介达到消费者的方式日趋完善,但是要抓住使用手机、智能手持设备和其他应用,比如推特、社交媒介网站和博客的用户的注意力是一件非常巨大的任务。旧式的方式必须得到调整,以适应新的移动世界。

第四节 广告定价

广告的定价主要基于媒介载体与受众到达情况。广告主不仅对购买能够达到目标消费者的媒介感兴趣,他们同样想知道如何能够花费最低的开销,达至最大范围的目标消费者。

广播站和电视台使用千人成本、单位成本、毛评点、每15分钟测量法和累计法来作为对广告时段定价和销售的依据。广告主使用这些数据在电台和节目中进行比较,最终做出媒介购买决定。广播站和电视台提供不同的定价方案,取决于时段、节目等多种因素。大多数电视台提供定点售卖、节目单售卖、频率折扣和以物易物式的交易方案。横幅广告根据点击率、基于规模定价、每次交易成本和混合方法来确定价格。

一、收视成本

广告主对比要想达到目标受众,不同电台和不同媒介之间的开销。广告主需要寻找能够对比每个广播电台广告时段价格和电视节目广告时段价格的方法。为了找到这种方法,他们经常依赖一些数据,比如每千人次访问成本(cost per mille,CPM)、毛评点(gross rating points,GRP)和收视点成本(cost per rating point,CPRP)。

每千人次访问成本通常被用来对印刷媒介或者广播媒介进行评估,但是网站运营者同样也使用这种传统的广告评估方式来售卖线上广告位。每千人次访问成本被广泛使用,以比较不同媒介之间的广告费用,如电视和广告。CPM=(插播广告的开销/达至的个人数或者家庭户数)×1000。毛评点是所有商业广告收视率的总和。简单地说,就是到达率(平均收视率)乘以频次(插播广告的数量)。收视点成本是达至特定市场1%(1个收视点)的开销。单位成本为广告主提供了一条在不同市场间比较收视点开销的方法。收视点成本就是广告成本除以毛评点所得到的数值。

二、广告时段定价

广播站和电视台为商业插播广告设立好基准价格。一些电台、电视台,尤其是电视台,它们并不会以基准价格将时段卖给广告主,而是将其作为谈判的出发点。通过使用新型计算机软件,许多电视台和电台能够使用各种方式使其收入最大化,商业广告的价格每周,甚至每天都在变化,这取决于广播时段。电视台或许同样售卖一个具有很大广告市场需求的节目,广告主会心甘情愿出最高价来购买。广播电台进一步根据广告主需求和听众数量对时段进行分类。

电视依赖时段和节目收视率来决定商业广告的价格。比如,一则在上午时段播放的广告价位一般比在黄金时段播放的广告价位低。同样在上午时段播放的广告价位也因节目而异。一档在黄金时段高收视率节目中出现的插播广播价位比在低收视率节目中出现的插播广播价位要高。

广播站和电视台可以从定点售卖广告中收取更高的广告费,在定点售卖广告中,广告主可以指定他们想要插播广播的时段。大多数电台和电视台,尤其是电台,可以满足这些特殊的要求,但是要收取高价费用。

细心的计划和购买决策并不能保证广告将会在应允的时段播放,也不能保证观众数量像预期的那么大。假设一家电视网高估了预期收看节目的观众数量,但是电台已经向广告主收费。在这种情况下,协议没有得到遵从,电台和电视网会采取措施作为补偿,往往会提供免费的广告时段或者为未来的交易打折。

三、有线电视广告收费

在有线电视网售卖广告时段同在电视网和附属电视台上售卖广告时段的过程有轻微的区别。有线电视网节目通过地方有线公司来传输。

有线节目电视网有数百家,大多数有线公司为订户提供至少 50~60 个有线电视网,再加上基础的广播电视网。有线电视网的数量要比广播电视网的数量多,每个有线电视网的观众规模也要小很多,因此,有线电视网中商业广告的价格要比广播电视网中的价格低。

地方有线公司在有线电视网节目中,或者节目之间售卖插播广告。然而,广播电视和有线电视的区别在于多样的有线系统服务。大型市场中往往有数个不同的有线公司,每个公司都为一个特定的地理区域服务。比如,一家有线公司或许为城市东部提供服务,一家为城市西部提供服务,一家为北边提供服务,一家为南部提供服务。如果一家地方广告主的商店遍布整个城市,想要达至整个市场,广告主可以通过互连的方式来实现目的,互连方式是通过一个一次购买的合作价格协定,在所有区域的有线公司中购买广告时段。在一些情况下,广告在整个城市范围内同时播放。

四、在线广告计价

互联网对于受众测量的困惑导致了不精确的评级和不持续的价格策略。很难测量有多少人看到了网上的广告,因此也很难定价。大多数网站使用点进次数和其他方法计算受众。在早期,网站访问者的数量很大程度取决于页面的点击次数。点击数被定义为受众登录页面的次数。然而,这种测量受众数的方法很落后。同一页面的 N 次点击有可能是 N 个访问者,也有可能是 1 个用户访问了 N 次,或者是几个用户各访问了几次。事实上,点击次数等于访问人数是不可能的。缓冲是决定网站访客数量的又一大因素。计算机经常在硬盘上存储一份访问页面，作为缓存文档（或者被称为临时存储区），而非在服务器上，因此当用户返回曾经浏览过的页面时，浏览器能够从缓存文档中恢复这些信息，而不是从服务器端。最终，网站不再记录二次点击，即使其是再次访问。

新的推送技术加剧了混乱局面，推送技术依赖于自动搜索（也被称为网络爬虫），梳理网络以寻找信息。每次爬虫爬遍一个页面时，被视为一次网页浏览，尽管本人并没有观看页面的任何信息。然而，即使自动搜索、记录了网站的很小一部分，稍微对访客的高估将会导致广告主在横幅广告多花费数百万美元。相反，低估了网页观众数量可能会导致网站负责方损失数百万美元的广告份额。

（一）每点击次费用

许多网站和广告主不再计算那些访问网站，甚至没有注意到广告的访客数，而是依赖点击次数，计算点进横幅广告的访客率。点击率，是点进横幅广告的网站访问者的百分比。广告主只为那些实际对广告感兴趣的人付费，而非为所有登录网站的人付费。点击率往往非常低，只有不到 3%的网站用户点进了横幅广告。

每次点击费用通过点击横幅广告的访客数除以登录网站的访客数而得出。比如，如果 100 个用户访问了网站，但是其中仅仅有 1 人实际点击了横幅广告，这则广告的点击率是 1%。

线上广告主被按照每次交易成本来收费，只需要为回应广告的用户付费。网站和广告主就收费和毛销售额比例进行谈判，这些毛销售额的增长基于横幅广告带来的受众回应。线上广告主为广告位付很少的钱，甚至不付钱，但是当看到横幅广告后询问更多的信息或者购买商品时，他们需要付费。每次交易成本对于那些怀疑投资的广告费不能直接导致销售量增加的线上商家来说是很好的收费方案。

那些花费较长时间来阅读网页，在页面中浏览的人对广告主的价值要远远高于那些只在网页上停留几秒钟，然后跳到下一个网站的人。用户在一个页面上停留的时间越长，越有可能点击横幅广告，因此，一些线上定价方案基于广告在屏幕上的展示时间和用户在网页上平均停留时间。

（二）基于规模的定价

这个概念借鉴于传统的报纸广告定价系统，一则横幅广告的价格基于其占据的屏幕大小。报纸广告的收费评估基于占据了几个标准栏区域,而横幅广告根据像素区域来评估。像素(72 像素＝1 英寸)是组成屏幕画像的小彩点。基于规模的定价通过将广告宽度像素和长度像素相乘来计算。收费按照每像素评估,或者根据总区域像素来评估。对网站而言,除了广告的大小之外,位置也影响广告的价格。

以中国的新浪网为例,据新浪网络广告 2017 年第二季度到第三季度报价单显示,新浪广告与所在板块密切相关。广告所在的版块与形式不同,其收费也各异。新浪内容分为多个板块,如首页、新闻中心、体育、娱乐等,同时,广告的呈现形式也多样化,有通栏广告、按钮设置广告,也有超屏、对联等形式。其中,新浪首页、新闻中心、汽车与体育版块属于收费水平较高的版块,起售价格大多在 10 万元/天以上,CPM 分为 45 元/天、90 元/天、100 元/天几个等级。娱乐、科技、博客、女性版块的收费水平次之,价格集中在 5 万~10 万元/天,CPM 分为 45 元/天、60 元/天、80 元/天。剩下的教育、读书、旅游、邮箱等较为小众的版块收费水平最低,集中在 1 万~5 万元/天,CPM 分为 45 元/天、80 元/天。超屏、流媒体、动态全屏、全屏的广告收费水平较高,其中最高的为新闻中心的超屏广告;通栏广告、按钮、画中画的广告形式收费次之;矩形广告、对联、文字链等形式平均收费最低。

第九章　电影和电子游戏产业

电影和电子游戏产业同传统的电子媒介行业（广播电视、有线电视和卫星电视）有一定的联系。它们都在争夺受众的注意力，也都可以通过电视设备观看或使用。电子游戏依赖于直接面向观众的消费，这个产业已经达到了每年上百亿美元。

第一节　电影的诞生与发展

故事片行业在19世纪后半叶开始起步，当时的发明家们开始向观众演示动态的图片。到了20世纪20年代，美国成了电影界的领袖，好莱坞成了世界的电影之都。电影从默片变成了全声电影，成了占据主导的娱乐形式。当时的电影制作系统控制了内容生产、传播和展示。公众和政治上的压力促使电影行业进行了自我规制，大萧条鼓励电影业进行创新，通过使用双倍的图像和更宽的荧屏来吸引观众。电视普及后，从电影处吸引了大量观众。好莱坞为了振兴电影业，再次进行了创新。具有彩色服装和戏剧化风景的宽屏电影为观众提供了观看电影的动力。特效和计算机成像技术为故事片的娱乐价值添分加彩，至今电影依然是观众们热爱的电子媒介产品。

一、电影的诞生

通过视觉化的方式叙述故事的本能是一种基本的人性，这可以追溯到先祖时代的洞穴绘画时期。在接下来的一千年中，语言得到了发展，这使得故事可以通过口头形式一代一代地传承下去。但是，不像洞穴绘画，这些故事只有在文明得到延续的情况下才能继续传承。只有当书面语言发明以后，这些故事才获得了像洞穴绘画那样的持久力。

在故事讲述的过程中，文字和图像是相互交错的。戏剧或多或少地给了这些故事戏剧化的现实主义色彩。直到19世纪中期照相机发明以后，我们今天所熟知的动态电影才得以产生。

在电影诞生初期，在整个19世纪后半叶，仅仅依靠新奇的动态图片就能够俘获观众的心。但是在当时，观众要想观看动态影像，需要向展演商支付一定的费用，依靠这种形式，种下了电影行业的第一颗种子。到了20世纪初期，曾经不停地转换图片的西洋镜,发展成了能够讲述基本故事和传奇的动图蒙太奇形式,这不仅仅是一种讲述故事的艺术形式,同样也被证明是有史以来强有力的、极具营利性的,且具有持久性的行业。

尽管大多数人将好莱坞视为电影行业的诞生地,事实上电影的起源是新泽西州的沃斯堡。1893年,托马斯·爱迪生精于钻研动态图像。他在沃斯堡建立了一个名为"囚车"的摄影棚。这是一个由柏油纸遮挡,并具有和一个可伸缩的屋顶的黑色录影棚,在这里,各种主题的短电影得以拍摄。在沃斯堡附近的动态图像商业繁荣了近20年后,直到1911年左右,第一个摄影棚在好莱坞成立了。加利福尼亚的气候温和、少雨、无雪、阳光柔和,十分适合刚刚起步的电影产业。好莱坞在当时能够吸引如此多的电影制作者的另外一个原因是他们经常使用的电影制作设备侵犯了爱迪生的专利,好莱坞到沃斯堡之间遥远的距离使得专利的执行十分困难。因此,好莱坞电影制作在这里繁盛起来,创造了以摄影棚为主导的电影产业,并且一直持续至今。

二、20世纪20~70年代:两个黄金发展期

在20世纪20年代,随着摄影棚系统的出现,华纳兄弟、派拉蒙和21世纪福克斯公司成了行业的领导,这一格局一直持续至今。早期的无声电影往往在礼堂播放,需要伴随着真人现场配音及真人音效。为了讲述一个故事,无声电影几乎完全依赖连续性的剪辑和演员的非语言展示。就这样,无声电影这种通用的语言立刻就抓住了当时源源不断涌入美国的移民的心,因为许多移民并不会讲英语。

早期的电影行业在很大程度上是自由放任的,性爱和暴力兜售永远正确。但是同样也有家庭片和儿童影片,比如沃尔特·迪士尼。直到1934年,电影内容指南才得以实施。为电影制片人和发行组织所采纳的电影制作法典制定了一般准则:"高品位"及在电影上什么可以放映、什么不可以放映。法典以"娱乐的道德性"为自己立威。《海斯法典》在1930年被采纳,在1934年开始执行,是美国电影分级制度出现之前各州相关部门审查美国电影的一部电影检查法。主要内容有:遵守禁酒令,不得宣扬烧酒;不可详细描述谋杀、盗窃、抢劫的方法;不得出现拷打场面;不得表现不道德的性关系;不得表现黑人与白人的两性关系;不准出现堕胎或分娩的镜头;不准出现裸体镜头;不准出现男女接吻;不许对国旗不敬;不许出现粗暴对待动物的场面等①。1966年定法典被正式取消,当时电影行业采纳了美国电影协会的电影分级制度。

---

① 互动百科. 海斯法典. http://www.baike.com/wiki/%E3%80%8A%E6%B5%B7%E6%96%AF%E6%B3%95%E5%85%B8%E3%80%8B[2017-04-03].

在大萧条开始的时候，从1930年到1933年，每周看电影的人数从1亿1000万人减少到了6000万人。为了吸引离开的观众，好莱坞制作商们引入了两级故事片，第一级被称为A类制作清单，这类级别往往拥有庞大的预算和大牌明星；二级则被称为B类制作清单，其预算也比较少，一般是惊悚片、西部片、古惑仔片、恐怖片和科幻片。双级制度为市场带来了巨大的飞跃，好莱坞在大萧条时期进入了黄金时代。这就是好莱坞梦幻工厂的时代，这个时代里，美国梦的故事和大团圆结局的电影为芸芸大众制作出来，以慰藉他们在现实萧条生活中绝望的心灵。

1939年经常被视为黄金时代开始的标志。这年上映的经典电影可以拉一个小清单，包括《飘》《绿野仙踪》《驿马车》《卿何薄命》《风流韵事》《呼啸山庄》《万世流芳》《福尔摩斯办案记》等。

在20世纪40年代晚期，电视逐渐进入了人们的日常生活中。人们待在家里收看电视，因为在他们居住的新街区附近，并没有电影院。电视，而不是电影，成了娱乐的新选择，电影院的观众逐渐减少。好莱坞对观众数量下降的一种回应方式是发展宽屏模式，改变银屏的尺寸（在电影半个世纪的历史中，这尚属第一次），从标准格式，即大约1.33：1的比例调整为更宽的比例，其宽度甚至比高度的两倍还要多。在新的宽屏电影时代中，好莱坞提供的新宽屏彩色电影使得家用黑白电视机变得落伍。西部片、圣经片和服装片，如《十诫》《宾虚》和根据文学著作改编的电影《从这里到永恒》《白鲸记》成了好莱坞时代的标准。到了20世纪60年代晚期，电影审查制度实际上走到了尽头，新的电影分级制度最终代替了不受欢迎的电影制作守则。在当时，分级电影基于儿童的适应度分为G级到X级。

20世纪70年代对电影来说是另一个黄金时代。在这个十年中，《教父》、《大白鲨》和《星际大战》是这些富有创造力的作品是当时电影的缩影，这也导致了从20世纪40年代以来第一次电影观众数量的回峰。一个新的电影时代来临了。第一代电影人从学校毕业，与以前相比，公众对电影也更加老练、更加感兴趣。20世纪70年代是导演驱动电影的时代，这一时期涌现了一批杰出的导演，如斯蒂芬·斯皮尔伯格、罗伯特·奥特曼、乔治·卢卡斯、罗门·波兰斯基、伍迪·艾伦等。

三、20世纪80年代后电影产业的发展

从20世纪80年代中期直到今天，美国电影逐渐重新称霸世界影坛，并利用雄厚的资金，将高科技带入电影制片。特技效果、大制作与3D成为美国影片制作的特色。

（一）特技效果

到了 20 世纪 80 年代，好莱坞电影中的特技自 1933 年《金刚》的定格动画以来，有了长足的发展。《深渊》和《侏罗纪公园》这样的视觉盛宴电影获得巨大成功后，计算机制作图像效果在 90 年代普及开来，定格动画被广泛地运用在特技效果中，正如从前特效大师吉姆·亨森和斯坦·温斯顿对微缩模型、计算机绘图、动画和木偶的运用。视觉特效被广泛地运用在像《超人》、《星球大战》和《第三类接触》这样的科幻电影中。

到了 20 世纪 90 年代中期，计算机制作图像技术充分融入了电影制作中，皮克斯工作室制作出了像《玩具总动员》这样的电影杰作。今天的计算机制作图像技术可以无缝接入真人电影中，这使得观众可以欣赏虚拟世界。《指环王》仍然能够维持视觉奇迹的地位，要归功于使用计算机制作图像技术的导演皮特·杰克逊和维塔工作室的奇才们，杰克逊只有在非常必要时才使用计算机制作图像技术，比如计算机制作的角色咕噜，但是在其他情况下，他更倾向于使用延续数十年的更加可靠的电影"欺骗"手段，比如强行透视法，使用替身演员和化妆术，以获得更加真实的视觉效果。

（二）大制作

从 20 世纪 80 年代开始，美国电影行业的商业模式同样经历了巨大的变化。曾经为电影巨头拥有的电影公司现在仅仅成了多国公司的盈利手段。或许正是这股新公司资本的流入，才最终导致了预算前所未有的增长，在今天，一部电影投入预算为 1 亿美元，也只能排在大片预算榜的末端。为何电影制作公司和他们的合作伙伴心甘情愿地花费如此多的预算仅仅制作一部电影？詹姆斯·卡梅伦的《泰坦尼克号》给出了最好的答案，这部电影中，预算不断地攀升，上映日期不断地延后，专家们纷纷推测这部电影将会是一个灾难。相反，《泰坦尼克号》成了电影史上毛利润最高的影片，直到卡梅伦在 2009 年推出了《阿凡达》，打破了自己的记录。这是有史以来首次，一部电影在全球的票房超过 1 亿美元成为现实。21 世纪的第一个十年是大片云集的典型，电影制作商越来越依赖于大片上映后带来的丰厚回报，并且更加倾向于大量生产像《指环王》、《哈利波特》或者《谍影重重》这样的高利润电影。

故事片行业在开始时期，收入来源大部分来自于票房收入，80 年代后渐渐成了多收入来源的产业。故事片从票房销售、按次计费销售中获得收入，以及向主要的有线电视和卫星频道、广播电视网和电视台出售，以及 DVD 制作商出售来获得收益。80年代，录像技术的成熟为这一切提供了物质基础。此外，故事片产业通过为电视台、基础频道和付费频道，以及卫星频道提供长时段的节目内容，成了支持电子媒介领域发展的强劲力量。此外，美国主要的电影制作商，比如，华纳兄弟和派拉蒙影业提供能够制作相当时长电视喜剧和戏剧的制作设备和空间。大制作保证了影像的品质，同时，技术的发展使得这些电影能够通过多元化渠道收回高额成本并获利。

（三）3D电影

到了21世纪第一个10年结束的时候，三维电影的电影行业出现了。为了激起观众的兴趣而在荧屏上加深维度。立体电影第一次在美国上映的时间要早于20世纪30年代早期的经济大萧条，然后在20世纪50年代重新返回电影界，在1953年，立体电影《恐怖蜡像馆》上映。从那时起，3D电影就周期性地出现，但是直到2005年，3D电影仍然被拍摄在数字录像机上。电影制作者们不再使用65毫米150磅的电影摄像机来拍摄每一个镜头，而是使用两个数字录像机来抓取3D效果。像史蒂芬·斯皮尔伯格这样的一流电影生产者最近也加入了这个行列，导致了3D拍摄技术会成为电影界的新发明，这或许会使得观众离开家庭影院，重新走向电影院的售票厅。而当前新上映的电影中，有相当比例的都是3D电影。

四、电影的数字化及其消费模式转变

随着数字化时代的到来，一个全新的商业模式正在逐渐浮出水面。这一模式就是能够将内容传送至计算机屏幕和手持设备。或许在并不遥远的未来，每个人想看的任何事物都将会在大存储的设备上显现，狂热的球迷受众将会使用手持视频，数字音乐同样也影响了CD光碟的销量。

曾经拍摄电影的基础法则也大大缩减，这得益于廉价的数字摄像机和剪辑软件的盛行。如今几乎所有人都可以制作一部电影。有了十分盛行的视频网站，如YouTube，看起来每个人都在制作和传播"电影"。

当然，正如音乐行业一样，数字媒介革命同样也有黑色的一面——版权纠纷的增长。

对内容的需求同以前一样迫切，我们可以确信，从数字媒介中获取巨额的利润将会实现。同时，对于那些想要成为电影制作者的人来说，这是一个令人振奋的时代。乔司·惠登，一个成功的编剧和电视制作人，在编剧罢工的空档时间，制作了《惊悚博士的博客》，并且将其通过iTunes传播出去。这是一部

45分钟的音乐悲喜剧电影，这部电影专门面向互联网而制作，并且吸引了许多地区的粉丝，这一实例充分证明了不依靠电影制作商的力量，电影仍然能够吸引大量的观众。

电影产业一直在同技术和新的发明创造相竞争，以将观众从家里吸引出来勤克俭，并再次在售票处门口排起长龙。乔治·卢卡斯的《星际大战》，被重新制作以便适应3D播放和收看，除此之外还有《泰坦尼克号》等。这些被再次制作的3D电影，吸引观众再一次来到电影院。尽管我们在窥视未来时仍然有很多不确定的因素，但有一点是可以确信的，那便是正如其一直以来表现出的那样，电影行业将会继续改变、适应和前进。

第二节　电子游戏产业

电子游戏产业开始于1972年，起步于奥赛德游戏机，至今已经发展成了一个数百亿美元的产业。电子游戏从一个吸引网虫沉溺于其中的时间浪费器变成了一个被不同的经济阶层和教育阶层都接受的主流娱乐方式。据不完全统计，超过一半的美国人在玩视频游戏，消费者在视频游戏上的总支出达到了上百亿美元。当现代人被Xbox、PS游戏机带来的流畅游戏体验包围时，很容易就会淡忘50年前数字游戏只在少数先进实验室里存在的事实。在大多数发达国家，电子游戏和电子游戏文化是一种十分普遍的流行文化。

电子游戏已成为一个可以同好莱坞最佳电影相匹敌的数十亿美元的产业。电子游戏和电影在搭配售卖上有着协同关系，不少电子游戏是基于电影来设计的，如《星球大战》、《汉娜·蒙大拿》和《教父》，电影也有基于电子游戏的角色和情节，如《口袋妖怪》、《邪恶居民》和《格斗之王》。两个行业的区别在于电影行业提供充满激情的静态收视，而电子游戏则提供交互型式的内容。在电子媒介世界中，两者都是主要角色。如今，曾经为电子游戏所依托的其他媒介，书和电影如今基于电子游戏推出自己的产品，比如《光环》、《生化危机》和《街头霸王》。许多游戏逐渐发展出了同故事片相连接的多样化接入渠道。

一、电子游戏的诞生

"电子游戏"最常用来指称一套媒介和工具，包括视觉刺激和数字调解系统。它们或许作为由第三方硬盘所承载的软件，或者是一个软件和硬件结合的设备。一些观察者将电子游戏的历史分为了许多不同的阶段，电子游戏的大部分历史聚焦在硬盘上。电子游戏历史中的其他视野包括游戏风格的改变、电子游戏的流行和观众的扩张，或者软件的发展。如果电子游戏的历史被描述为同硬盘相关，那么当今的这一代就是从奥赛德游戏机发明后的第七代。这些代级的游戏机相对来说比较容易定义，很大程度是因为操控部分是由硬盘构成的。如今没有人试图用计算机游戏的软件来区分代际，因为在电子革命的浪潮下，它们更新得的确太快。

从早期核物理学家威廉·希金博特姆在计算机上模拟简单的网球游戏，到20世纪60年代中期由美国国防部资助的曲棍球游戏，再到麻省理工学院推出的《星际大战》，早期的电子游戏一直处于政府赞助的科学项目和顶尖大学生的陌生世界中。然而，当奥赛德游戏机在1972年面世时，电子游戏在商业上变得具有可行性，公众可以将它们购买回家，作为一项家庭娱乐项目。

1972年，雅达利公司开发出了一款名为《Pong》的游戏，这款游戏后来成了第一款在商业上取得成功的视频游戏产品。随后，越来越多的"山寨"雅达利和《Pong》出现，不过这同时也推动了视频游戏行业的繁荣。1975年，雅达利推出了《Pong》的家庭版。1977年，雅达利推出了新的家用游戏机2600，它拥有能存储游戏信息的暗盒，还配有摇杆。这款新一代的游戏机使得消费者能够购买标准的操控机。从1977年到1982年，雅达利出售了大约40亿美元的雅达利产品，其得到了华纳传播公司的大力支持。

1978年，日本游戏发行商Taito推出了《Space Invaders》游戏，后又登陆美国。到1980年，《Space Invaders》登陆雅达利2600游戏机，并在其生命周期中创下了5亿美元营收的佳绩。

华纳传播公司的支持同样导致了与电影相联系的像《ET外星人》《黑暗掠夺者》这样的游戏的出现。此外，20世纪80年代早期同样见证了独立游戏制作者的兴起，几个雅达利的程序员从公司辞职，创立了美国动视公司，这是一家不受雅达利公司控制的公司，不过其制作和销售的产品同雅达利2600可以兼容。

在80年代走到尾声的时候，8比特处理器和更加小型化的家庭游戏机的引入使得家用系统和大型独立游戏厅的系统之间的区别逐渐减小。总体来讲，从1977年到1987年这十年见证了电子游戏从大学和政府实验室走入了人们的家庭。精细化的游戏硬盘被研制出来，以运行不同的交互式内容，如今这些内容可以接入其他媒介中（如电影、漫画、棋牌类游戏和电视节目）。硬盘和软件的发展开始分道扬镳，电子游戏正在通过电影，如《电子世界争霸战》、《战争游戏》和《星空战士》，融入更大的流行文化中。

1983年7月，任天堂推出FC游戏机（美国称为红白机）。它以高质量的游戏画面、精彩的游戏内容和低廉的价格一下子赢得了全世界不同年龄和不同层次人士的喜爱、震撼了整个玩具业。通过发售红白机，任天堂成为现代游戏产业的开创者，在很多方面确立了现代电子游戏的标准。到1987年，红白机成了美国最畅销的玩具。

关于任天堂为何会迅速崛起，可以总结三为点：第一，任天堂公司创立了自己产品独有的标准，它的软件存放在装填式的游戏卡中，与普通软磁盘截然不同，既无法与其他机种兼容，也不易被剽窃。第二，任天堂公司控制了为其生产软件的许可权，保证了节目质量，同时他们也亲自研制节目。FC 游戏几乎是所有游戏机中最多的。第三，任天堂公司十分注重产品的销售，他们在世界各地广泛设立了自己的代销商。

二、20 世纪 80 年代后：电子游戏群雄争霸

电子游戏发展的第二个十年包括的不仅仅是更加精密的操控机和软件，还包括日益扩大的计算机游戏市场，计算机游戏市场同基于操控机的游戏之间展开了竞争。更加强劲的家用计算机的发展势头和由键盘提供的更加多样化的输入选择使得冒险游戏得到了发展，如《魔域》和《游吟诗人的故事》，大量战争题材的游戏也备受家用计算机用户的青睐。

雅达利公司，虽然推出了可以更换节目的 ATARI2600，引起了轰动，但是，由于其后期游戏质量失控，公司开始走上了下坡路，尤其在任天堂电视游戏机出现以后，1983 年左右，雅达利就此一蹶不振，史称为"雅达利冲击"（atari shock）。

1989 年，任天堂推出 Game Boy 便携式游戏机。Game Boy 是任天堂最具标志性的便携式游戏机，它只有手掌大小，极易随身携带，并且它还集成了当时最火爆的《俄罗斯方块》。此后，任天堂开始将精力集中到打造便携游戏机上，后又推出了 Game Boy Pocket 和 Game Boy Color。到目前为止，任天堂已在全球范围内售出了超过 4 亿台便携式游戏机。

同 80 年代雅达利公司的建设性行动相类似，任天堂游戏机的策略——对已有主题和作品的改编，比如马里奥系列的游戏，再加上从操控机的标准的界面——成了未来成功手持游戏设备的蓝本。世嘉株式会社是一家成立于 1940 年的日本游戏公司，它于 1989 年开始在美国销售 Genesis 游戏机，并选择了《刺猬索尼克》为主打游戏。为了与世嘉 Genesis 游戏机竞争，任天堂推出了 16 位游戏机 Super NES。在《马里奥》《塞尔达传说》《大金刚》等游戏的帮助下，Super NES 逐渐在与世嘉 Genesis 的竞争中占据了上风。1993 年，id Software 推出《DOOM》，开启了第一人称射击游戏时代。暴雪在 1994 年推出了风靡全球的战略游戏《魔兽争霸：人类与兽人》。在接下来的数年时间里，暴雪陆续推出了几款《魔兽争霸》作品，该系列在很长一段时间内一直是全球最流行的视频游戏。到 1994 年，在公众和监管机构的压力下，世嘉和任天堂结成了"娱乐软件分级部门"，来提供视频游戏评级。

到了 20 世纪 90 年代中期，许多拥有游戏机和手持游戏机的家庭倾向于向同一家公司购买产品。操控机游戏市场的主要参与者是专营电子游戏的公司，如雅达利公司、任天堂和世嘉株式会社。随着 1995 年 PlayStation 的上市，索尼公司成了深度融入操控机市场的第一代电子公司。索尼公司的一大特色是他们的"主题"

游戏，游戏的开拓者们被赋予创造成熟游戏的自由度，以吸引使用操控机长达15~20年经历的玩家，而不是吸引在家长监护下的13岁儿童。

家用游戏机市场到了1994年开始了其最大的一次变革，从曾经的2D画面转向3D性能竞争，而这次变革的基础就是所有的家用游戏机全部进入了32位。在32位机时代，索尼与世嘉的竞争结果是索尼胜出，成了新时代的霸主，任天堂则与前两个公司形成错位竞争，最终保有了一席之地。

电子游戏操控机成了游戏软件的传输设备，有许多生产商家和研发者，尤其是早期的雅达利和任天堂及世嘉株式会社。90年代中期，索尼和微软加入了电子游戏机的市场，搅乱了基于操控机的游戏和基于计算机的游戏之间的界限。电子游戏产业逐渐具备了跨平台的能力，可以在游戏操控机、计算机、手持设备和智能手机上使用。

进入21世纪，游戏市场已成为微软、任天堂和索尼的天下。微软在2001年后期推出了微软游戏机。2000年索尼发布了PS2游戏机。PS2的处理器是128位，其图形显示效果胜过一般的PC和DVD。PS2平台上的《侠盗猎车手》也成了全球最热门的游戏。2001年微软发布了第一代Xbox游戏机。Xbox游戏机集成了PC技术，带有以太网端口，内置8GB硬盘，还能运行DVD格式游戏。Xbox平台上的游戏以《光环》为代表。次年，微软推出了全球玩家互动的Xbox Live平台。2006年任天堂的Wii带来游戏新方式。任天堂对Wii的定位是"让玩家更多地参与进游戏中去"，除了游戏爱好者外，这款游戏机也针对那些通常并不愿意承认自己是游戏玩家的户外一族。到2009年，任天堂Wii的销量几乎达到了索尼PS3的两倍。2006年，索尼发布了PS3游戏机，与微软展开正面交锋。PS3不仅支持播放蓝光碟片，还具备音乐和视频流媒体的功能。此外，PS3还能与PS Portable游戏机连接使用。最重要的是，它为玩家提供了大量的免费在线游戏。

2008年苹果应用商店上线，它的成立为移动游戏开发者和消费者创造了更多的机会。第二年，大量移动、社交游戏登陆App Store，如《愤怒的小鸟》之类的游戏引爆了全球。

三、电子游戏在中国

1987年，中山市的一家电子工厂正式量产了基于任天堂8位机系统的游戏主机。为了让产品大卖，商家特别将"两个拳头"加文字的图形作为商标，寓意服务与质量都有实力。这就是红极一时的"小霸王"，成龙是它的广告代言人。之后，中国的电子游戏市场一直不温不火。2000年之后，中国的电视游戏市场开始发生剧烈变化。首先是家用PC真正地进入了千家万户，一大批单机游戏可以直接在家里玩。同时，一些规定也促使了家用游戏机的普及。2000年6月12日，国务院转发文化部、国家经贸委、公安部、信息产业部、外经贸部、海关总署、工商局七部委共同组织的《关于开展电子游戏经营场所专项治理意见的通知》。"44 号通知"规定:"自本意见发布之日起,各地要立即停止审批新的电子游戏经营场所,也不得审批现有的电子游戏经营场所增添或更新任何类型的电子游戏设备"。

网络游戏的引入成为中国游戏爆发性发展的契机。使网络游戏取代单机成为新主流的盛大公司,早年代理的游戏是《传奇》。2002 年 7 月,《传奇》同时在线人数突破 50 万,成为世界上最大规模的网络游戏。2002 年 10 月,《精灵》出现外挂,网易为杜绝外挂使用而一口气删除 10 万账号。2003 年 6 月 26 日,国家新闻出版总署明确表示外挂行为属于非法互联网出版行为。并要求所有互联网游戏出版物在游戏开始前,必须在画面的显著位置全文登载《健康游戏忠告》:"抵制不良游戏,拒绝盗版游戏。注意自我保护,谨防受骗上当。适度游戏益脑,沉迷游戏伤身。合理安排时间,享受健康生活。"

早期,中国网游以代理为主,但随着产业规模越来越大,自制网络游戏逐渐成为主流。2003 年 9 月,网络游戏正式列入国家 863 计划,政府将投入 500 万支持原创网游开发,金山成为 863 计划的第一批受益者。如今,网易、腾讯、完美时空等公司都是自制网游的旗手。腾讯推出的手游《王者荣耀》已有超过两亿用户。同时中国游戏公司的海外市场也越做越大,除了与台商合作开发东南亚市场,以完美时空为首的不少大陆厂商还纷纷进军欧美市场。

四、电子游戏的发展趋势

新的里程碑式的发展为电子游戏领域带来了三个深远的变化。第一个是能够执行多种任务的手持游戏设备;第二个是高速处理增值的数据网络所需要的共享环境;第三个是反射回游戏的运动探测和触觉反馈使得电子游戏从双感官经历变成了一种体验世界的经历。

随着手持游戏的增长,并且玩家更加适应随时接触游戏而不必被固定场所限制时,社会和技术因素开始交叉发挥作用。此外,互联网的广泛运用(包括智能手机)使得游戏共享得以实现。除了索尼和任天堂支持游戏的特定设备外,智能手机也有足够强的能力支持游戏的运行。最终,将触觉接入预先设定光感和声感的游戏程式中,将会为电子游戏带来新的玩家,新的界面将会依赖自然的手势操控,而不再是单纯的按动机器按钮。任天堂的 Wii 游戏粉丝相当广泛,甚至有退休者沉迷其中,他们可以通过自然和直觉动作来操控游戏。Wii 则通过降低界面的上手门槛来吸引非职业玩家的注意。

电子游戏的现有状态趋向于将这三个趋势叠加起来:多重任务实现、共享游戏环境、运动探测或触觉反馈,由于新的进步不仅仅倾向于在单独的一个领域发生,而是同时在两个或者更多的领域发生。苹果公司的 iPhone 和 iPod 中接入了移动传感器，这使得移动式游戏和自然动作控制的界面成了现实，比如驾驶游戏中可以旋转游戏设备，好像正在驾驶汽车一样，或者摇动放置于其内的骰子。任天堂的 DS 系统和许多内置无线上网功能的手持智能手机提供了可移动且无处不在的网络，使得接入虚拟现实成为可能。如多人在线角色扮演游戏。最终，触觉反馈和自然运动的界面同联网的游戏和网络中共享的游戏环境结合在了一起，任天堂的 Wii 和微软的 Xbox，两者的网络游戏都依赖于身体上的反馈，才能在网络上运行。

  线上游戏使得多人在线角色扮演游戏成为现实。多人在线角色扮演游戏远远超过了五个玩家在星期五晚上围坐在餐桌旁，并且是实时由数百万的玩家参与。无线网络使得使用手持设备的玩家能够随时接入多玩家的游戏环境中。有了能够接入网络设备的帮助，它们也从仅仅作为单纯的游戏设备变为了更具人性化的交流工具，结合了聊天工具、网络浏览器、邮件和其他的功能，与此相类似，网络上的游戏也使得不同的设备得以同计算机连接，如手机与手持电脑。针对端游、页游和手游，在不同的平台上会有不同的产品，这样更能适应这一平台，但是多平台打通将是游戏行业一大趋势。

  最新一代的操控机的设计远远超过了基于软件的游戏。索尼的 PlayStation 3 包括一个蓝光 DVD 播放器，其价格同单独的蓝光播放器在同一价位。微软的 Xbox 通过其硬盘接入使用 Windows 操作系统的计算机。任天堂的 Wii 通过使用同样的连接可以浏览网页。随着平台具有了更强的网络电话功能，并且同数字摄像机连接的功能，可以期待这些设备会提供视频会议一样的效果，尤其是对热衷于在数字系统上玩"桌上"游戏的玩家，如国际象棋、扑克牌或者其他。最后，跨越多种平台的游戏标题将不可避免地推进共享终端服务器的出现，以便于跨越不同平台的在线游戏使用。微软在 2013 年推出了整合了云和电视直播功能的 Xbox One 游戏机，该游戏机还集成了语音助理，配套的 Kinect 体感装置也得到了改进。2014 年 Facebook 收购了虚拟现实设备制造商 Oculus VR，后者的 Oculus Rift 将在几年内面向消费者推出。业内人士认为，虚拟现实将成为游戏行业的下一"创新"趋势。

  另外，曾经在 20 世纪 70 年代放弃对电子游戏直接支持的政府投资项目如今绕了一个大圈子，他们从忽视电子游戏转变为直接向他们购买产品、调试代码，或者直接赞助项目。美国军队建立了一个专门的电子游戏项目办公室，以训练士兵。美国海军将带有语音识别功能的语音模块植入了第一人射击游戏之中，这个游戏被设计用来训练士兵的应对策略，美国海军决心投入数年时间和数百万美元来模拟战争环境。美国军队为了训练指挥和总参谋学院的学员，在模拟环境游戏上下了很大的工夫。

  预测电子游戏的未来需要两种不同的观察视角。第一种视角是内生于电子游戏本身的技术发展——技术的、进步的、互动的——将会继续沿着当今的趋势向前推进，同现在尚且未知的领域相融合。第二种视角是，游戏的技术能力和其所依赖的社会大背景之间的关系，它们或许会带来社会、法律和经济上的变化。

五、电子游戏引发的争议

电子游戏引发的争议主要来自于其内容及青少年的沉迷。由于一些电子游戏内容较为暴力或有不当的内容，监管部门可能会对这类游戏采取措施。比如《质量效应》这部游戏，由于场景中充斥着性方面的问题，被新加坡禁止。游戏《凌辱》在巴西被禁，原因是其内容过于暴力。欧盟总是想要找出各种理由将游戏框在立法之中，最近其试图限制青少年接触数量庞杂的电子游戏。游戏作为娱乐产业，在其不断发展壮大的同时，也引起了更多的伦理思考。

从社会上来讲，"玩家的父母"成了最大的抗议者。然而，事实上，电子游戏有大量的成年玩家。游戏玩家中有不少成年人，很明显他们不仅仅是离开学校的游手好闲者，近四成的美国家长声称他们在玩电子游戏，这些人中有不少和他们的孩子们一起玩。尽管玩家的父母反复声称他们对游戏十分熟悉，并且对他们的孩子拥有是否同意其玩耍的选择权，但是对电子游戏的禁令这种立法行为仍然反复得到吹捧。此外，女性电子游戏玩家仍然在持续增长。

在中国，青少年对游戏的沉迷也引发了广泛关注。《王者荣耀》是由腾讯游戏开发并运行的一款运营在 Android、IOS 平台上的 MOBA 类手机游戏。有数据显示，截至 2017 年 5 月最后一周，该手游注册用户突破 2 亿。这意味着，每 7 个中国人中就有一位玩家，人数比 A 股股民还多。不少中小学生沉迷于此，这让不少家长头疼。《人民日报》三评《王者荣耀》，将其推至舆论的风口浪尖。在这起全网关注的事件中，腾讯疲于应付。权衡"利益与社会责任"似乎也只是争论的冰山一角。2017 年 7 月 2 日，腾讯方面发出游戏"限时令"：7 月 4 日起《王者荣耀》12 周岁以下（含 12 周岁）未成年人每天限玩 1 小时，并计划上线晚上 9 点以后禁止登录功能；12 周岁以上的未成年人每天限玩 2 小时。

当然，游戏对历史内容的不当改编也成为《王者荣耀》被吐槽的焦点。在人们的惯有印象中，李白是一名斗酒千诗的诗仙，而在游戏中李白成了"十步杀一人，千里不留行"的剑客，名医扁鹊是用毒高手，英雄荆轲是一位女性。历史人物被重新解读，以获得游戏构思上的创新与突破。但是对于低龄的玩家，这也许会混淆他们对真实历史的看法。迫于外界的质疑，《王者荣耀》重新修改了荆轲这一人物，除了技能被大幅修改之外，它还被赋予了一个新名字——阿轲。

电子游戏是一种真正的新媒体，这种经济形式或许会对其他的娱乐形式构成挑战，社会影响或许会对游戏行为模式造成戏剧化的影响，或许也会对多代际的流行文化造成影响。

第十章 电子媒介规制

美国对广播电视的规制是特许模式,其框架是由《1927无线电法案》确立的。该法案将电波视为全民共有资源,政府是其代理人,广播公司是公共受托人。政府必须对广播公司进行规制。这种规制主要通过联系广播委员会对执照的发放和更新而实现。20世纪70年代以来,美国对电子媒介有放松规制的趋势,并以《1996电信法案》的通过为里程碑,并且,这种趋势一直延续到了21世纪。联邦通信委员会对电子媒介松绑。所有权的相关规定被放宽,执照更新的要求也降低了。新的法案允许电话公司购买有线系统,增加了一个集团所有者可以拥有的电台数量。电子媒介领域开始大规模合并,极少数公司拥有全面的、多样的信息提供渠道。这引发了许多业内人士的担忧。

此外,多年以来,联邦通信委员会对电台发表社论以及涉及不同观点表达公平的问题一直很关注。联邦通信委员会对广播电视、有线电视、卫星电视、手机和其他通过无线或者有线来传输娱乐和信息的设备进行规制。除了联邦通信委员会以外,其他团体同样影响了电子媒介的规制,包括国会、市场、地方政府、公民团体、白宫、法院、说客、专业协会和机构。每个团体都有对电子媒介规制产生影响的方式。同未来相关的问题涉及交叉所有权、互联网或者网络中立、手机媒介的易得性及融合和许多技术问题。此外,一个集团可以拥有的电台数量有望在近年来达到顶峰。

总的来说,美国对广播电视的规制有以下几个核心理念:公共利益原则、地方主义原则、自由观点市场原则、普遍服务原则、多样性原则和竞争性原则。在规制内容上,美国的规则主要侧重于节目内容和所有权结构[①]。

第一节 电子媒介规制初步形成

美国对广播的规制开始于20世纪初颁布的一件法案,这件法案要求在载客量超过50人的轮船上必须带有可以在100千米以外接收和传输信号的无线电设备。泰坦尼克号的沉没促使国会通过了《1912无线电法案》,这件法案为广播传输的运营设立了额外的规则,并且指定美国商务部负责管理广播业。

---

① 肖赞军.西方传媒业的融合、竞争及规制.北京:中国书籍出版社,2011:131-132.

国会对广播进行规制，因为广播业使用了电磁频谱，这是一种稀缺性的资源。政府认为，电磁频谱这种自然资源应该由全民所有，因此，其有权对这种资源进行保护。第一修正案确保了国会"不应该制定妨碍言论自由和出版自由的法律"。另一个历史性的指导原则是自由观点市场的原则。这一原则认为，当所有的观点都可以自由表达并向公众开放时，人们将会从中发现真理。

在20世纪20年代和30年代，联邦通信委员会这样的机构得以创立，以执行规制的角色，并且来处理像技术、准入和所有权这样的问题。第二次世界大战期间，政府控制了所有的高频率广播电台，同样，政府在此期间建立了专利池，以确保科学家和工程师能够在支持战争和维护国土安全的无线电领域取得更大的进展。当广播从一种点对点的媒介转变为一对多或者是大众媒介时，《1927无线电法案》面世了。联邦无线电委员会建立了这样的标准，要求广播需要出于"公众的利益、便利性和必要性"来运营。《1934 通信法案》规定设立联邦通信委员会来对电子媒介进行规制。联邦通信委员会对电子媒介的许多面向都十分关切，包括技术、执照和所有权。

电子媒介在技术上同印刷媒介相比更加复杂，因此联邦政府总是在相关的问题中插进脚来，比如禁止干扰信号同传输他们信号的无线电相竞争。政府同样在使用电子媒介保护国家安全问题上有着浓厚的兴趣，阻止大公司垄断电子媒介行业，阻止其干扰竞争并逃避向公众提供服务。

一、国有控制与私人使用：电波所有权的早期竞争

不像报业公司，可以随心所欲地向尽可能多的人印刷和分发报纸，广播者必须使用电磁波来传输信号。换句话说，报纸可以拥有自己的媒介，而广播则必须使用已经存在的天然资源和有限的介质——电磁波，来达至受众。最重要的是，特定的电磁波用来传输特定的内容。仅仅一小部分电磁频谱被用作广播的用途。政府将电波视为一种稀缺资源，并且属于全民所有，就像是考虑到在国家的某些区域水是稀缺资源一样。因此，为了维护人民的利益，对电磁波的使用需要遵守联邦政府的规制。美国联邦政府尤其想要阻止对电磁频谱的独占性使用和浪费。因此，美国联邦政府在很早就对广播以及其对电磁波的使用进行了规制。

在广播的诞生之初，联邦政府就已经意识到媒介可以被用来实现人道主义的目的，比如可以通过无线电将自然灾害和极端天气的消息传送给行驶在海上的船只。政府同样注意到了在广播的发展初期，一些广播公司表现出了垄断的倾向。有的公司卷入了丑闻，比如专利争夺和黑市股票交易。

美国国会对已萌芽的广播行业进行监管始于《1910船只无线电法案》的通过。

这个法案要求载客50人及以上的船只必须配备无线电设备，这个无线电设备要具备在至少100千米的距离外传送和接收信号的能力。无论其使用哪种牌子的无线电设备，轮船的无线电必须由技术人员操作，并且能够同其他船只或者岸基相联系。然而，在这一法案公布后，随之而来的是对无线电规制的新潮流。

在1912年4月泰坦尼克号沉没后，法案进行了适当的修正，要求至少在船上有两名受过训练的无线电操作员，为无线电操作设备供电的电力系统必须独立于船上的主干输电系统。《1912无线电法案》更加详细地说明了有关无线电传输和操作标准的公共政策，由此建立了一套无线电新规则。法案同样规定了电台的成立必须得到商务部长的批准，政府的电台在所有无线电广播中拥有优先地位，当时随着船只和无线电爱好者的增加，实验性的无线电和军用无线电的涌现，无线电开始变得拥挤起来。此外，通过无线电传送的信息是私人性质的，因此加强了一对一交流的观念。从1912年到1927年，这部法案是对无线电规制影响最大的一部法案。

第一次世界大战期间，美国被卷入其中。1917年美国政府参战之初，大多数私人的实验性无线电被叫停，业余无线电操作员同样也停止了传输行为。美国海军在4月7日（美国在1917年4月6日宣布参战）接管了所有商业广播公司的操控权，并且开始招收业余无线电操作员和实验者，以便为军队提供有关无线电的专业人员。但是当战争结束时，海军突然意识到，他们缺少控制无线电行业的有经验者和专家。

一战结束后，联邦政府倾向于继续控制无线电。考虑到发生在电话电报公司之间的惨烈竞争，一些无线电公司已经有垄断倾向，许多人认为政府的确应该这么做，而且在当时的欧洲，政府已经这么做了。然而，无线电爱好者和商业无线电公司，比如电话电报公司以及马可尼公司，向美国国会和伍德罗·威尔逊总统施加压力，要求将无线电归回给美国国民和私人企业。终于在1919年7月11日，总统勉强同意，军队在8个月以后，即1920年5月1日以后，停止了对无线电的管控。

二、《1927无线电法案》和《1934通信法案》

《1912无线电法案》适合规制点对点的无线电传输，其存在时间始于1912年，止于1922年。但是当无线电传输超出点对点的方式，并且提供点对多点的方式时，或者称为广播时，早期的规制便不再适合对商业广播进行规制了。广播业面临大量新的问题，比如广播接收困难和信号干扰等，这使得广播行业不得不向政府寻求帮助。美国国会回应了这一请求，并在国内执行了一些针对广播行业的基本规范。

（一）新法案出台

1927年2月23日，卡尔文·柯立芝签署的《1927无线电法案》生效令。这部法律将对无线电的控制权从商务部长处移交到了新成立的联邦无线电委员会手中。这个机构本来计划只管理广播电台一年的时间，一年结束后，再将管理权移交给商务部长。联邦无线电委员会的主要职责是设计一个系统以便电磁谱能够有效利用，然后为美国境内的电台分配无线电频率，以便减少电台之间的相互干扰。联邦无线电委员会由五位成员组成，每个成员代表国家五个地理区域的其中一个，每个成员的任期为六年。

此外，这个法案处理了传输和接收之间的平衡问题。国民拥有无线电的观念毋庸置疑，但是这个法案声称，个人和公司实体可以被批准运营电台。所有权的标准也相继建立，因为申请使用频率的申请者超过了电磁频谱上可用的频率数量。同这一标准相关的声明为接下来有关谁才有资格控制无线电及其原因的争论奠定了基调。政府通过联邦无线电委员会，为想要运营广播电台的申请者审核资格。此外，这些运营者要对所运营的电台负责，他们只有能够满足公众所要求的服务，才能再次获得运营资格。除此以外，政府不得对电台进行审查。

1933年，富兰克林·罗斯福总统设立了一个委员会，来研究同公共广播、私人广播和政府广播相关的9个政府机构，在当年年末的时候，这个委员会建议成立一个管控所有广播和相关服务的机构。这个建议形成了《1934通信法案》，并随后在国会得到了通过。

到了1934年，广播的重要性无论对联邦政府还是普通大众都已经显现。尽管《1927无线电法案》组织了电磁频谱，分配了频道，管制了无线电，然而国会认为，一些问题仍然亟待处理。七个政府部门——包括联邦无线电委员会和商务部——分别管理电子传输的不同方面，但是他们的合作并不是很紧密。

《1934通信法案》并入了大部分《1927无线电法案》的内容，并且做了几处改动。联邦无线电委员会被联邦通信委员会所取代，后者有7个委员。每个委员都由美国总统任命，任期为7年。每个党派的委员都不得超过4个。联邦通信委员会同样被要求管制普通的传输渠道，如电话和电报。

联邦通信委员会开始着手处理广播中不合规范的节目，从不实信息到虚假广告，再到言语猥琐的节目和宗教偏执的节目。尽管委员会没有审查的权力，但是可以评估电台的政策和节目，以便其能够更好地满足公众的利益。在1934～1941年，联邦通信委员会审查了许多电台，但是只有两家被取缔了运营资格，另外八家的资格更新没有得到批准。或许更重要的是，联邦通信委员会使电台意识到，他们正在被监督，这敦促电台进行自我约束与规范。来自联邦通信委员会的询问信往往被称为"吼叫信",敦促电台引起注意,并开始纠正自己的错误。

(二)法案关注的重要议题

电子媒介行业面临着许多问题,有些问题自从广播诞生以来就存在。这些问题包括广告规制、所有权、言论自由、隐私权、不恰当的节目内容、版权和税收等。

1. 广告规制

联邦通信委员会一如既往地对广播广告十分关注,尤其是儿童节目中的广告。然而,在1938年,惠勒-里亚法案规定联邦贸易委员会应该接管规制广告的大部分权力,并赋予贸易委员会在任何传播媒介中发现和禁止欺骗性广告的权力。《1934通信法案》同样指出,在商业广告和节目内容之间必须做出明确的区分。这意味着,电台被要求公布所播放内容的来源,以及接受了多少资助。此外,"赞助商识别规则"要求广播者公布赞助者的身份,来保护听众不受未可辨识赞助商的商业广告的干扰。

2. 所有权

联邦通信委员会同样制定了一条在同一市场中,禁止在同一服务领域中拥有两家电台的批准规则(如AM或者FM)。这个规定被称为双头垄断规则。后来,当在同一市场中某一实体同时拥有报纸、电台和电视台所有权时,联邦通信委员会开始处理交叉所有权的问题。《1934通信法案》简化了美国政府对电子媒介的规制。但是其施行时间早于电视、有线电视与卫星电视传输技术,因此这个法案在接下来的60年里需要大量的增补和调整。不管怎么说,在如何塑造广播业的发展问题上,这部法案是最重要的立法成果,直到1996年同传输系统相关的条文被重新修订。

尽管广播者和联邦通信委员会都非常熟悉以下词汇:"公众利益、便捷性和必要性",但是在涉及实践环节时,对这些词汇的理解却各有不同。此外,许多广播业者对联邦通信委员会强制执行节目标准的做法感到难以理解。

3. 争议性观点:社论和公正原则

1939年,联邦通信委员会举办了一场同WAAB执照申请相关的听证会。五月花广播公司主张WAAB电台支持了某一方的政治候选人,为有争论的观点发表评论,因此违反了为公众利益服务的原则。联邦通信委员会拒绝了五月花想要接收WAAB电台执照的企图,但是委员会重申了广播业者不应当发表评论。

1940 年 FCC 禁止电台所有人在广播中插入偏向性意见。这个政策宣言被称为"五月花规则"。它告知广播电台，他们的功能是娱乐和通告，而不是发表意见。大多数电台十分乐意接受这个角色，因为发表社论往往会给持有不同观点的听众、商人和政客带来负面的感受。1946 年，FCC 发布"蓝皮书"，暗示广播电台有报道社会争议性主题的积极义务。此时，美国全国广播协会游说 FCC 推翻"五月花原则"。1949 年，FCC 指出，公共利益要求相对立观点之间自由和公正的充分竞争，因此委员会认为该原则适用于所有公众对重要问题的讨论，这是对公平原则基本含义的首次阐述。

多年来，广播者同规制它们的政策制定者打交道并不容易，这个政策上的反转就是一个鲜活的例证。联邦通信委员会作为一个公正的政策制定者，有时候根据美国总统的政治倾向和机构内委员的态度而改变政策。

1949 年公布的公正原则确立了发表评论的权力，同样期望电台提供能够处理争论事务的节目，并且为不同的立场提供同样的展示机会。如今电台必须为辩驳双方开放，但是不一定提供同等的时间。换句话说，一个电台花费 30 分钟的节目时间来阐述一个观点，并不非得为对立观点也提供 30 分钟的时段，仅仅为其提供表达意见的机会即可。

联邦通信委员会的目的是在处理争议问题时，可以达到理想中的平衡。同样，联邦通信委员会认为，公众获得争议双方的意见要比电台表达自己的意见而驳斥另一方意见要重要得多。在 1969 年红狮诉联邦通信委员会案件中，国会规制广播的权力得到了美国最高法庭的支持。美国宾夕法尼亚州的红狮广播公司在一个节目里播出了哈吉斯神父对《极权主义者哥德沃特》一书的作者库克的抨击。事后，库克根据"公平原则"（联邦通信委员会制订的原则，规定如果广播公司播出了攻击某人的节目，它就必须给予此人以回应的免费机会）向 FCC 申诉，要求红狮免费提供回应哈吉斯的时间。FCC 认为，公共利益要求公众应当具有获知另一方观点的机会，即使红狮必须承担这段播出时间的费用，它依然负有这样的义务。红狮对此不服，认为 FCC 违反了宪法第一修正案，向最高法院提起上诉。结果，最高法院维护了"公平原则"，支持 FCC。最高法院认为，在广播电视上发表言论，必须付出高额金钱；倘若一定要先付费才能播出，那么将只有少部分人能够承担这一成本，这会使"公平原则"形同虚设。在这个案件中，最高法庭认为，基于稀缺原则（电磁波属于稀缺的自然资源，必须得到保护），国会有权力对电波进行规制。

联邦通信委员会最终在 20 世纪 80 年代末放弃了"公平原则"，因为政府解除规制的大趋势，并且在当时，有了更多的电子媒介作为选项（换句话说，即"稀缺性"的缺失）。另一个促使联邦通信委员会放弃"公平原则"的原因是要想执行这个原则难度很大。"公平原则"的废除对于言论自由的支持者来说在某种程度上是一种胜利。一方面，国会不能够再强制广播者讲述双方的故事，也不能强制电台寻找同电台评论意见相左的代言人。另一方面，观众的相反意见并不是简单的通过广播就能表达，除非电台乐意为他们提供时间。近来，一些人试图重申"公平原则"，但是并没有成功。

三、冻结期（1948~1952 年）

在第二次世界大战之后，美国再一次将目光聚焦在了新技术上。1948 年，美国国内仅仅有 16 家电视台，但是许多新的电视台正在建造之中，以满足日益增长的受众的急切需求。联邦通信委员会被新电视台的申请书所淹没，尤其是在大市场，可用的频道非常稀缺。其他问题也相继出现，比如是否要增加频道数量、如何避免干扰、是否要开设电视教育频道、应该选择哪种彩电系统等。

在 1948 年 9 月末，联邦通信委员会冻结了执照申请，以便委员会能够思考由许多电视台执照申请人的涌入所带来的问题。然而，申请书得到批准的申请人可以继续建造电视台，并且开始广播。联邦通信委员会计划花费 6 个月的时间彻底解决这些问题，但是实际上则花费了 3 年多的时间。1952 年 4 月 15 日，"冰冻期"正式结束了。联邦通信委员会决定在电视可用的 12 个高频频道（频道 1 被指定为满足观众点对点传播的需求）上再加一些超高频频段，这些新频道由频道 14~83 组成，频段的末端，即 70~83 频道，被预留给使用低频率传送器的小众团体。242 个频道被留给了教育电视，在美国境内的 2053 个电视频道中占据了 12%的比例。同为非商业广播预留的 FM 频道不同（如 88.1~91.9 兆赫），这些频道并没有被安置在电视波段的某一部分，而是分散在超高频和甚高频波段中。尽管商业实体反对为教育频道预留频道，其理由是这种行为使得许多城市的可用商业频道减少了。

四、《1967 公共广播法案》

出于公众的利益，国会通过了《1962 教育电视设施法案》，这部法案资助非商业的电视台。1965 年 12 月 17 日卡耐基委员会首次会面，着手讨论如何促成一个非商业的电视系统，直到那时，录播的教育广播才转换成非商业电视。1966 年的一整年，委员会实施了调查，委托研究，并收到了超过 225 个个人和组织的回复。委员会成员访问了 35 个州 92 家电视台，以及 7 个其他国家的广播台，包括日本、德国和英国。这个委员会的工作由纽约的卡耐基公司资助，这在很大程度上推动了公共广播的思潮，奠定了现在的公共广播服务、国家公共电台和其他公共广播服务的基础。"公共电视"这个词也是那时产生的。卡耐基委员会认为，美国需要一个能够得到恰当资助，并且受到指导的全新的电视系统。尤其是，这个委员会坚信，需要一个更加先进和有效的系统，以满足国家对公众电视和教育电视的需求。通过发展中心化的组织，委员会得以支持标准化的国家节目及遍及全国的地方电视台，以便更好地覆盖社区、教育观众并提供信息。最后，委员会呼吁创立公共电视公司——一个公立的非营利机构，以支持当地电视台、资助节目制作。它以支持科技投资，来确保全国范围内的直播广播得以进行，链接远距离电视台以成为一个系统。卡内基委员会预想这个公司作为一个独立非营利机构，从联邦政府或私人那里得到赞助，并把这些钱用来支持当地的广播站及其节目制作。这基本上是现在公共广播公司运营的方式，除了私人资助的那一部分，捐款基本直接给了独立节目、广播站或网络①。

国会通过了《1967公共广播法案》，这部法案规定为了资助教育类节目，而成立了公共广播公司。公共广播公司随后组建了公共广播服务公司，这家公司制作电视节目，为其安排时间表，并传播节目。1970年，国家公共无线电公司作为一家广播节目制作者和传播者而建立。

第二节　20世纪80年代后：放松规制的趋势

在加强对广播业和其他电子媒介控制40多年后，联邦通信委员会开始在20世纪70年代放松了控制。国会中的两股势力就联邦通信委员会的管制问题进行斗争。一部分立法者坚持认为联邦通信委员会需要对广播业保持严格的规制，因为要想实现"公众利益，便利性和必要性"，就必须这样做。另一部分人认为联邦通信委员会的规制成本太高，考虑到电视台和其他节目提供者（如有线电视）争夺受众的注意力，应该由媒介市场来引导电视台的行为，而非政府。

一、市场主导与规制放松

电子媒介政策方面，市场主导的观点最终在争论中胜出。1981年，联邦通信委员会或多或少地减少了对广播行业的规制。结果，广播电台不再认为维护公众利益是他们的责任。在做出节目决定时广播电台不再被要求考虑公众利益，免于社区参与的环节，并且简化了执照更新的流程。电台不再需要按照公众利益的要求来运营，因此执照的更新也变成了填写一张"执照更新登记表"而已。

解除规制的行为将公平原则置于聚焦灯之下。呼吁废除这个原则的呼声开始于20世纪80年代早期，但是联邦通信委员会直到1987年才停止强制执行公平原

---

① 凤凰号. 特朗普执政，美国公共广播是否在遭遇50年来的最大危机？http://wemedia.ifeng.com/8540378/wemedia.shtml[2017-02-18].

则。解除规制的精神源自第一修正案和市场观念。广播者想要报纸所享有的那种自由，认为节目应该由市场来决定（观众和电台），而不是由官僚机构来决定。

总而言之，联邦通信委员会在某种程度上同意广播者和立法者有关市场观念的意见，但其结果超过了规制者的意料。联邦通信委员会为节目和广告达至受众创造了更多的机会。如今，报纸行业没有了准入门槛，联邦通信委员会为其进入广播和电子媒介领域不断地去除障碍。结果就是出现了更多的电视台，替代性的传输系统竞争日益激烈，比如有线电视、卫星电视和多点多频道传输系统。

在20世纪80年代后期，推动广播业解除规制的步伐明显慢了下来，因为国会认为，联邦通信委员会的行为超出了立法者所预期的放松规制的限度。

在数十年的酝酿与准备后，并经过整整一年的政治谈判和妥协，国会以压倒性的票数通过了《1996电信法案》。这部法案在1996年2月生效，成了首部基于《1934通信法案》而修订的综合法案。这部法案呼吁在五个主要领域做出变化：电话服务领域、电信设备制造领域、有线电视领域、无线电和电视广播领域及节目猥亵和暴力领域。

《1996电信法案》推翻了限制地方和长途服务公司之间竞争的严格规定，允许地方贝尔运营公司（电话公司）为州以外的地区提供长途服务，并且要求州内部去除限制州内企业竞争的障碍。新的全国性的服务条令规定，农村人口和低收入者将会得到补贴，远程传输公司的平等接入将会得到维持。

《1996电信法案》放宽了《1992有线法案》设立的规则，实际上，解除了除基础服务以外的有关有线服务的所有限制。此外，电话公司被允许提供有线电视服务，也可以传输视频节目。其他条款则为，小型社区中的有线公司将会立即被解除分级规制，有线机顶转化器应该在零售商店中出售，而不是只能从有线公司那里租赁。

这一法案还放宽了有关电视的规制条令，允许任何一家公司都可以拥有达至全国35%电视观众的能力，从原有25%的限制提高到了35%。美国主要的广播电视网，如ABC、CBS、NBC和福克斯等被允许拥有数个有线系统，但是另一些电视网则没有得到允许，如华纳兄弟、联合派拉蒙和PAX电视网。

所有加之于广播电台所有权的限制同样被解除了，但是对一个公司在任何一个市场中所拥有的地方电台数量的限制规定被保留了下来。在一个拥有45家甚至更多电台的市场中，一家公司可以拥有8家电台，但是无论在AM和FM，都不能超过5家。在拥有30～44家电台的市场中，一家公司可以拥有最多7家电台，在每个服务领域最多能拥有4家。在一个拥有15～29家电台的市场中，一家公司最多只可以拥有6家电台（在每个服务领域最多只能拥有4家）。在一个拥有电台数量不足15家的市场中，一家公司最多只可以拥有5家电台——无论是在AM领域还是在FM领域，在同一个领域最多只能拥有3家电台。此外，美国司法部的反垄断部门被赋予监督大型交易的权力，可以阻止任何一家已经占据了地方广播广告市场收入50%的集团想要拥有70%的地方广告收入份额,阻止其在同一市场中拥有更多的电台数量。

联邦通信委员会持续促进电子媒介实体所有权的多样化。其目标是鼓励在广告领域、节目领域和新闻政治观点领域的竞争。

1996年后,规则还有进一步解除。在2003年6月,联邦通信委员会委员投票决定,将现有的电视所有权提高至可以占据全国45%的观众份额,为广播行业更大规模的并购行为打开了大门。联邦通信委员会很快接收到针对进一步融合趋势的反击,在最高法庭的压力下,委员会改变了规则,并达成了妥协。新的协议允许任何一家公司和个人拥有能够达至全国39%观众的电视台。

电视产业的融合仍然是一个备受关注的问题,不仅对联邦通信委员会来说是这样,对司法部来说也是如此。这个美国政府的部门监管融合和并购,以阻止垄断行为的发生,保证电子媒介领域的公平竞争。另外一个争论性的问题是电视网节目的所有权。黄金时段的节目来自于独立的制作者,他们对自己的节目拥有大部分所有权。如今主要的电视网在黄金时段的节目单中,至少拥有了相当一部分自己的节目。因此,他们能控制节目能够在黄金时段播放多久,这样,联合制作者的节目只能在非黄金时段播放,这样其节目流量就大不如前。由于主要的电视网同样也拥有有线频道,他们可以同自己的有线频道签订特殊合约,比如ABC可以在自己的广播网上播放节目,然后将节目安排到自己的有线频道中,如ABC家庭频道。

总体来说,20世纪80年代后,美国电子媒介规制的放松迎来了两个显著结果:第一,推动了跨国电视媒介集团的形成和扩张,形成了收入超过数十亿美元的时代华纳、迪士尼、新闻集团、维亚卡姆、通用等超级广播电视集团公司。第二,推动了媒介融合以及新媒体的飞速发展。2004年微软与NBC合建MSNBC频道,2010年谷歌与电视网合作开通谷歌电视。

二、放松规制带来的负面后果

《1996电信法案》是自20世纪80年代起,风靡西方的新自由主义思潮在政治经济等事务上的反映。新自由主义在继承资产阶级古典自由主义经济理论的基础上,以抵制凯恩斯主义为主要特征,反对任何形式的国家干预。新自由主义政策有利于商业在受到最小阻力的情况下,在所有社会事务中占统治地位。同时,新自由主义几乎总是和这种信念交织在一起,即深信市场比其他任何途径都更有能力采用新技术来解决社会问题[①]。他们认为,市场将会使技术资源得到最佳配置。

---

① 罗伯特·麦克切斯尼. 全球传媒体系与新自由主义、文化帝国主义. 郭莲编译.国外理论动态,2001(7):10-14.

政府支持私有部门在国家信息基础设施发展中居领导地位，努力确保有足够的激励来使私有部门进行投资，用来建设、扩张和发展国家基础设施，例如，采用相适宜的税收和监管政策。政府极少直接参与信息基础设施的建设。20世纪90年代，放松管制及自由市场已成为政治界最为推崇的观点，尽管当时它们在学术界也受到了最为激烈的质疑。政府一步步放松了对电信传媒产业的管制。《1996电信法案》的制定标志着美国电信传媒业进入全面竞争时代，"让市场来照顾一切"的路线在新电信法的制定中得到充分体现。《1996电信法案》明确表示其目标在于：促进竞争，放松规制，以保证给所有美国电信消费者以低价格、高质量的服务，并且鼓励新电信技术的应用。政策制定者们认为自由竞争将促进更多的企业加入信息传媒产业中。用克林顿第一任FCC主席Reed Hundt的话来说，电信业法案试图"导致一场新兴投资和创新的洪流，这种洪流能够冲刷掉既得利益者们的优势——并且侵蚀他们的市值"[1]。公共利益是电信法的根本价值所在。政策制定者希望通过竞争，降低接入成本，以市场的力量弥补物理接入差距，另外，他们坚持在放松规制的同时，必须保有最后的底线。"为了促进新技术的发展，行政部门必须实行一种周密的平衡法案……为了避免信息贫困阶层的出现和扩散，政府必须提出一个强制的基本服务目标"[2]。

为此，新法案将普遍服务作为一项联邦通信政策，制定出明确的原则，并且要求联邦通信委员会推动实现这一目标。这是一项强制性政策：州际电信业服务提供商分摊捐助FCC为保持和发展普遍服务而设立的基金，"由此产生了每年60亿美元左右的收入，以便在受到政治性青睐的各群体间进行分配"[3]。这其中包括为学校、医院及图书馆等提供互联网支持，以及对农村等高成本通信实施补贴。斯蒂格利茨称其为"法律上的细微条款，精心设计的补贴结构"[4]。

然而，市场竞争的洪流来得太猛烈，"最后的底线"——普遍服务条款——相对于资本原始冲动的破坏力似乎已微不足道。克兰德尔这样评价《1996电信法案》："已经造成并将继续造成混沌"[5]。新电信法放松所有权限制，扫平了美国国内电信传媒资本大规模集中的障碍，为电信传媒产业产权的集中提供了更为便利和自由的空间。兼并和收购的热潮在美国电信业中高涨，A&TT吞并了电信港公司以及两大有线电视公司（TCI和Mediaone）；WolrdCom收购了MCI；七家贝尔小公司互相兼并只剩下了西南贝尔、南方贝尔、Verizon和Qwest四家。数百家新

---

[1] 约瑟夫·斯蒂格利茨. 喧嚣的九十年代. 张明, 等译. 北京：中国金融出版社, 2005：83.
[2] 约翰·帕夫利克. 新媒体技术——文化和商业前景. 周勇, 等译. 北京：清华大学出版社, 2005：234-235.
[3] 杰弗里·法兰克尔, 彼得·奥萨格. 美国90年代的经济政策. 徐卫宇译. 北京：中信出版社, 2003：142.
[4] 约瑟夫·斯蒂格利茨. 喧嚣的九十年代. 张明, 等译. 北京：中国金融出版社, 2005：81.
[5] 罗伯特·克兰德尔. 竞争与混沌：1996年电信法出台以来的美国电信业. 匡斌译. 北京：北京邮电大学出版社, 2006：1.

加入该产业的公司迅速诞生又迅速消失。在短暂的兴奋之后，市场出现了巨大的扭曲。虽然，市场可以通过自由竞争提高效益，但同时市场也孕育着走向竞争反面的可能。过度放纵的竞争导致了集中度更高的市场。这就是市场失灵，利用市场法则却造成对市场发展阻碍的结果。

Cooper 与 Kimilneman 批评说，新法案及它的执行加深了数字鸿沟[①]。市场发展破坏了电信法最初的目的：将技术的进步所带来的社会及经济好处带给每一位公民。新法颁布的两年中，住宅用户总体通信费用多支出 20 亿美元。住宅用户及用量小的用户并没有从中享受到预期中的好处，实际得益的是商业大客户和用量大的用户。电信公司非常清楚，如果放松管制，价格和利润都将上升，当然，它们的收益将建立在消费者损失的基础上。市场发展破坏了电信法的基本价值[②]。

第三节 对互联网的鼓励政策

美国是世界上最早为信息产业制定产业政策框架的国家。1993 年，美国提出"国家信息基础设施"行动计划。这一行动计划旨在建立一个可以承载各种业务的信息网络。第一，信息高速公路是将电信网、广播电视网、计算机网等有线和无线网络无缝连接的融合网络；第二，信息高速公路将融合各种传输网络的功能，可输文字、语音、数据、视频等各种形式的信息；第三，信息高速公路将连接全美各大学、研究机构、医院、企业等各种机构，以及几乎所有的普通家庭；第四，信息高速公路将是信息快速通道，各种信息的传输快速迅捷。这一计划的实施主要遵循以下几个原则：第一，鼓励民间投资；第二，扩展全服务理念；第三，促进技术革新和新的应用；第四，促进以双向、用户为中心的运营；第五，保证信息的安全和网络的可靠性；第六，改善无线频谱的管理；第七，保护知识产权；第八，与其他各级政府和团体协作；第九，提供政府信息和改善政府服务[③]。在"国家信息基础设施"行动计是之后，美国政府又相继推出了"全球信息基础设施"（global information infrastructure，GII）计划、"下一代网络"（next generation internet，NGI）计划、"互联网Ⅱ"计划等。

2009 年，朱力安·格力考斯基成了联邦通信委员会的主席，他有在法律业和电子媒介技术领域的工作背景。尽管过去联邦通信委员会的角色是指导和保护广

[①] Cooper M, Kimmleman G. The Digital Divide Confronts the Telecommunicaation Act of 1996: Economic Reality versus Public Policy Redistribution//Compaine B M, The Digital Divide: Facing a Crisis or Creating a Myth? Cambridge, Mass: MIT Press, 2001: 119-221.

[②] 杨嫚. 数字鸿沟界定及其政策选择——以美国为例. 新闻与传播研究, 2008（6）: 2-10.

[③] 肖赞军. 西方传媒业的融合、竞争及规制. 北京：中国书籍出版社, 2011: 162.

播业及电子媒介的发展,但是现在联邦通信委员会也关注于宽带的发展策略,建设一个宽带基础设施,为就业、经济发展、创新和投资提供驱动力。

美国人有能力支付快速发展的可靠宽带产品和服务。政策必须促进技术中立,鼓励竞争、投资及创新,以保证宽带服务提供商有足够的动力来发展和提供这种产品和服务。联邦通信委员会正在为提升电磁频谱空间而寻找方法,以提高宽带的可用性。一个将要被实施的尝试便是来自广播者对电磁空间的"自愿返还"。尽管广播者不太可能会心甘情愿的返还他们的波段,联邦通信委员会还是尽量采用这种方法,或者其他方式来为其监管的宽带提供商提供更多的电磁波段空间。

2009年10月,美国联邦通信委员会决定开始起草"网络中立"法规,以阻止电话和有线电视公司滥用其对宽带接入市场的控制权。这个政策之所以重要,其中一个原因是一些互联网提供商或许会为互联网设备和内容设置障碍,尤其是特定互联网服务提供上的竞争对手。同时,联邦通信委员试着建立这样一种观念,即互联网应该被视为"一种普通的信息载体"。这一法规有四大原则:第一,消费者可以浏览所有合法的互联网内容;第二,消费者可以使用所有的设备和服务,只要这些设备和服务符合法律的规定;第三,消费者可以将设备接入互联网,只要这些设备对互联网无害;第四,网络提供商、设备和服务提供商及内容提供商之间的竞争应该公开而自由。

制定这些法规是为了确保每一位宽带网用户均能访问所有合法的网站和服务,包括互联网电话应用和视频网站。2008年,有用户向法院起诉美国有线电视公司康卡斯特,指控其违背服务合约故意过滤P2P数据,限制P2P下载流量。康卡斯特(Comcast Corporation,CMCSA),是美国一家主要有线电视,宽带网络及IP电话服务供应商,拥有2460万有线电视用户,1440万宽带网络用户及560万IP电话用户,是美国最大的有线电视公司。康卡斯特亦是美国第二大互联网服务供应商,仅次于AT&T。联邦通信委员会正是根据"网络中立"这一原则要求康卡斯特停止封杀用户使用BT文件共享服务的行为。FCC的处罚建议并无罚款项目,只是要求康卡斯特停止限制P2P行为,向用户详细说明限制程序,并保证从此不再有违规行为。但康卡斯特对这一决定提出上诉,称FCC无权实行这种"不歧视"原则。2015年2月,美国联邦通信委员会以3票赞成、2票反对,通过"网络中立化"提案。该提案的相关规定被视为将确保美国互联网成为一个自由公开的交易平台。这一规则禁止所谓的"付费优先权",即互联网服务商在收取内容提供商更高费用后,该提供商即可享受更快捷的宽带服务。然而,关于这一条例争论还并没有停止。FCC主席AjitPai主张废除"网络中立",他认为,FCC曾在2008年阻止康卡斯特屏蔽BitTorrent就是一个错误。

第四节　其他内容规制及伦理问题

在电子媒介发展的过程中，所有权一直是规制关注的问题。但除此之外，内容也是规制所关切的。美国对电子媒介的规制主要有以下几个侧重点。

一、淫秽和暴力内容

虽然，联邦通信委员会明确表示其对节目内容并不感兴趣，并不计划干涉业内的节目制作。然而，政府一直热衷于削减电台中的猥亵内容，减少电视中的暴力和性爱内容。被这些内容激怒的观众也一直在向立法者施加压力，要求禁止这种节目。

珍妮·杰克逊在 2004 年《超级碗》中场表演时段，舞蹈动作一时过火，部分裸露了自己的乳房。在同一场表演中，摇滚小子将美国国旗当作了披风，嘻哈音乐艺术家的抓裆行为，以及印第安人羽毛式的主题装扮都对观众产生了冒犯。节目播出后，对下流节目内容的关切汹涌而来。联邦通信委员会和 CBS 立即被洪水一般的电话、信件和邮件所淹没，他们对这种下流的节目感到厌烦，尤其是一些节目有很多的年轻观众。电视网的经理被迫在特殊的国会听证会上对节目标准做出解释，这场听证会是由《超级碗》中场表演所引发的。这个事故促使联邦通信委员会对不雅的节目征收更加严厉的罚款。2005 年美国国会参众两院制定了《2005 广播电视反低俗内容强制法》，细化处罚办法和加大对违规者的处罚力度，将违规播出低俗内容者罚金由每次违规罚款最高 3.5 万美元提高到最高 50 万美元，对特定违规案例的累计罚款可达 300 万美元。2005 年，美国通过《2005 年淫秽与暴力广播电视内容控制法》，要求 FCC 负责调查电视分级制的执行情况，并视结果采取进一步措施。2006 年美国国会又通过了《净化广播电视内容执行法案》，法案要求所有公共广播电台和电视台在任何时间都不能播出淫秽节目和不健康节目，特别是在 6 点到 22 点，未成年观众收视集中的时段，违规者将面临巨额罚款。这使得联邦通信委员会等部门在处理公众举报和节目生产商与播出机构的违规行为时有法可依。

为了回避被处罚的风险，主要的广播电视网设有"标准和运营"部门，对节目剧本进行检查，以确保电视网的节目内容符合联邦通信委员会的标准和社会准则。这些部门被称为"审查者"。审查是指一种政府行为，政府禁止某些节目内容的传播。这些部门隶属于电视网，因此他们并非政府雇员，他们的行为也并非"审查"，而仅仅是以编辑的标准对内容进行审核，以避免同政府规制者发生不必要的冲突。

《1996 电信法案》以立法的形式要求美国电视行业自行对节目内容进行分级，并在节目播出时提示内容分级。以便于为相关人员（如家长）提供有关指示，如在节目中包含多少暴力、性爱和冒犯性语言。在电视节目开始时，或者在一些商业广告空档后，基于年龄和内容对节目的评级可以在电视屏幕的左上角看到。分级制还要求所有电视机需内置一种 V 芯片装置，以帮助观众用技术手段屏蔽低俗节目，没有安装这种芯片装置的电视机不得销售，不执行分级制的电视节目生产商和播出机构都将受到处罚。

1996 年 2 月，美国总统克林顿签署了国会通过的《传播净化法》（Communication Decency Act，CDA），它实际上是同年颁布的《联邦通信法》的第五编《色情与暴力》的简称。这部法案是美国对互联网内容审查的首次立法。其目的是为了保护公民，尤其是儿童，免受淫秽节目内容的干扰。这一举措旨在阻止儿童轻易地得到色情文学，并且对色情文学的提供者施加惩罚，罚款金额可以高达 25 万美元，严重者甚至会面临坐牢。然而这一法案一经颁布，就招致了公民自由主义者和主张自由辩论者的批评。批评者们认为"色情"概念过于模糊，尤其在内容浩瀚犹如大海的互联网上，这个原则几乎无法实施。在雷诺诉美国公民自由协会一案（1997 年）中，美国最高法庭判定通信礼节法案违宪，因为其过于模糊。在这个案件中，法庭处理了互联网上自由表达的问题，法官们认为在没有相反证据的情况下，我们相信，对内容表达的行政性规制更可能干扰意见的自由表达，而非鼓励自由表达。雷诺案是最高法院首次将互联网作为大众传媒对待，拒绝了政府认为应该以管理电视台的方法管理互联网的观点。

二、误导性广告及烟酒广告

联邦贸易委员会有责任监控国家的广告。其同样有权力命令公司停止播放误导性和欺骗性的广告。此外，联邦贸易委员会监控儿童广告和互联网广告，在这些领域发布可行的规则。联邦贸易委员会促进并支持自由市场的发展，确保广告真实，不具有误导性且不具有欺骗性。联邦贸易委员会通过使用下列三条准则来判断广告是否具有欺骗性：其展示或者实践很有可能误导消费者；其实践必须得到消费者在实际环境中的检验；展示和使用的必须是同一个商品。

联邦贸易委员会颁布了制裁的方法，以杜绝发布欺骗性广告的广告主。通过要求广告主签订一份同意协定，同意停止向观众输送具有误导性的广告，这一举措平息了广告主的抱怨。破坏协定的广告主或许会被判处每日缴纳 1 万美元的罚款，直至停止播放欺骗性广告。如果广告主拒绝签订同意协定，联邦贸易委员会有权力通过颁布终止令，终止其欺骗行为。这种情况下，这个案件会被呈送到行政法法官面前，要么面临处罚，要么行政决定被推翻。

1971年，国会禁止在广播和电视上播放香烟广告，稍后将禁止范围扩大到了同烟草相关的一切产品。在广播电视业中，有着数十年的自我约束行为（NAB法案），即不播放烈性酒的广告，但是因为有线网络不属于广播者的行列，因此NAB法案对其没有约束力，有线网络是第一个为烈性酒做广告的媒体，尤其是在一天的晚间时段。1996年，蒸馏酒委员会宣布其将试图改变广播电视不能播放烈性酒广告的禁令。结果，这引起了是否应该在广播和电视台中接纳烈性酒广告的议论。施格兰是第一批将产品搬上电波的商家之一，其他烈性酒商家很快跟进。

三、隐私权

隐私权，一个美国国民持续关注的话题。一般来讲，人们不愿意不经过本人同意就将像电话号码、地址、信用卡号和医疗信息这样的个人信息公之于众。人们依据自身与他人关系亲疏来选择私人信息的曝光程度。

在互联网时代，隐私问题更为突出。当用户在访问特定的网站时，信息记录程序会存在用户的计算机中，这些信息记录会使得公司能够追踪到用户中谁访问了他们的网站。更重要的是，因为互联网经常被用来进行个人间的交易，比如eBay拍卖交易网，也被用来进行个人同商业实体的交易，很自然引起了强烈关切，同个人相关的私人信息或许会被转卖给第三方机构。当然，这个关切的焦点在于被故意泄露给个人或者公司的像信用卡数字这样的个人信息，有可能会被某些人偷偷地使用。

另一个同隐私权有关的话题是，未经本人允许就使用其私人照片。名人和公共官员当他们变得流行的时候或者当选为公共官员时，就放弃了隐私权。然而，普通公民有权获得更多的隐私保护。美国最高法庭支持这样的观点，当个人出现在公共场合时，就自动放弃了一部分隐私权。

四、版权

版权法源自美国宪法的第一章，允许作者有权利用自己的"作品和发现"为自己牟利。版权法自从颁布以来被一再重修，并得到法庭的支持，广泛地保护了作者的作品免于未经批准就被使用。

创作作品的原创者在其有生之年，其作品会受到版权法的保护，除此以外，如果作品发布在1978年1月以前，版权法可以延续至其身后95年，如果作品发布在1978年1月以前，则可以延续至其身后70年。例如，一首发布在1985年的歌曲，作曲家编写的歌曲将会受到版权法的保护，直到作曲人去世70年之后。如果任何人想要使用歌曲中的词句或者旋律，他或者她必须得到作者的允许，或者得到代表作者利益机构的授权。通常来说，为了使用歌曲，使用者要向创作者缴纳一定的费用。

一些时候，作家和其他人允许得到批准的机构来为他们收取费用。一旦音乐家创作了音乐，特定的机构将会同想要使用音乐的人谈判，并收取相应的费用。在美国，有两家具有这种功能的机构：成立于 1914 年的美国作曲家、作家和发行商协会，与成立于 1940 年的广播音乐联会。

这些组织同广播者和制作公司这样的使用者谈判总费用。总费用可以通过一个公式来计算，通过这个公式可以得出授权来播放音乐的电台每年应该被收取的费用数。这个费用数量取决于这些因素，比如电台每周播放此机构的音乐所占的比例、电台的市场规模、电台的总收入。大市场中的大电台要比小市场中的小电台付费更多。

如果一件作品的版权失效，或者一件作品从未获得版权法保护，那么这件作品就可以被视为公共所有。广告主、演员或者编剧喜欢在作品中使用这种为公共所有的材料，因为不必得到许可，也不必支付费用。公共所有材料对那些低预算项目尤其具有吸引力。

教育工作者和其他人可以不必经过允许或者不必付费就可以使用具有版权的作品，前提是他们使用作品的目的是非商业性的。这个例外被归入了美国 1976 年版权法的 107 章，被称为公平使用原则。然而，用这种方法使用受到版权法保护的作品必须十分小心。为了判定是否属于公平使用，有四条原则必须考虑：①使用作品的目的；②原创作品的特点；③原创作品的使用数量；④使用原创品对市场的潜在影响。大学教授在课堂为他的学生们展示一段从网络电视节目中剪辑下来的视频是不必付费的。当然，这个视频只能在原创播放后的短时间内使用，之后应该被删除。

从 20 世纪 90 年代末开始，线上共享的版权音乐成了令音乐界头疼的一件事。互联网用户可以登录形形色色的点对点共享的网站，如 Napster，并且从其他用户那里下载复制文件。音乐产业声称，由于如此多的人从网上下载音乐，而非购买 CD 光碟，其损失是巨大的。尽管有法律威胁，但是个人用户继续从网站上下载音乐，甚至不花钱就下载电影。不管怎样，随着越来越多的人接入了互联网宽带，下载音乐和电影的行为很可能继续成为一个大问题，宽带使得文件分享更加快捷，也变得相对容易。2003 年，美国唱片工业协会为了反对个人分享音乐文档的行为，提起了上百件诉讼案件。

1998 年，数字千年版权法通过，这部法案旨在保护数字领域中的创造性作品。禁止采用在电子时代涉嫌破坏版权法的生产、扩散内容的设备和程序。此外，这则法案要求服务提供商通过使用文档共享设备鉴别破坏版权法的消费者，唱片工业协会使用所得到的信息来制裁这些人。

同版权密切相关的"知识产权"是表演权。这是法律对演员产品的保护，比如对音乐表演、商业广告中播音员的声音，或者在一些情况下，电视剧、电影中的角色。从传统上来讲，演员的权利在演员同剧作人的谈判中形成。演员的作品传播渠道更加宽阔，他们的作品出现在了互联网，或者其他媒介上，演员如今要求获得知识产权保护，同版权和专利相类似。知识产权保护扩张至了表演权领域，尤其是在互联网上。

五、垃圾邮件

美国联邦贸易委员会每天都要接收大约 30 万个发给消费者的垃圾邮件的案例。这个机构每周要接收大约 4 万封针对网络垃圾邮件的投诉。这些抱怨导致了立法行为出现，以同这些持续的令人讨厌的事物斗争。但是迄今，美国联邦立法者并不能制止这些网络入侵者，联邦贸易委员会也没有规制邮件的权力。美国 37 个州通过了同垃圾邮件相关的法案，特拉华州通过设立错误的回信地址，要求删除"为我回信"的选项链接，以及要求在主题中标出同性爱有关的垃圾邮件，以禁止垃圾邮件的盛行。一些没有制定特定的禁止垃圾邮件法律的州则通过使用同欺骗性广告相关的法令判决发送垃圾邮件的人。

尽管许多互联网服务商提供屏蔽垃圾邮件的功能，提供能够筛选垃圾邮件的软件，但是垃圾邮件制作者有许多绕开系统的方法，包括使用普通的主题，比如"来自我的信"或者"回函"。2003 年 11 月，美国国会通过了《控制未经请求的色情和营销信息攻击法案》，简称《反垃圾邮件法》。法案中明确指出，电子邮件已经成为重要和普遍的沟通方式，每天有数百万美国人因个人和商业目的而使用电子邮件。接收商业电子垃圾邮件会导致无法拒绝接收和存储这些邮件的收件人的成本增加，接收大量的有害的讯息也会降低电子邮件的便利性、可靠性和有效性。一些商业电子邮件包含许多收件人认为是粗俗不堪、本质上是色情内容的材料。这个法案旨在减少为垃圾邮件制造者所使用的大部分攻击策略，包括伪造电子邮件题头，发送色情内容。电子邮件的运营商如今要求在其产品中加入一项功能，即将地址或者链接返回至网站，以便网站能够接受请求，将其从电子邮件清单中删除。

第五节 中国电子媒介规制及其融合背景下的发展

中国对电子媒介规制的制定与实施也与美国有很大不同。但有一点是相同的，那就是，在新的媒介融合背景下，无论中西方，都面临着规制的改革。

一、中国电子媒介规制概况

新中国成立之前，电子媒介谈不上系统的规范。新中国成立之后，中国广播事业在行政上归广播局领导，在宣传方面则由中共中央宣传部主导。地方广播电台归各地方政府管理，但在大政方针与具体业务和事业建设方面主要接受广播事业局的领导。1956年之后，地方广播事业局陆续建立[①]。

改革开放后，我国广播电视规制的发展轨迹与我国经济、社会的总体改革进程是同步的，大体上可划分为三个阶段：①行政导向阶段（1978~1991年）。1978年以后，改革开放为我国的广播电视业提供了发展的契机。20世纪80年代初，我国广播电视业开始起飞，在短短几年内，其媒介规模、受众规模及传播的影响力都有了质的飞跃。1983年3月召开的第十一次全国广播电视会议，明确了广电行政机构设置、中央与地方关系、广播电视机构的性质和任务等问题。提出了"四级办广播、四级办电视、四级混合覆盖"的事业建设方针。同时，对于我国广播电视事业的双重领导体制进行了重申。②市场导向阶段（1992~2000年）。进入90年代以后，我国开始从计划经济向市场经济转轨。在市场化浪潮的推动下，以建立适应市场经济的运行机制为主要目标而进行的一系列改革成为90年代广播电视的发展主题。1992年，中共中央、国务院制定了《关于加快发展第三产业的决定》，明确将广播电视列为第三产业，极大促进了广播电视业的发展。一时间，全国涌现了有线与无线、事业与企业、综合与专业的数千个电视台。随着社会主义市场经济体制的日益完善，为了减少重复建设与无序竞争，广播电视业开始启动集团化改革，各地相继组建广播电视集团。③资本导向阶段（2001年至今）。2001年，我国签订加入WTO协议，为了迎接WTO给我国广播电视业带来的挑战，国家广电总局相继推出了一系列政策来调整广播电视业，以应对信息全球化的冲击。这一时期广播电视业的政策法规主要围绕境外资本和民营资本的准入与管理，2002年，国家广电总局放宽了电视剧、广播电视节目等影视制作机构的市场准入门槛，允许民营资本作为经营主体进入除新闻宣传外的广播电视节目制作业，允许个人、私营企业设立除新闻宣传外的电视剧、电视专题节目等影视制作机构。对外采取有限制开放和引进政策，2004年2月发布的《关于促进广播影视业发展的意见》中提到，允许境外资本与我方合资合作制作广播电视节目，但严禁设立外商独资、中外合资、中外合作经营的广播电台、电视台、节目制作经营机构，严禁外资进入广播电视传输覆盖网[②]。

---

① 郭镇之. 中外广播电视史. 上海：复旦大学出版社，2005：170.
② 刘建新，强月新. 中国广播电视规制的历史检视及其改革路径. 湖北社会科学，2010（1）：183-185.

二、新媒介融合环境下传统规制面临挑战

我国传媒行业的经营体制改革以计划经济体制为起点，国家对电信、传媒的各子行业实施纵向管理，即使是传媒集团化改变也是严格按行业推行，行业之间壁垒森严。1999 年，我国出台了《关于加强广播电视有线网络建设管理的意见》，其中明确规定：电信业不得从事广播电视业务，广电业不得从事通信业务。但是，一些地方广电还是纷纷从事宽带接入业务。2004 年，广电总局颁布了《互联网等信息网络传播视听节目管理办法》，其中规定只有广电部门才可以申请"从事以电视机作为接收终端的信息网络传播视听节目集成运营服务"。按照这一规定，电信企业不得从事"机顶盒+电视机"的网络电视服务。2008 年 1 月，国务院出台由国家发展与改革委员会等六部委联合制订的《关于鼓励数字电视产业发展的若干政策》，"鼓励广播电视机构利用国家公用通信和广播电视等信息网络提供数字电视服务和增值电信业务。在符合国家有关投融资政策的前提下，支持包括国有电信企业在内的国有资本参与数字电视接入网络建设和电视接收端数字化改造"。这一政策与 1999 年的禁止令之间已间隔近十年。但至此，双方可进入的领域仍极为有限。2010 年，国务院常务会议公布"加快推进电信、广播电视和互联网三网融合的决议"。

当前虽有不少促进政策，但我国广电、电信领域的双向进入还存在种种问题。其中有相互之间利益的竞争，更为重要的是：它们实施不同的市场准入。广电业的市场准入严苛，而电信业的市场准入相对宽松。我国传媒各行业的资本准入政策错综复杂。各种"发展意见""实施方案""决定"中对资本准入都有所规定，同时，不同子传媒的资本准入政策又不一致。从长远来看，亟须媒体规定的重新整合。

第十一章 作为个人通信与社交媒体的电子媒介

传统广播媒介主要被用来达至广泛的受众，但是今天，更新的电子设备和技术使信息的个人化、定制化成为可能。电子媒介不仅是大众传播的工具，也是人际传播的载体。作为个人通信与社会媒体的电子媒介的兴起不过是近两年的事情。

第一节 个人化的媒介

数字技术和移动设备创造了一个新的传播世界。正是因为有了手机和其他移动设备，人们才可以自由地同认识的人和不认识的人交流。人际沟通成为全天候的状态，并且摆脱了地理位置的束缚。同时，人们联系他人的方式、收集和传播信息的方式、看电视的方式、听广播的方式、解决问题的方式、做决策的方式都受到了所使用技术的影响。这使个人化媒介多有相互交叉之处。

一、数字设备的个人化

个人化数字工具是一个手持设备，可以免于整日陷于通讯录、日历、待办事项、备忘录和其他笔记之间。所有的这些功能甚至更多的功能都融入一个小型的手掌大小的电子设备中。

个人化数字工具可以恢复信息、存储信息，也可以将信息发送至其他个人化数字工具和计算机上。苹果公司推出的"牛顿"是第一种能够组织和传送信息的个人化数字工具式的计算机。"牛顿"在 1993 年引入市场，马上就在市场上掀起了轩然大波，在前十周，这个产品在市场上的销量就飙升到了 50000 万件。由于"牛顿"的手写识别功能很差，使用起来也很复杂，价格也不便宜，它并没有走得太远。

掌上电脑在 1996 年初次登台，上市之初，这款产品许下了这样的诺言：轻便、小型化、易于使用、具有足够大的存储空间、可以记录数千条信息。它简单的界面很快吸引了公众的关注，如今"掌上电脑"的名字几乎等同于个人化数字工具，即使其他几家生产商同样也在制作个人化数字工具设备，随着智能手机和移动设备进入市场，消费者购买个人化数字工具的数量逐渐减少。从 2007 年一体化设备普及以来，销售量更是大不如前。个人化的功能多数都被整合到了移动设备中。

二、数字设备的移动化

移动电话曾经仅是手持通信工具。但是移动电话很快变成了具有多种功能的智能手机,曾经的个人化数字工具如今加上了移动手机的技术。尽管有一些移动电话仍然仅是电话,一些个人化数字工具也没有通信功能,但是要想区分这些设备变得越来越困难了。

手机进入市场后的20年间,为我们带来了文化和社会上的巨大影响。短信是最受欢迎的手机功能之一。用户仅仅打字来发送信息。接收者可以阅读信息,而不必接听电话,也不必在语音上做出回应,也就不会对别人造成干扰。尽管短信有许多优点,但是批评家们指出,短信正在失去控制。无休止地发送短信或许会导致成绩下降、社会焦虑、短信依存症、压力和其他心理失衡。

在某些情况中,智能手机使我们的孤独感降低了,因为我们频繁地接触其他人。由于通话的成本很低,我们经常可以为了缓解孤独和无聊而通话,而不是非得有一些有趣的事要说。更重要的是,这种构造氛围所需要的频繁接触,是一种自恋的形式,人们认为他们的想法或者行为都能引起他人强烈的兴趣。

尽管对电话的使用日益烦琐,但是对大部分人来说,电话带来的好处远远超过坏处。移动电话帮助我们能够对重要的事务保持关注,当我们感到孤独时,可以为我们带来慰藉。更重要的是,手机非常方便,易于使用,在许多情况下,同传统的有线电话相比,长途通话的费用要更低。它们同样可以在危急情况下拯救生命。可移动化是当前数字设备发展的大趋势。

为了使数字设备方便携带,苹果公司最先推出了平板电脑。iPad 是一种 8.5 英寸乘以 11 英寸的设备,通过碰触屏幕上的图标就可以实现相应的功能。在这个半英寸厚,1.5 磅重的可移动无线电子设备上,你可以使用博客、推特、SNS、邮箱,还可以传输照片、观看电影、打游戏、读书及从事许多线上活动。同 iPhone 一样,苹果将会及时推出同 iPad 相容的各种客户端。iPad 最大的优势在于它的屏幕尺寸和革命性的分辨率,这使得用户在从事网上活动时,使用 iPad 要比使用 iPhone 和 iPod 更方便。如今,包括笔记本电脑、iPad 等在内的越来越多的数字设备都可以通过加装模块而获得动态连接的功能。

三、数字设备的多功能化

无论是苹果手机、安卓手机、平板电脑还是其他移动通信设备,这些设备都结合了手机、照相机、视频播放器、计算机、通讯录和闹钟的功能。现在许多数字设备都集成了网络摄像头的功能。网络摄像头是一个简易而廉价的视频录像机,可以自计算机之间实时传输图像。新型的网络摄像头可以每秒钟运行30帧，网络视频看起来同电视视频一样清晰流畅。网络摄像功能可以通过同他人视觉化的交流而缓解孤独感。网络摄像机同样在严肃场合下也得到了运用，如互联网会议中。此外，通过使用一个移动设备，你可以发送和恢复邮件，可以上网、打游戏、输入文本、下载音乐、储存照片和电影，可以使用驾驶导航，也可以安装具有特殊功能的客户端。用户可以将设备进行个性化设定，这样，点击一个图标，便能看到所在的地域或者世界上其他地区的天气预报、找到星巴克的位置、预定一辆出租汽车、检查航班次数、发现菜谱、收看股票市场的报价、收看录像，同样也可以从事其他的行为，包括照相。用你的移动设备抓拍照片，然后将照片通过互联网传给朋友和家人。想象一下，当你在国外留学时，可以拍一张自己站在埃菲尔铁塔前的照片，然后在几秒钟内传送给身处国内的朋友和家人。所有的这些功能都可以不必非得坐在电脑桌前才能完成。

四、数字设备的可穿戴化

　　智能手机必然会变得更加智能化，并且最终会成为微型化的手持电脑。计算机同样也会变得更加微型化。

　　随着计算机标准化软件、硬件及互联网技术的高速发展，开始出现了智能化的可穿戴设备，主要是应用技术对日常穿戴进行智能化设计，开发出可穿戴的设备。智能可穿戴的思想和雏形在20世纪60年代就出现了，但具体形态的设备在70~80年代才出现，此后发展一直较为缓慢。直到2012年，谷歌宣布开发一款"拓展现实"的眼镜，正式开启智能可穿戴设备的元年。2013年下半年开始，微软、苹果、三星等大型企业纷纷进驻智能可穿戴市场，这使得这一领域迎来了集中投资的热潮，市场上出现了多样化的智能可穿戴产品，智能手表、智能手环、智能眼镜、智能头盔、智能鞋等。

　　2014年9月，苹果发布了一款智能手表Apple Watch，引发消费者对智能可穿戴产品的关注。这款手表除了记录运动数据外，还可以像手机一样使用多种App，如微博、微信、支付宝等。但由于售价较高，普及度还很有限。智能手表可以结合搜索新闻、体育、天气预报、交通、股票和其他信息。新款的智能手表同样可以当作手机来使用，其中内置扬声器，因此你在通话时不必将手机贴近你的耳朵。触摸屏技术可以使你能够播放MP3文档、收看电影、传送信息、做笔记。还有专门针对儿童研发的智能手表，可以实时定位、一键报警、拨打及接听电话等，一定程度上保障了儿童的安全。

　　毋庸置疑，智能可穿戴设备给人们的生活带来了诸多便利，正呈现繁荣发展之势。这些个人化数字工具和智能手表的多用途工具不仅仅是小玩意，而且可以使我们频繁地同信息来源和他人保持联系。随着它们功能的增多，我们从中获得的个人满足同样在增加并且不断地改变。这些设备远远不是只能告知时间或者记录日程的工具，它们还能让我们同世界保持联系。这些个人化的沟通工具可以被视为人体的延伸，使人们的感观能达及世界范围，并且也能帮助人们感受之前无法感受到的东西。

第二节 社交网络

非电子化的社交网络已经存在了很长的时间。人们以共同的兴趣和价值观来组织他们的社交网络。粉丝俱乐部成员通过共同的兴趣形成了社交性的网络。互联网使交流变得方便快捷，基于此，对于成千上万的人来说，打理社交网络成了日常活动。在社交网络上人们通过不同圈子的朋友来结识更多的朋友。在某些时候，社交网络可以使我们更好地了解我们的朋友。

社交网站经常被用来向"熟人"发送电子邮件、照片和视频，这些"熟人"是指可以访问某人社交网络页面的所有人。这些朋友然后或许会相互交流，这样就会创造新的社会连接，或者扩大现有的社会连接。社交网站提供新闻和意见，促进讨论和集体认同感，将使用者同类似的兴趣和观点连接起来。社交网站被视为一个扩大社会圈子的空间，在这里你可以交朋友，可以找到个人化的信息。可以这样说，当前所有的在线信息都被"社交化"了。

近几年来，对社交网站的使用突飞猛进。2015年，全球社交网络的用户数量达到21.4亿人，同比增长了12.2%，社交网络用户数量占网民总数的比重达到66.8%；2016年全球约23.4亿人经常访问社交网络，年增幅9.2%，占全球总人口的32.0%，占网民的68.3%，比重进一步上升。另外，手机将成为未来几年社交网络增长的主要动力。统计数据显示，移动社交网络用户规模占社交网络用户规模的比重逐年上年，2016年已达到80.2%，较上年增长了3.5个百分点。预计到2020年，比重将上升到85.9%。从2016年4月社交网站活跃用户数量的排名来看，Facebook无疑是全球最大的社交网站，其活跃用户数量达到1.59亿人次；其次是WhatApp，其活跃用户数量达到1亿人次；QQ和微信的活跃用户数量分别为8530万人和6970万人，分列第四位和第五位[①]。

社交网站、推特、博客、即时通信和其他在线行为及需要交互的其他智能手机应用被称为Web2.0应用。社交网站和其他Web2.0应用，经常为年轻人所使用。然而，最近的趋势显示55岁以上的群体是增长速度最快的年龄组。这符

---

① 前瞻产业研究院．全球社交网络用户超23亿 Facebook活跃用户数量达到1.59亿人次. http://www.qianzhan.com/analyst/detail/220/161205-4ab5be64.html[2016-12-05].

合技术扩散的规律，从少数群体至更广泛的人群。许多人每天查看社交网站许多次，并且将其作为每天早上的第一件事，社交网络在早上 7~10 点之间流量十分庞大。

推特将输入内容限制在 140 个字符。信息展示在用户的网页上，并且被传送给用户的朋友，他们被称为"粉丝"。在输入时，为了保持信息简短，用户发展出了一套简化的表述方式。比如，BTW 意味着"顺便说一句"，FYI 是指"供你参考"，SYL 是指"再见"。发送者和接收者都需要了解代码的意思，这样才能有效地使用推特交流。推特在 2006 年首次亮相，但是起初扩散的速度有些缓慢，但是到了 2009 年，推特跻身于全球前 50 家网站之一，每个月都有大约 1.06 亿的注册者通过推特发布 14 亿条信息。

在中国流行的则是微博、微信。腾讯发布截至 2015 年 12 月 31 日的全年综合业绩显示，微信和 Wechat 合并月活跃账号数达到 6.97 亿，较半年前增加近 1 亿；另外根据腾讯发布的《2015 年微信平台数据研究报告》，25%的微信用户每天打开微信超过 30 次，55.2%的微信用户每天打开微信超过 10 次。微博发布的 2015 年第四季度及全年财报显示，截至四季度末，微博月活跃用户达到 2.36 亿，同比增长 34%，日活跃用户达到 1.06 亿，同比增长 32%。由此可见，以微信、微博为代表的社交平台已成为人们生活的重要部分[①]。

最新型的在线交流方式是由社交网站上的游戏搭建起来的，大多数的这些游戏都依托手机这个平台。Facebook 是一个非常醒目的游戏平台，它承载了许多交互性的社会游戏，比如《开心农场》、《黑手党战争》和《宝石迷阵》。预计线上社交游戏的玩家人数超过了 1 亿。在 2009 年 10 月，最受欢迎的社交游戏是《开心农场》，拥有 5610 万的玩家；《黑手党战争》有 2600 万玩家；《宠物社会》有 1950 万玩家。各种各样的在线社会网络被建立起来，以满足人们多方面的需求，如音乐社区、影视交流社区、学习社区等。

社交网络的交流同样是一种情感交流，这是一个语言学词汇，用来界定仅仅出于社会原因而进行的表达，而非出于信息交流的目的。例如，"你好吗？""我很好，谢谢！"，就是一种情感交流，因为它经常被用作礼貌用语，而不是用作谈话由头或者信息交换。比如发给某人一个心形表情或者一个拥抱，或者通过 Facebook 向每个人推送游戏的最新战果。我们通过这种方式维持着社交网络，同朋友保持联系，而不必非得通过谈话，或者交换有意义的信息。

同许多其他的线上应用类似，社交网络游戏可能具有沉溺性。从心理学上讲，社交网络游戏的意义并不仅仅局限于玩耍。线上社交游戏可以为人们带来一种社

---

① 中国产业信息. 2016 年中国社交媒体行业市场现状及发展前景分析. http: //www.chyxx.com/industry/201605/415536.html[2016-05-12].

交和集体归属感、自我满足感、成就感、逃避感和娱乐感。一旦满足感和富足感得到满足，一些人便会花费大把的时间登录在线农场、喂养在线宠物、寻找在线停车场。

今天，我们正处于从大众社会向网络社会转变的进程中。大众社会是一个包含群体、组织和社区框架的社会结构，这个结构限制着它各个层面的组织模式，该结构的主要成分是各种相关的大型集合体。大众社会单元的内部联系是中心化的[①]。正如互联网出现之前，我们的媒介，包括报纸、广播电视，其传播拓扑结构都是中心化的。然而在互联网时代，网络社会的基本单位已经变成了与网络相连的个人。虽然网络社会也有中心，但它不是单一的，而是多中心的，其中某些结点会比其他结点更为重要。从个人、网络社会的角度来的理解新的电子媒介是至关重要的。

---

① 迪克. 网络社会——新媒体的社会层面. 蔡静译. 北京：清华大学出版社，2014：38.

结　　语

本书将电子媒介的讨论放在它们诞生、发展、竞争与合作的历史语境下来分析。虽然本书不是完全按照时间顺序组织起来的，但是它始终主张电子媒介的内容、类型、技术和形式特征都最好放在它们的历史中被理解。通过对电子媒介发展历程的回顾，我们形成了以下几个基本的观点。

1. 新旧电子媒介之间的关系是竞争与合作

新旧媒介之间的关系并非完全的取代，它们之间的关系比我们想象的要复杂与微妙。巴尔比将新旧媒介的关系划分为四个不同的阶段：第一个阶段是新媒介模仿旧媒介，新媒介诞生之初，通常是依靠模仿旧媒介而规范自身发展。第二个阶段是新媒介发展出自身特色，成为真正意义上的新媒介。第三个阶段是新媒介发展势头超过旧媒介，引发旧媒介对新媒介的模仿和适应。第四个阶段则是一个相对持续的阶段，介绍了新旧媒介是如何和谐共处的[①]。最终，我们发现新媒介不会取代旧媒介，它们会由某个时刻达到平衡。新旧媒介之间也成为对方不断完善自我、发掘自身最大潜力的推动者。它们相互影响，同时又刺激着新事物的诞生，所以，应该始终关注新旧媒介之间的演化关系，这对我们理解媒介未来的发展与趋势，是至关重要的。

2. 从技术上讲，电子媒介的出现具有偶然性，但其社会化应用则必须有制度与商业的土壤

新的媒介技术的产生，往往具有极大的偶然性。比如，古登堡并没有志在发明印刷机，他是在提高书写和复制效率的过程中发明了活字印刷术。贝尔也是在改进电报系统的过程中偶然发明了电话。手机短信服务发明之初只是作为一种单向服务，它被服务提供商用于告知消费者有等待接收的语音信息。它与今天短信的双向交互传播形态大相径庭。全球互联网的始祖阿帕网最初也仅仅是为了防止核危机而建立点对点传播媒介，只是到后来，才成为新的媒介。可以这样理解，技术因素充其量是为新的媒介传播形态与使用方式奠定了最初的基础。

一个新的媒介也许与它最初的样子相距甚远，甚至与发明时的初衷背道而驰。

[①] 加布里埃尔·巴尔比，戎瑶. 新媒介和旧媒介——基于媒介史的二者关系理论化探索. 全球传媒学刊，2016（1）：28-43.

我们相信这是由于技术演化的不确定性而造成的。我们无法预测什么样的新媒介，会以什么样的方式来临。虽然新技术重新划分了可能性与不可能性的界限，但它并没有准确地预测什么能够成为可能。因此技术的社会应用必须根植于物质；这种应用往往需要经历一系列漫长的、累积式的发展，逐渐被人们所认知与重构，并且经历"文化的创造"[1]。这正如电磁演化为广播一样。传播的物质条件不受任何人类人体的掌控，作为物质的媒介随着时间的推移也经历着社会化的过程，并在这个过程中不断适应着不同的文化语境。比如在西方，有脸书和推特，在中国则有微博与微信。它们在不同的地域与国度，发展出了具有不同功能趋向的相似软件。

除了物质媒介自身的社会化，还可以确定的是，一个新技术的大规模应用一定与商业与制度土壤分不开。首先，新传播技术需要有商业力量的推动，才可能发展壮大。无论是广播、电视还是互联网，它们都是在商业化驱动力下发展的。另外，国家政策的力量也是不可乎忽视的。比如，最初互联网的开发是基于军事目的，其后被用于科学界，再扩散到民用。在这期间，美国政府对它的推动是不容忽视的。如果没有制度的支持，新媒介根本无法被大规模应用。从更广阔的层面来讲，技术与社会两个层面共同决定了新媒介的发展走向。技术的社会含义是人类设计的产物，并反映出设计它的那些人的利益，技术不断地被用户和设计者们改造，技术适应社会力量而不是决定社会发展，它们是共同进化的而不是因果的关系[2]。

政策一方面为技术的发展与应用提供土壤，另一方面，随着技术的进步，规制又往往不能很好地满足它们。新旧媒介的融合，导致传媒市场环境剧变，传统电子规制受到了根本挑战，带来了规制的重叠与真空的同时出现。在传统电子产业，产业的边界清晰，内容高度依附于载体，业务相对单一。然后，网络的出现完全打破了这一格局，在产业融合的进程中，一系列新业务无法界定它们将由什么机构进行规制[3]。比如，手机电视、手机报纸、网络电视、博客等，它们所涉及的规制问题涉及各个方面，繁杂而无序，需要新的规制设计理念与框架。此外，传媒与通信领域的融合规制将会是未来电子媒介规制的发展方向。

3. 电子媒介的发展伴随着各种争论、利益冲突与权衡

电子媒介作为新事物总是带来各种各样的争论，涉及多方利益的冲突，然后在利益与权力的制约下达到某种平衡。有关电子媒介所有权与电子媒介的监管是

---

[1] 克劳斯·布鲁恩·延森. 媒介融合：网络传播、大众传播和人际传播的三重维度. 刘君译. 上海：复旦大学出版社，2012：66.

[2] 杨嫚. 数字鸿沟界定及其政策选择——以美国为例. 新闻与传播研究，2008（6）：2-10.

[3] 肖赞军. 西方传媒业的融合、竞争及规制. 北京：中国书籍出版社，2011：136.

各个国家与地区都关注的,其中涉及的争议问题较多,如隐私保护、版权、色情内容监管、传播伦理等。其中还涉及新旧媒体的利益冲突。旧媒体在某一阶段有可能成为新媒体发展的阻力。比如广播在发展过程中,引入新闻报道,而传统报纸为了垄断其新闻来源,试图通过合约的方式阻止新闻通讯社向广播供稿。当然,这合约没有多久就自动瓦解了。通讯社向报纸、广播及电视供稿,而报纸实际上也并没有因此而消亡。电子媒介也正是在这种种纷争之后成长、成熟起来的。

4. 电子媒介正在经历从大众媒介到个人化媒介的回归

媒介从本质上来讲,是个体感观的强化物,是人体的延伸。通过媒介,我们可以看到更多、听到更远,信息可以保存更久。在电子媒介的大部分历史中,它都是作为大众媒介出现的。但如今,新传播技术创造了一个新的世界,在这个新世界中,大众媒介将变得更加个人化。用户最终决定意欲接收的新闻类型,决定什么样的信息才能最终展现在他们的生活中,决定接收信息的时间和地点。商业广告信息被精心制作,以符合个人的人格特质和生活方式。电子媒介仍然会达至普罗大众,但是所传递的信息则经过了个人化的处理。广播和电视将会继续满足娱乐和信息需求,但是未来所要满足的需求同今天所能满足的需求有很大的差别。广播电视将会维持其信息和娱乐重要来源的地位,但是它也不得不像更新的传播技术做出让步,这些新传播技术致力于传输个人化、定制化的新闻和服务。媒介不仅仅是人体的延伸,可以说,它就是人体的一部分。在后电子媒介时代,传播将回归其个人化的本质。无数的信息汇集于个体,这也从另一个侧面印证了麦克卢汉所提出的"内爆"。

电子媒介从广播、电视、电影、游戏发展到互联网,当前可以被称为后电子媒介时代。互联网的出现有统揽一切的味道。但每一种电子媒介,包括互联网实际上也都成了独特、不可取代的那一种媒介。这种个性将会益发鲜明,同时,他们之间的相互融合也是必然。这种既相互融合,但又相互区分的特质,使得未来电子媒介的世界更为丰富多彩。

参考文献

阿尔马朗，彼茨. 2007. 无线电广播产业. 詹正茂，张莹，张莉译. 北京：清华大学出版社.
阿伦斯. 2013. 广告与营销策划. 丁俊杰，程坪，陈志娟译. 北京：人民邮电出版社.
埃诺 Y. 2005. 电子游戏——观念冲突偏见丛书. 马彦华译. 成都：四川文艺出版社.
白玲. 2011. 国际媒介融合的趋势与发展. 广州：广东人民出版社.
毕一鸣. 2010. 世界广播电视发展史. 北京：中国广播影视出版社.
陈清河. 2008. 后电子媒介时代. 北京：三民出版社.
陈少华. 2007. 新媒体的个人化趋势与媒介管理和控制. 南京邮电大学学报，9（1）：4-7.
陈映. 2016. 欧美传媒政策的范式转型：以媒介融合为语境. 北京：中国社会科学出版社.
崔保国. 2016. 传媒蓝皮书：中国传媒产业发展报告（2016）. 北京：社会科学文献出版社.
崔银河. 2008. 中外广告发展简史. 北京：中国传媒大学出版社.
段贵恒，赵国杰. 2007. 网络广告的定价模式及公共政策研究. 现代传播，(3)：110-112.
葛进平. 2015. 受众调查与收视分析. 杭州：浙江大学出版社.
郭镇之. 1997. 中国电视史. 北京：文化艺术出版社.
郭镇之. 2010. 中外广播电视史. 上海：复旦大学出版社.
韩卫娟. 2015. 媒介融合背景下电视节目发展的新思路——以真人秀电视节目为例. 中国电视，(11)：61-64.
胡耀亭，陈敏毅. 2011. 中国国际广播电台发展史. 北京：中国国际广播出版社.
黄楚新. 2011. 媒介融合背景下的传媒创新. 杭州：浙江大学出版社.
黄会林，俞虹. 2007. 影响受众调查与研究. 北京：北京师范大学出版社.
黄健源. 2012. 试析三网融合背景下的植入式广告发展态势. 现代广告，(21)：84-88.
黄勇. 2009. 论新中国六十年广播电视的发展道路. 现代传播，(6)：1-4.
黄玉迎. 2013. 中国广播电视节目改革研究. 北京：中国传媒大学出版社.
柯惠新，黄可. 2011. 从平面化（2D）到立体化（3D）——对新媒体时代受众测量的思考. 现代传播，(10)：103-106.
亨德森 H. 2008. 通讯与广播——从有线语言到无线网络. 朴淑瑜译. 上海：上海科学技术文献出版社.
冷淞，张丽平. 2014. 十年成败——国际电视节目本土化历史与趋势研究. 新闻与传播研究，(5)：78-88.
李斌. 2017. 广告精准投放：移动互联网时代的广告投放策略. 北京：中国经济出版社.
李盛之. 2012. 简析美国电视媒介所有权规制的调整. 中国电视，(6)：90-92.
李秀磊. 2012. 数字广播发展研究. 北京：华夏出版社.
刘燕南. 2006. 电视收听率解析. 北京：中国传媒大学出版社.
莱文森. 2004. 思想无羁——技术时代的认知论. 何道宽译. 南京：南京大学出版社.

孟建，董军. 2013. 新媒体环境下我国电视新闻的嬗变与发展. 国际新闻界，35（2）：6-12.
孟建，赵元珂. 2006. 媒介融合：粘聚并造就新型的媒介化社会. 国际新闻界，(7)：24-27.
苗棣，任阳梅. 2008. 我国电视节目类型的发展与创新. 电视研究，(10)：20-22.
麦特白 R. 2005. 好莱坞电影：美国电影工业发展史. 吴菁译. 北京：华夏出版社.
弗雷泽 M，〔印〕杜塔 S. 2013. 社交网络改变世界. 谈冠华，郭小花译. 北京：人民大学出版社.
倪宁，金韶. 2014. 大数据时代的精准广告及其传播策略——基于场域理论视角. 现代传播，36（2）：99-104.
聂庆. 2011. 互联网革命. 北京：中国人民大学出版社.
齐芝娉. 2007. 浅议数字电视趋势下的收视调查. 中国广播电视学刊，(7)：44-45.
强月新，刘莲莲. 2015. 我国媒介规制的结构、问题及制度性根源. 武汉大学学报，68（3）：105-109.
宋哲. 2013. 有线数字电视广告定价方法刍议. 广告大观，(5)：99-100.
孙淑兰，黄翼彪. 2012. 用户产生内容（UGC）模式探究. 图书馆学研究，(13)：33-35.
斯达切尔 M W. 2004. 网络广告. 孙秋宁译. 北京：中国政法大学出版社.
陶楠. 2014. 美国电子媒介管制策略与市场发展. 重庆：重庆大学出版社.
田青毅. 2009. 手机：个人移动多媒体. 北京：清华大学出版社.
田智辉，梁丽君. 2015. 互联网技术特性衍生的文化寓意：更新、缓冲与纠错. 新闻与传播研究，(5)：93-100.
王玉柱. 2002. 聚焦收视率. 北京：北京广播学院出版社.
文春英. 2006. 外国广告发展史. 北京：中国传媒大学出版社.
吴声品. 2002. 现代电子媒介. 台北：中视文化事业股份有限公司.
武继贤. 2010. 20 世纪 90 年代以来美国电视系列剧情节初探. 文学与艺术，2（1）：237-238.
武宇飞. 2012. 社交网络游戏改变人类生活——文化功能论视野下的社交网络游戏. 北京邮电大学学报，14（1）：7-11.
韦伯 L. 2010. 社交网络营销. 张婷婷，赵睿涛译. 北京：人民邮电出版社.
韦伯斯特 J G，法伦 P F，里奇 L W. 2004. 视听率分析. 王兰柱，苑京燕译. 北京：华夏出版社.
夏倩芳. 2005. 公共利益界定与广播电视规制——以美国为例. 新闻与传播研究，(1)：54-61.
夏文蓉. 2009. 中外广告发展史. 南京：南京大学出版社.
肖赞军. 2009. 媒介融合时代传媒规制的国际趋势及其启示. 新闻与传播研究，(5)：55-66.
谢勤亮. 2006. 西方广播电视体制的困境与转型. 中国记者，(1)：83-84.
熊忠辉. 2010. 广播电视节目形态解析. 北京：化学工业出版社.
徐舫州. 2006. 电视节目类型学. 杭州：浙江大学出版社.
杨洪涛. 2015. 中国情景喜剧 20 年纵览. 现代传播，37（2）：89-94.
杨嫚. 2008. 数字鸿沟界定及其政策选择——以美国为例. 新闻与传播研究，(6)：2-10.
禹建强. 2011. 美国尼尔森收视调查的新趋向. 新闻记者，(10)：85-87.
袁联波. 2007. 电子游戏与电影产业在融合中的冲突. 电影艺术，313（2）：115-117.
延森 C B. 2012. 媒介融合. 刘君译. 上海：复旦大学出版社.
赵敏，郭星. 2015. 从 AppleWatch 看穿戴式智能设备的发展. 电视技术，39（z1）：244-246.
赵瑜. 2015. 从数字电视到互联网电视：媒介政策范式及其转型. 上海：复旦大学出版社.
赵玉明. 2004. 中国广播电视通史. 北京：北京广播学院出版社.

参考文献

赵玉明. 2010. 中国广播电视史教程. 北京：中国广播影视出版社.
中国广播电视协会. 2006. 当代广播电视运营与创新. 北京：中国广播电视出版社.
Cappo J. 2005. 广告革命. 樊曦译. 北京：清华大学出版社.
Creech K C. 电子媒介的法律与管制. 王大为译，北京：人民邮电大学出版社，2009.
Gorden M. 2002. 电视收视调查方法的历史回顾及最新动态. 广告人，（7）.
Ahlers D. 2006. News consumption and the new electronic media. The Harvard International Journal of Press/Politics，11（1）：1132-1134.
Articles O. 2001. History on television. Historical Journal of Film，Radio and Television，21（1）：97-99.
Barrett M. 1982. Broadcast journalism，1979—1981. Everest House，5（3）：332-337.
Bensman M R. 1990. Broadcast Regulation. Lanham，MD：University Press of America.
Bergendorff. 1983. Broadcast Advertising and Promotion. New York：Hastings House.
Buzzard K. 2012. Tracking the Audience. New York：Routledge.
Charlton. 2002. Broadcast Television Effects in A Remote Community. Mahwah，New Jersey：Lawrence Erlbaum Associates.
Creech K. 2003. Electronic Media Law and Regulation. Boston：Focal Press.
Cury I. 2005. TV Commercials. Oxford：Focal.
Frost C. 2000. Media Ethics and Self-regulation. Harlow，Essex，UK：Pearson Education Limited.
Fuchs C. 2014. Social Media. Los Angeles：SAGE.
Jain P C，Mitra V. 2000. Digital television and video compression. IETE Journal of Research，17（5）：351-361.
Jin D Y. 2011. Global Media Convergence and Cultural Transformation. Hershey：Information Science Reference.
Lin P. 2011. Market provision of program quality in the television broadcasting industry.The B.E. Journal of Economic Analysis and Policy，89（1）：356-368.
Logan R K.Understanding New Media. New York：Peter Lang.
MacDonald J F，Lewis M，Lewis M B，et al. 1980. Broadcast programming history. Communication Booknotes Quarterly，11（5）：114-115.
Mcluhan M，McLuhan E. 1988. Laws of Media. Toronto Buffalo：University of Toronto Press.
Medoff N J，Kaye B K. 2011. Electronic Media. Burlington，MA：Focal Press.
Mitchell A. 2014. State of the News Media 2014. Pew Research Center.
Murray M D，Godfrey D G. 1997. Television in America. Ames：Iowa State University Press.
Nightingale V，Dwyer T. 2007. New Media Worlds. South Melbourne，Vic.: Oxford University Press.
Pearson M，Polden M. 2011. The Journalist's Guide to Media Law. Crows Nest，NSW：Allen & Unwin.
Raymond L，Carroll R，Donald M，et al. 1993. Electronic Media Programming. New York：McGraw-Hill.
Russo J. 2004. New media，New era.bulletin of science，technology and Society，24（6）：138-140.
Shanahan J，Morgan M. 1999. Television and Its Viewers. Cambridge，New York：Cambridge University Press.

Sterling C H. 2002. Radio and television regulation: Broadcast technology in the United States, 1920—1960.The Journal of American History, 88 (4): 1575-1576.

Tancock M. 1991. Broadcast Television Fundamentals. London: Pentech Press.

Tian L, Song Q H, Lu X S. 2014. Information technology and an audio retrieval method based on a novel audience rating system. Advanced Materials Research, 2986 (886): 664-667.

Toplin R B. 1993. Editor's report: History and the media, 1993. The Journal of American History, 80 (3): 1175-1179.

Toplin R B. 1996. History on television: A growing industry.The Journal of American History, 83 (3): 1109-1112.

Weare C, Levi T, Raphael J. 2001. Media convergence and the chilling effect of broadcast licensing. The Harvard International Journal of Press/Politics, 6 (3): 108-110.

White M. 2006. Television and internet differences by design. Convergence, 12 (3): 65-68.

Whyte A F, Gorham M. 1952. Review of broadcasting and television since 1900. International Affairs, 10 (7): 547-558.